MANUEL

DU CITOYEN

ET

DE LA CITOYENNE

PAR

Georges Schöffer

EN 18 CHAPITRES

LE GENRE HUMAIN. — LE CITOYEN. — L'ÉTAT. — L'ASSEMBLÉE NATIONALE. — LA COMMUNE. — LES FONCTIONNAIRES PUBLICS. — L'ADMINISTRATION. — LA DIPLOMATIE. — L'ARMÉE. — LA JUSTICE. — LA POLICE. — L'ENSEIGNEMENT. — LA RELIGION. — LA CITOYENNE. — LE SOCIALISME. — LES PAYSANS. — LA PRESSE. — LE DROIT DE RÉUNION.

Prix : 2 francs.

PARIS

AUGUSTE GHIO, ÉDITEUR

PALAIS-ROYAL, 28, GALERIE D'ORLÉANS

LIBRAIRIE

POLITIQUE, MILITAIRE ET SCIENTIFIQUE

HISTOIRE -- ROMANS

OUVRAGES POUR L'ETUDE

DES

LANGUES ÉTRANGÈRES

Paris-Vaugirard. — Typ. N. Blanpain, 7, rue Jeanne.

MANUEL

DU CITOYEN

ET

DE LA CITOYENNE

PAR

Georges Scheffer

PARIS

AUGUSTE GHIO, ÉDITEUR

LIBRAIRIE POLITIQUE, MILITAIRE ET SCIENTIFIQUE

PALAIS-ROYAL, 28, GALERIE D'ORLÉANS

TABLE DES MATIÈRES

—

—

FAUTES D'IMPRESSION

Page 68. — *effot,*	**Lire :** *effet.*
— **82.** — *aux choix,*	— *au choix.*
— **105.** — *armes accessoires,*	— *armes et accessoires.*
— **106.** — *infectées,*	— *infestées.*

LE GENRE HUMAIN

Qu'est-ce qu'on sait sur la Création et sur les Commencements du genre humain?

Rien du tout. La création de l'Univers, qui a nécessairement précédé celle du genre humain, n'a pu avoir aucun témoin de notre espèce. Les premiers êtres humains, créés tout d'une pièce, n'ont pu se rendre compte comment ils avaient été créés et n'ont pu en savoir plus long qu'un nouveau-né d'aujourd'hui. Ceux qui sont venus ensuite ont dû vivre pendant des siècles d'une vie presque animale, se formant avec peine les notions les plus élémentaires. C'est donc bien, bien longtemps après la Création que des récits sur cet événement ont été imaginés par des gens qui n'avaient rien vu, auxquels aucune information n'avait pu être transmise, qui étaient profondément ignorants, qui ne connaissaient ni langue, ni écriture, mais tout au plus des langages informes, moitié sons, moitié gestes. Ces récits fabuleux, altérés nombre de fois avant de recevoir la forme sous laquelle nous en connaissons quelques-uns, ne nous renseignent donc ni sur la Création en général, ni sur celle du genre humain en particulier, et nous ne pouvons nous livrer sur tout cela qu'à des suppositions.

Qu'est-ce qu'on peut supposer de plus plausible?

Plusieurs êtres humains des deux sexes ont dû être créés à la fois dans des contrées chaudes et fertiles. En l'absence de mères pour leur donner le sein et avoir soin d'eux, ils ont dû être assez développés au physique pour marcher seuls et pour se procurer eux-mêmes des aliments, ainsi qu'ils le voyaient faire par les animaux, qu'ils avaient sous les yeux. Les animaux, doués d'instinct et sachant ce qu'il fallait faire en toute circonstance, ont dû bien souvent guider les hommes, qui n'avaient en tout et pour tout que la raison et le sentiment, à charge d'inventer, de deviner le reste. Les êtres humains qui habitaient les mêmes lieux, ont dû se rencontrer fréquemment à la recherche de nourriture et d'eau; rien ne les obligeait à s'éloigner les uns des autres, ils devaient plutôt être portés à entretenir quelques relations ensemble, à se communiquer tant bien que mal leurs impressions. L'attraction innée entre les deux sexes a dû faire son effet et produire des unions, resserrées bientôt par l'amour paternel et maternel, ensuite par l'amour filial, bases de la famille. L'observation et la réflexion, stimulées par le besoin et le désir, aidées par le hasard, ont dû amener tantôt une découverte, tantôt une autre. En voyant la manière dont les animaux en usent entre eux, l'idée de tirer parti de certains animaux a dû venir de bonne heure à l'homme; plus tard il a dû songer à asservir ceux qui lui étaient utiles et qui s'y prêtaient. À la longue il a fait des remarques sur les saisons, sur les produits de la terre, il a fabriqué des instruments grossiers, il a construit des huttes ou abris, il est allé à la chasse, il a essayé de cultiver la terre, il a choisi des emplacements pour s'y établir, il a exprimé les principales sensations, dénommé les objets usuels, par des sons, intelligibles pour ceux qui vivaient ensemble. Chaque famille ou groupe avait pour guide l'homme le plus âgé, vu le respect qu'inspirent les cheveux blancs, l'expérience et les lumières acquises pendant une longue carrière. Les individus de chaque tribu ou groupe, connus les uns des autres pour en faire partie, attachés par les liens du sang, habitués à une existence en commun sous la direction paternelle du même ancien ou chef, gérant des biens indivis de la tribu : voilà sans doute la manière dont on a opéré pendant des siècles et des siècles.

Comment a-t-on continué?

Le nombre augmentant sans cesse, les tribus ont dû se trouver à l'étroit, se gêner réciproquement; elles ne voulaient plus voyager, à cause de leur installation fixe, des habitations construites, de la terre appropriée, du matériel encombrant. Les pays chauds et fertiles, où le Créateur avait placé les premiers humains; où ils avaient pu vivre et se répandre à l'aise et auxquels ils tenaient, n'étaient pas pleins, mais les emplacements avantageux étaient possédés, l'on n'en pouvait plus prendre que d'inférieurs, de mauvais, ou s'en aller au loin, à l'inconnu. Des conflits, des luttes ont dû éclater alors entre les groupes, les vaincus ont dû être chassés de la contrée ou réduits en esclavage. Il a dû y avoir aussi des difficultés entre individus du même groupe, l'idée du mien et du tien ayant fait son entrée dans le monde, le droit du plus fort ou du plus rusé jouant un rôle, favorisant les plus effrontés, faisant naître toutes les mauvaises passions. Tout cela augmentait l'importance du Chef, qui avait déjà grandi naturellement avec celle de la tribu. Le Chef était devenu un vrai personnage, à l'intérieur comme administrateur, arbitre, juge, législateur; à l'extérieur comme le représentant, l'organe de sa tribu vis-à-vis des autres. Soit que son autorité reposât toujours sur l'ancienneté ou sur l'habitude invétérée, soit qu'il dût son élévation à sa force, son énergie, son intelligence supérieures, il avait compris les avantages de sa position, il y avait pris goût et ne cherchait qu'à la rendre meilleure et plus solide encore. L'ambition, l'amour de la domination, une fois éveillés chez les Chefs, les plus entreprenants ont dû travailler sans relâche à subjuguer le plus grand nombre possible de tribus, à fonder de véritables états. Vivant sur le commun, possesseurs de richesses, exempts des travaux grossiers de la multitude, ils pouvaient réfléchir sur le gouvernement, sur la manière de s'assurer l'obéissance des hommes, sur les prétextes, les moyens et les individus les plus propres à maintenir le grand nombre dans la soumission voulue.

Le grand nombre ne devait-il pas être mécontent de se voir réduit à la soumission ?

La soumission a commencé par être simplement de la déférence bien fondée et toute naturelle envers les anciens. Ce n'est que très à la longue et tout doucement qu'elle s'est transformée en sujétion. Les hommes étaient trop inexpérimentés pour s'apercevoir de ce qui se passait et comme quoi le Chef avait un plan, qu'il poursuivait sourdement, sournoisement, mais avec ténacité. Ils étaient trop naïfs pour se rendre compte, qu'un seul peut commander à tous, que tous peuvent obéir à un seul, sans que celui qui commande soit plus que les autres, sans qu'il cesse d'être leur égal. Pour comprendre cela, il aurait fallu avoir une notion du mandat, rester à la hauteur du mandataire, ne tolérer de celui-ci aucune arrogance, ni lui permettre de s'éterniser dans sa place; exiger la mise en commun de toutes les connaissances acquises et non les laisser devenir le monopole de quelques-uns. Si l'on avait agi ainsi dès le début, l'humanité en masse aurait progressé d'un pas égal, sagement, tranquillement, sans oppression, sans secousses, en vertu des principes fort simples qu'on découvre à grand'peine depuis quelques siècles et dont l'application se heurte à la routine, à l'erreur, à l'ignorance, à la superstition invétérées, tandis qu'au commencement des sociétés, quand il n'y avait rien de fait, quand tout était à faire, ces principes pouvaient être appliqués très-facilement.

Les Chefs n'ont-ils pas employé la force pour soumettre les hommes?

Aucun Chef n'a eu la force de contraindre, de subjuguer la masse. Les Chefs n'ont jamais été que des hommes : or un homme peut être plus fort qu'un autre, sa force peut dépasser la force réunie de plusieurs, mais en s'y mettant cinq, dix, on en venait sûrement à bout. Rien n'était plus naturel ni plus facile que d'assommer les oppresseurs, au fur et à mesure qu'ils se montraient. On ne l'a pas fait, on s'est laissé mener, d'abord par petits troupeaux, ensuite par centaines, par milliers, enfin par millions, les opprimés prêtant main-forte à l'oppresseur pour en opprimer d'autres. Ce n'est donc pas la force elle-même qu'il faut accuser, mais plutôt la ruse, qui a su se servir de la force; ce n'est pas la force qui est coupable en première ligne de la triste situation faite au genre humain.

Comment cette situation s'est-elle développée?

Dès que les hommes avaient laissé prendre à l'un d'eux le pli de les mener tous, de penser pour tous, le reste allait tout seul. Le Chef continuait à exercer le pouvoir et à s'en trouver bien, les autres continuaient à lui obéir et à s'en rapporter entièrement à lui. La supériorité augmentant sans cesse d'un côté, l'infériorité de l'autre, la différence intellectuelle et matérielle entre gouvernants et gouvernés devenait très-visible et très-réelle. Peu à peu, les chefs ont inventé l'art de régner, c'est-à-dire de façonner la société de telle sorte, qu'ils étaient les maîtres de tout, que tout émanait et dépendait d'eux, qu'un homme ordinaire n'était plus rien vis-à-vis d'eux, surtout quand ils avaient inventé l'art de la guerre, qui leur fournissait un prétexte plausible d'extraire de la masse une certaine proportion d'hommes jeunes et vigoureux, de les dresser à l'obéissance machinale, de tenir par eux le reste du peuple en échec, d'entreprendre des luttes contre les états voisins, de les conquérir et de fonder ainsi des empires immenses. Quand ils en étaient là, les Chefs paraissaient avoir atteint tout ce que l'orgueil humain peut rêver. En effet, ils avaient une puissance sans frein, ils pouvaient donner un libre cours à leurs passions, nul n'osait leur tenir tête, critiquer leurs actes. Pourtant ils n'étaient pas tranquilles. Cet état de choses n'était qu'un état de fait sans aucune base. Il était accepté, subi par la masse, il était implanté et promettait de durer, mais enfin il était précaire. La masse, quoique ignorante, pouvait raisonner, elle pouvait s'apercevoir que son sort était très-malheureux, que tous les avantages étaient pour quelques-uns, qu'il ne tenait qu'à elle de briser, de pulvériser les quelques individus, qui s'étaient élevés au-dessus de tout le monde, qui accaparaient tout ce qui donne du charme à l'existence, tandis que le grand nombre n'avait que la peine, la fatigue, les tourments, la souffrance. Le peuple pouvait demander pourquoi les choses étaient arrangées ainsi, quel droit avait les Chefs de faire les maîtres, d'imposer la sujétion, quels services ils rendaient après tout. Les Chefs sentaient bien cela, mais ils n'avaient nulle envie d'y changer quelque chose, d'amoindrir leur position, de convenir qu'ils s'étaient attribué une importance excessive ; encore bien moins songeaient-ils à donner des explications au peuple, à lui demander son avis, son consentement. Ils cherchaient au contraire pour leur système un point d'appui, une sanction, en dehors et au-dessus de la raison, capables de neutraliser, d'annuler la raison. Ce contre-poids, ils l'ont trouvé dans la seconde faculté de l'homme, le sentiment, qu'on pouvait corrompre, fourvoyer, égarer, mais dont on pouvait abuser surtout par rapport au surnaturel, à Dieu, à la mort, à la vie future. L'amour du merveilleux, du miraculeux, étant très-prononcé dans les pays chauds, que l'humanité habitait alors, il ne fallait pas aux Chefs un grand effort d'imagination pour inventer ce moyen. Les Chefs ont trouvé le joint en mettant leur institution, leurs personnes, leurs agissements sous l'invocation de Dieu, en faisant un pacte avec ses serviteurs.

Y avait-il déjà des serviteurs de Dieu à cette époque?

Il est plus que probable que le genre humain, dès qu'il était un peu dégrossi, a été frappé de l'idée d'un Être supérieur, qui avait tout créé et mis en place, qui donnait la lumière, la chaleur, et qui, par contre, pouvait tout retirer, tout anéantir. Ce Créateur tout-puissant, on ne pouvait donc que l'aimer et le craindre à la fois; on aura jugé à propos de lui faire voir son amour et son respect par des signes extérieurs, par des démonstrations individuelles et collectives. Des hommes plus ardents y auront ajouté des choses et autres, ils auront donné à ces cérémonies simples et irrégulières une certaine fixité, ils y auront présidé. Peu à peu ils auront établi toute une théorie sur Dieu, sur ses qualités, sur ses volontés, sur ce qu'il fallait faire pour lui être agréable. Pour se faire mieux écouter, ils auront donné à entendre qu'ils tenaient ces informations directement de Dieu, qui en même temps les aurait mis au courant de la création et des premiers faits qui l'ont suivie. La religion en herbe de ces temps primitifs a disparu avec les croyants simples et naïfs dont elle a fait le bonheur, mais les mêmes éléments ont servi plus tard, transportés d'âge en âge, transformés, amplifiés, exerçant dès l'enfance du genre humain une action, une influence considérables sur les hommes et avec lesquels les Chefs d'État les plus puissants ont cru bien faire de compter.

La Religion n'a pourtant rien de commun avec la Politique?

Il est vrai que la Religion s'occupe de Dieu et du surnaturel, tandis que la Politique se borne aux affaires terrestres, mais l'une et l'autre s'appliquent aux hommes, à la direction des hommes. On a donc vu des deux côtés un très-grand intérêt à faire cause commune. Les Chefs d'État devenaient sacrés, inviolables, en faisant reconnaître leur institution comme d'origine céleste, émanant de l'Être Suprême et faisant partie de ses desseins impénétrables. Les Religions gagnaient par l'alliance avec le pouvoir politique la protection de celui-ci, une stabilité relative, la pompe officielle, l'exemple de la soumission du Chef et de tous ses aides avec leurs familles et enfin la richesse, par les sommes que l'État leur allouait, jointes à celles qu'elles recevaient à divers titres de tout le monde. Ces considérations devaient pousser les gouvernements vers les religions et réciproquement..

Y a-t-il beaucoup de religions?

Leur nombre tend à diminuer. Beaucoup d'anciennes sont mortes d'une manière ou d'une autre et il y a déjà quelque temps qu'on n'en a plus fondé de nouvelles. Presque chaque pays avait autrefois une religion à sa façon. La petite minorité seulement a eu assez de raison, de sentiment juste, pour adorer le Dieu Créateur, d'une manière humaine sans doute, prétendant l'avoir vu sous la forme d'un vieillard respectable, se promener sur la terre, l'avoir entendu, caché par des phénomènes naturels ou imaginaires, causer avec les mortels, fournir des explications, des préceptes, donner des ordres, des conseils, prononcer des jugements, accorder des grâces, faire des promesses. C'était enfantin, mais il y avait du bon sens, du raisonnement, du sentiment juste, non corrompu, dans cette croyance. La grande majorité des hommes, égarée, fourvoyée, a adoré le soleil, la lune, les étoiles, le feu, des animaux, des idoles fabriquées à la main, des Dieux, des Demi-Dieux et des Déesses de fantaisie, dont chacun et chacune avait sa spécialité, qu'on représentait avec les attributs correspondants et qu'on invoquait dans les affaires de sa compétence. Presque toutes les religions ont commencé par faire leurs cérémonies en plein air, mais dès que l'habitude de bâtir s'est généralisée dans un pays, chacune à tour de rôle a fait construire des monuments, des temples à l'intention de sa Divinité. Ces édifices contenaient, à part d'autres ornements et décorations, les statues et images des Dieux et des Déesses, auxquels ils étaient consacrés. Chaque religion avait ses préposés, les prêtres, par-ci par-là même des prêtresses, intermédiaires obligés entre la Divinité et les mortels ordinaires, ceux-ci étant réputés incapables ou indignes de communiquer directement avec la Divinité. Les intermédiaires se chargeaient de rendre la Divinité favorable aux adorateurs, qui étaient généralement des solliciteurs. Les dons, les cadeaux, les offrandes qu'il fallait apporter dans ce but, profitaient naturellement aux prêtres, la Divinité n'en ayant que faire. Cela explique pourquoi les religions qui se trouvaient en présence dans le même pays, se sont toujours exécrées mutuellement. Chacune aurait voulu être la seule alliée du Chef politique, se faire déclarer seule valable dans le pays, supplanter toutes les autres : c'était le bon moyen d'avoir seule les honneurs et les profits. Par suite de la concurrence entre religions, les Chefs politiques de n'importe quel genre, eussent-ils été les plus grands scélérats, n'ont jamais éprouvé de difficulté à se faire soutenir, consacrer, par l'une ou l'autre religion ou par plusieurs à la fois, de même que des Chefs politiques en concurrence offraient à l'envi des avantages, des concessions, des faveurs, aux Chefs de la religion la plus répandue. A de certains moments, l'influence des Chefs religieux a été assez grande sur les peuples pour amener la chute de Chefs d'Etat récalcitrants et l'élévation au pouvoir de leurs rivaux, de leurs inférieurs qui promettaient d'être plus soumis et plus larges envers les serviteurs attitrés de Dieu. Il y a eu des Chefs de religion qui ont gouverné des peuples, comme il y a eu des Chefs d'Etat qui se sont mis à la tête d'une religion, les uns et les autres dans le but de réunir le pouvoir spirituel et le pouvoir temporel dans la même main. On a bientôt renoncé à ce système. Les Chefs spirituels ont craint de se nuire en agissant avec la brutalité, la férocité, habituelles aux Chefs d'Etat de ces époques ; les Chefs d'État se sentaient trop en vue, leurs actes et leurs mœurs cadraient mal avec le mystère, le décorum, les airs vénérables, de rigueur dans les religions. D'un autre côté la déclaration que les Chefs d'État sont d'institution divine, perdait la moitié de sa valeur si elle émanait d'eux-mêmes et il était bien préférable de la tenir d'autres personnages. Il a donc été convenu que les Chefs d'État abandonneraient le domaine de la religion à des hommes spéciaux. Les Chefs d'État ayant le maniement des deniers publics, de la puissance publique, s'engageaient à fournir aux chefs religieux la richesse et la pompe et les affermissaient par tous les moyens dans la domination spirituelle, en échange de quoi ceux-ci les soutenaient énergiquement en les déclarant préposés de père en fils à la garde et à la conduite des peuples dont l'obéissance et la soumission étaient dès lors un devoir sacré. C'est ainsi que les religions ont joué un grand rôle dans différents états, influé considérablement sur la politique et créé pour elles-mêmes une organisation mondaine, que leurs fondateurs n'avaient pas prévue du tout et qu'ils n'auraient approuvée ni comme moyen, ni comme but.

N'est-il pas surprenant que les peuples n'aient pas vu clair dans tout cela?

Les moyens dont disposaient les Chefs étaient certes bien faibles. Les Chefs temporels, à part la prétendue institution divine, n'avaient rien pour eux que l'audace. Les Chefs spirituels ne s'appuyaient que sur des révélations, que personne n'avait entendues, sur des miracles que personne n'avait vus. Le plus difficile en cela comme en toutes choses, était le commencement. Ces affirmations une fois crues ou à peu près, chaque siècle y ajoutait un peu d'autorité, les faisait paraître un peu plus vénérables à force d'ancienneté. Il devenait de plus en plus facile de présenter aux générations successives l'état de choses existant comme définitif, bien fondé, immuable, étant d'origine et d'ordonnance divines. Si le peuple avait été moins engourdi et aveuglé, s'il avait réfléchi il se serait rendu compte que les agissements des Chefs étaient souvent criminels, immoraux, tels enfin qu'ils ne pouvaient pas se concilier avec l'institution divine, céleste. Le peuple aurait remarqué que les serviteurs de Dieu ne blâmaient pas les méfaits du Chef politique, ne réclamaient pas contre ses violations des lois divines et humaines, et ne le réprimandaient que lorsqu'ils se trouvaient lésés directement dans leurs intérêts. Le peuple aurait remarqué de plus, que les temples avec les statues, les images, étaient l'œuvre d'hommes ordinaires, qu'ils étaient faits selon les procédés et avec les matériaux ordinaires, qu'ils se détérioraient faute d'entretien comme les constructions et les objets ordinaires, sans que Dieu ou la Divinité aient jamais fait quoi que ce soit, ni pour leur établissement, ni pour leur conservation. Quand on leur donnait une autre destination, même tout opposée, quand on les détruisait de fond en comble pour n'importe quel motif, la Divinité ne s'en mêlait pas, ne s'en montrait point offensée, preuve qu'elle n'en faisait aucun cas. Le peuple aurait encore pu observer que la Divinité n'appuyait aucunement les prêtres, ses prétendus représentants. Les faux Dieux, les Dieux imaginaires, ne pouvaient évidemment rien faire pour leurs temples, ni pour leurs prêtres, mais le vrai Dieu, le Créateur, n'a jamais rien fait non plus pour les siens. Loin de distinguer les prêtres des autres hommes, loin de se rendre aux désirs qu'ils se chargeaient de lui faire connaître, il ne les initiait seulement pas aux moindres choses qui le concernent, lui et son œuvre. Les prêtres ont toujours été de leur siècle, ils ont toujours partagé les erreurs de la multitude ignorante. Dans un temps l'on croyait que la terre est plate, qu'au-dessus il y a une voûte bleue, séjour de Dieu, au-dessous une cavité noire, séjour du plus grand ennemi de Dieu, qu'il n'y a qu'un seul soleil et qu'il tourne autour de la terre, qui ne bouge pas. Les prêtres ont cru tout cela et ont inséré ces erreurs avec beaucoup d'autres dans les religions, au lieu de se renfermer à cet égard dans un silence prudent. Les prêtres ont été sincères en enseignant ces erreurs, tout comme d'autres hommes, non moins prêtres, ont été sincères en affirmant le pouvoir de Dieux imaginaires. Cela prouve que les prêtres sont faillibles, qu'ils peuvent se tromper comme tout le monde, qu'ils doivent se rendre à l'évidence comme tout le monde, que pour être conséquents, ils doivent admettre les vérités mises en lumière par la science, de même qu'ils avaient admis les erreurs nées de l'ignorance. Les prêtres sont de simples mortels comme tous les hommes, aucun prêtre n'est tombé du ciel, tous sont issus de leurs pères et mères, tous ont grandi, fait leurs études, et ont été reçus prêtres ; tout cela est très-naturel, à la portée de tout le monde, il n'y a là aucune transformation, aucune intervention particulière du Ciel. Dieu ne s'est jamais occupé des prêtres d'une manière spéciale, autrement il aurait foudroyé ceux d'entre eux qui ont causé des maux inouïs au genre humain en excitant les hommes et les peuples à des luttes sauvages, en organisant, avec le concours des Chefs politiques, des guerres, des massacres, des persécutions sur la plus vaste échelle, dans le but de faire dominer telle religion sur telle autre ou d'assurer à une religion le monopole dans un pays. Dieu n'intervenait pas et en bonne logique n'avait aucun motif pour intervenir ; ayant donné la raison indistinctement à tous les hommes, ils n'avaient qu'à s'en servir. Tant pis pour eux, s'ils la négligeaient, s'ils se laissaient malmener en masse par quelques-uns, que rien ne leur imposait, que rien en dehors de simples allégations ne désignait à leur confiance, qui n'avaient aucun mandat, aucun pouvoir, aucune preuve, qui ne pouvait fournir, pour se légitimer même superficiellement, aucune indication plausible sur Dieu, aucun détail, aucun renseignement précis sur le Ciel, sur la vie future. Dans ces conditions, agents du vrai Dieu, ou de faux Dieux, mais toujours de leur propre chef, se faire croire sur parole, se faire passer dans tous les pays pour des personnages d'importance, s'élever à la hauteur et quelquefois au-dessus des plus féroces Potentats et leur faire peur, ne se donner aucune peine, ne courir aucun danger, mener une existence douce, agréable, luxueuse, les Chefs religieux ont fait là un vrai tour de force, ils ont montré au genre humain ce que peuvent patience et longueur de temps.

Les Chefs politiques ont-ils eu à se louer d'avoir introduit la religion dans le gouvernement?

Sans doute. A partir de là ils n'avaient plus rien à faire avec la raison, ils ne craignaient plus le jugement des peuples, ils étaient débarrassés du souci que leur inspirait leur extrême faiblesse vis-à-vis du grand nombre. Bonne ou mauvaise gestion, sagesse ou folie des gouvernants, bonheur ou malheur des peuples, ces choses-là ne signifiaient plus rien : quoi qu'il advînt, la volonté du Ciel, ses desseins impénétrables, expliqués et interprétés par ses serviteurs officiels, répondaient à tout. Aussi les Chefs de tous les Etats ont-ils adopté ce système, en le perfectionnant de plus en plus, d'accord avec les Chefs spirituels. Ils trouvaient que la sanction divine, conférée d'une manière générale aux Chefs d'Etat et aux institutions en bloc, n'était pas suffisante, qu'elle ne tuait pas complétement l'initiative, qu'elle laissait du vague, du doute, quant à l'application en détail. Pour soustraire celle-ci au raisonnement, pour enfermer le libre-arbitre dans les limites les plus étroites, on a élargi l'intervention de la puissance surnaturelle, on l'a introduite jusque dans les affaires journalières, dans les transactions ordinaires de la vie. Chaque religion ne prescrivait pas seulement l'obéissance au gouvernement, mais elle entrait dans l'administration, dans la justice, dans l'enseignement, dans les us et coutumes, dans tous les actes quelconques, publics ou privés. De concert avec le Chef politique, la religion imprimait son cachet à tout, faisait fondre ses prescriptions et ses pratiques dans toutes les lois et ordonnances humaines. Ainsi combiné et enchevêtré, toutes choses prévues et réglées, le tout formait un guide complet de l'homme, qui n'avait plus besoin de penser, qui n'avait plus qu'à suivre machinalement tous les préceptes établis. Celui qui ne se soumettait pas aveuglément, celui qui osait critiquer n'importe quoi, faire des commentaires sur n'importe quoi, devenait à la fois un rebelle et un mécréant, suspect aux autres hommes, exposé à tous les sévices temporels et spirituels. Les Chefs des deux catégories ont travaillé à l'envi à qui fausserait le plus les idées, en vue de créer et de maintenir l'organisation compacte qui saisissait l'être humain à sa naissance, le pétrissait d'une certaine manière pendant qu'il était jeune, le menait par le bout du nez pendant toute sa vie, présidait à sa mort et prétendait le suivre dans l'autre monde, pour y régler son sort jusqu'à la fin des siècles.

Quel a été l'effet de cette organisation sur les peuples ?

De les rendre très-misérables, très-malheureux, de les abrutir, de les corrompre, de les pervertir, de les fourvoyer complétement. Des récits très-anciens nous apprennent, qu'à une époque reculée, la corruption, l'immoralité, l'avilissement, la servitude existaient déjà, que les sociétés étaient pourries de vices et de crimes, à tel point que la justice divine aurait été obligée d'intervenir : le genre humain tout entier aurait été condamné à mort, et sauf une seule famille peu nombreuse, exécuté en masse. Une autre fois des cités populeuses auraient été détruites par le feu du Ciel avec tous leurs habitants, hommes, femmes et enfants, à l'exception de quatre personnes. Ces récits confus, incohérents, évidemment chargés et auxquels il ne faut pas attacher plus d'importance qu'ils n'en méritent, nous donnent pourtant une idée approximative de la situation, dans laquelle les Chefs avaient mis le genre humain. Indépendamment de ces récits, nous avons le témoignage de monuments d'il y a au moins quatre mille ans, et qui prouvent par leur volume aussi colossal que leur inutilité, que les peuples étaient déjà abrutis, avilis, qu'ils suaient sang et eau pour satisfaire les caprices d'un seul individu, qui les traitait en bêtes de somme. Les peuples étaient encore relativement heureux, la vie était encore supportable, en temps de paix. Mais les Chefs grands et petits faisaient souvent la guerre et alors les peuples enduraient des maux autrement terribles. Les tueries, connues sous le nom de batailles et d'assauts, la destruction des villes prises de force, la dévastation des campagnes par les armées, qui n'amenaient point de vivres, les prisonniers massacrés, torturés ou réduits à l'esclavage, le triste sort des blessés sans chirurgiens, des malades sans médecins, la peste, la famine, qui résultaient de tout cela, la ruine et le dépeuplement de pays fertiles, dont beaucoup ont été changés en déserts, ces calamités étaient bien plus affreuses que la plus dure servitude pendant la paix. Depuis l'époque où cette organisation a été créée jusqu'à ces derniers siècles, l'existence des peuples n'a pas varié. Durant tout ce long espace de temps ils ont végété misérablement, la masse ignorante et engourdie restant toujours pareille, des individus mourant, de nouveaux êtres les remplaçant, tous sans savoir ce qu'ils étaient, pourquoi ils étaient là, quelle puissance fatale, incompréhensible, les englobait, les étreignait, les meurtrissait.

Les peuples n'ont-ils jamais songé à briser le joug insupportable, sous lequel on les tenait courbés ?

Les erreurs sur Dieu et ses représentants, sur la conduite et le gouvernement des peuples, avaient été implantées de bonne heure et si solidement, elles ont été cultivées avec tant d'art et de persévérance, que la masse a fini par se croire pour tout de bon un troupeau, que Dieu, propriétaire, faisait garder et exploiter par ses bergers. Il n'était pas facile autrefois d'attaquer ces bergers, dont les uns étaient les détenteurs de toutes les forces organisées du pays, dont les autres étaient les directeurs généraux des âmes. Cependant chaque pays a produit des hommes plus éveillés, voyant plus clair que la masse, prêts à combattre la tyrannie. Il y a eu des réclamations individuelles et collectives, en paroles et en action, des soulèvements en petit et en grand, mais le nombre, le fond du peuple, ne bougeant pas, le succès a toujours été passager, douteux ; plus souvent encore on a échoué, la lutte contre l'union de deux pouvoirs étant très difficile. Dans ce cas les tentatives étaient qualifiées par les Chefs de crimes de haute trahison, lèse-majesté, rébellion, sacrilége, blasphème, hérésie, et réprimées avec une cruauté, une fureur indescriptibles, par des tortures affreuses, des supplices barbares, des massacres d'une sauvagerie, d'une énormité, qui font frémir la génération actuelle. La férocité, l'acharnement, la rage des Chefs prouvent jusqu'à l'évidence, qu'ils n'agissaient pas platoniquement pour la gloire de Dieu, pour le bonheur du peuple, mais pour leurs intérêts, qu'ils voyaient menacés et qu'ils tenaient à sauvegarder à tout prix.

Qu'est-ce que les Chefs d'Etat avaient encore imaginé pour éblouir les peuples ?

Ils se faisaient bâtir des habitations extrêmement vastes et riches, dont l'entrée était interdite au peuple ; ils se montraient à la multitude couverts d'habits extraordinaires, de couleurs et de façons incroyables ; ils exhibaient des ornements et des emblèmes, représentant toutes sortes d'animaux, la plupart féroces, des êtres chimériques, ou des objets quelconques ne représentant rien du tout, mais auxquels ils avaient donné une signification mystérieuse pour frapper les imaginations. Au commencement de son règne, chaque nouveau Chef se faisait oindre ou sacrer avec force tours et cérémonies, rendant ainsi l'hommage convenu au serviteur attitré du Ciel, hommage éclatant, en vue de donner à son approbation et à son témoignage le poids voulu. A part un nombre suffisant d'hommes armés, pour tenir le peuple à distance, le Chef était pourvu de nombreux laquais des deux sexes, qui, affublés de titres ronflants, n'avaient rien à faire que de l'entourer, de l'accompagner partout, de donner le bon exemple du respect le plus humble, qu'on était censé lui devoir ; cet entourage du Chef avait même inventé une foule de cérémonies d'un grotesque achevé, bonnes tout au plus à exciter l'hilarité ou à tuer le temps, mais qu'on faisait passer pour importantes, essentielles. Le Chef soldait et subventionnait aussi des poètes, des artistes, des historiens de cour, pour célébrer ses vertus, ses qualités, ses exploits imaginaires ou surfaits.

Comment le Chef pouvait-il faire face à ces dépenses multiples ?

Dans le temps il avait la haute main sur les domaines et les fonds de l'Etat et pouvait en disposer comme bon lui semblait. Il distribuait des terres avec des serfs, des morceaux de pays grands et petits, des émoluments, des bénéfices, des autorisations de pressurer le peuple sous n'importe quel prétexte ; il donnait des sommes d'argent ; il dispensait de toute contribution aux charges publiques. Ce qu'il donnait n'étant pas le produit de son travail, il ne lésinait pas quand il s'agissait de ses fidèles, ou de se montrer magnifique, de jeter de la poudre aux yeux. Tout a pourtant des limites et il est arrivé un moment où le Chef ne pouvait plus donner de ces choses substantielles, n'en ayant plus à sa disposition ; le peuple, qui seul fournissait tout, étant d'autre part exploité à outrance, accablé d'impôts sous les formes les plus variées ; aussi misérable que mécontent. Le Chef a dû alors se rabattre sur les cadeaux de pacotille, les semblants de faveur, les promesses vagues, en attendant la vacance d'une charge haute ou basse. Le Chef nommait à tous les emplois de la cour, de l'Etat et autres, mais à force d'en créer, il y en avait beaucoup trop ; il ne pouvait pas indéfiniment en créer de nouveaux, ni renvoyer les gens en place pour les revoir le lendemain en solliciteurs. Malgré cela le Chef était toujours encombré de flatteurs, qui le portaient aux nues, qui chantaient ses louanges de près et de loin, qui voulaient lui être agréables quand même, dans l'espoir d'obtenir quelque chose.

Le Chef ne faisait-il rien pour contenter ses sujets en masse ?

Quand il le faisait, c'est qu'il y était conduit par son intérêt personnel, qu'il ne pouvait pas faire autrement, qu'il voulait faire le bon apôtre. De temps en temps il octroyait aux moins abrutis, qui habitaient les villes, quelques libertés, quelques priviléges, toujours mal fondés puisqu'ils ne profitaient pas à tous et qu'ils étaient présentés comme des faveurs, non comme des droits. Ces actes de bonté toujours calculés étaient reçus par les intéressés avec une reconnaissance aussi humble qu'exagérée. La majorité des sujets, les populations des campagnes, étaient au-dessous de la dignité, de l'attention du Grand Chef, qui les abandonnait à leur malheureux sort. Toute cette multitude végétait dans la plus grande misère, la plus crasse ignorance, l'hébétement le plus complet, l'abjection la plus radicale, à la merci de toutes sortes de chefs plus ou moins subalternes. Jusqu'à une époque récente ces populations étaient dans la plupart des pays la propriété réelle, soit du Grand Chef, soit de seigneurs temporels et spirituels, qui possédaient la plus grande partie du sol, avaient tous les droits possibles et impossibles, n'étaient retenus par aucun frein et exerçaient l'oppression morale et matérielle la plus illimitée.

Est-il croyable que les sociétés aient pu exister des milliers d'années avec une organisation pareille ?

On ne le croirait pas, s'il ne fallait pas se rendre à l'évidence. L'Histoire est là pour nous faire connaître le passé du genre humain ; elle n'est pas suspecte d'exagérer les maux endurés par le grand nombre, puisqu'elle est écrite, non par le peuple opprimé, ignorant, mais par les oppresseurs, qui seuls avaient les moyens, la possibilité, de l'écrire ou de la faire écrire par des individus à leurs gages et sous leur dépendance. L'Histoire est donc partiale, falsifiée, tronquée, elle expose les faits sous un jour faux, à un point de vue trompeur. Même en la prenant telle qu'elle est, on se demande comment les peuples n'ont pas été exaspérés, poussés à bout, et qu'ils n'ont pas détruit à plus d'une époque tous les oppresseurs, ou comment ils ne se sont pas tous exterminés eux-mêmes ou les uns les autres. Les peuples ont la vie dure, il y en a néanmoins beaucoup d'anéantis complétement, d'autres qui ont été dispersés, absorbés ; ceux qui existent sont dans un état qui laisse énormément à désirer. Ces tristes résultats ne sont pas imputables à des causes naturelles, bouleversements, tremblements de terre, déluge, manque de soleil et de pluie pour les récoltes, ni à la mauvaise volonté du grand nombre, refusant de travailler, ni à la nécessité, au besoin d'un peuple d'en subjuguer un autre pour vivre, ni aux prétendues haines de races, tout au contraire les luttes les plus acharnées ayant eu lieu entre gens de la même race, du même pays. La faute est imputable aux Chefs, qui, pour des motifs faciles à comprendre, ont voulu gouverner le genre humain quand même, qui, à cette fin, ont abruti, aveuglé, avili les hommes, comprimé leur tendance à s'élever, favorisé tout ce que l'ignorance, la stupidité, la barbarie, la superstition faisaient naître et pousser, développé toutes les mauvaises passions pour mieux diviser les hommes et les peuples, les exciter à se haïr, à se ruer les uns sur les autres dans toutes sortes de conflits, dans les guerres civiles, les guerres de conquêtes et de religion, qui ont voulu se rendre indispensables à perpétuité, en mettant les sociétés à tout jamais hors d'état de se conduire elles-mêmes.

Les Chefs temporels et spirituels ne sont-ils pas inexcusables d'avoir si mal organisé et conduit les sociétés ?

Ils ont certainement dépassé toutes les bornes de l'égoïsme et de l'outrecuidance. Néanmoins il y a quelques circonstances atténuantes. Les premiers Chefs n'ont peut-être pas cru faire grand mal en s'élevant un peu au-dessus de leurs semblables, ne cherchant probablement qu'à se créer une existence plus large, plus facile, à se donner des satisfactions de vanité, d'amour-propre. Ils ne prévoyaient pas et ne pouvaient pas prévoir où mènerait ce système, qui n'a produit ses effets terribles que beaucoup plus tard, quand des Chefs successifs avaient affirmé leur autorité, quand leur droit de commander en maîtres était entré dans les mœurs. Les Chefs arrivés alors, nés et élevés dans ces principes, qui avaient cours partout, ont pu croire que cette organisation, déjà ancienne et vénérable, était vraiment la bonne, qu'aucune autre n'était possible. Nul dans leur entourage ne les éclairait, ne plaidait la cause du peuple, pour la bonne raison que le peuple ne comptait pas, qu'il n'y avait rien à en tirer que par l'entremise du Chef, source unique, seul distributeur des honneurs et profits, du pouvoir et de la richesse, et auquel, pour le flatter et le disposer à des largesses, aux dépens du peuple, bien entendu, il fallait représenter la masse comme lui appartenant en toute propriété pour en user et abuser, et qu'il devait traiter du haut de sa grandeur. Il y a eu aussi de bons Chefs des deux catégories, qui ont voulu faire du bien au peuple et que leur puissance mettait à même de réaliser des améliorations, de répandre des bienfaits notables. Il y a eu des Chefs bien intentionnés, qui, pour introduire des lois, des règlements sages, utiles, nécessaires, les ont fait passer pour des ordres de Dieu, ne voyant pas d'autre moyen de les implanter sans délai ni difficulté, de leur assurer, sans trop d'efforts, le respect d'une multitude alors brute et déraisonnable. Ces agissements, dignes d'éloges en eux-mêmes, ont pourtant fortifié le mauvais système de la superstition, de l'aveuglement, de la soumission, en le rendant moins exécrable, au lieu de lui conserver intégralement toute son iniquité. Il aurait mieux valu que tous les Chefs, dès le premier, eussent été des tyrans, des despotes francs, sans pitié ni bonté. Les opprimés, les dupes, c'est-à-dire les hommes en général, auraient ouvert les yeux beaucoup plus tôt. Les Chefs *deviendraient* inexcusables, s'ils persistaient dans le vieux système, reconnu funeste au genre humain par une expérience universelle d'une durée si prolongée. Ils devraient avouer, sans fausse honte, que les prétentions et les affirmations de leurs devanciers étaient extravagantes, insoutenables, et offrir leur concours empressé pour fonder un nouvel ordre de choses. Les peuples leur en sauraient gré et pardonneraient volontiers les maux qu'ils ont soufferts, en considération de ceux qu'ils craignent de devoir souffrir encore et qu'ils voudraient bien s'épargner.

Où les peuples en sont-ils maintenant?

Ils se réveillent les uns après les autres. Plusieurs essaient de marcher, de se conduire seuls, mais ils n'y réussissent que très-imparfaitement, d'abord parce qu'ils sont engourdis, ensuite parce qu'ils sont aigris, impatients. Les anciens tuteurs avaient prévu cela; ils espéraient qu'en usant de leur influence jusqu'à la fin, en mettant des bâtons dans les roues autant que possible, la masse se découragerait en rencontrant de si grandes difficultés pour une réorganisation et qu'elle y renoncerait. Erreur colossale : les peuples sont prêts à tout, excepté à retourner au bon vieux temps, à retomber dans l'antique esclavage, à redevenir des troupeaux. Chaque peuple contient déjà une notable fraction d'hommes convaincus et sachant raisonner, fraction qui augmente sans cesse, qui marche en avant de la masse et lui montre le chemin. La masse ne comprend pas encore grand'chose, mais elle comprend que l'ancien système était un vrai monde renversé, qui ne tenait à rien, n'aboutissait à rien, dont elle a par-dessus la tête et dont elle ne veut plus à aucun prix. La masse du peuple ne sait pas encore ce qu'il lui faut, mais elle sait ce qu'il ne lui faut plus. Elle veut du changement, sans savoir en quoi il devra consister, par quels moyens il pourra être réalisé ; elle suit ses nouveaux guides avec autant de foi et d'ardeur qu'elle a suivi les anciens. Quoi qu'il en soit, le branle est donné, la masse est en mouvement, des hommes résolus sont partout à l'œuvre. Aucune force terrestre ne peut, aucune force divine ne veut les arrêter.

LE CITOYEN

Quelle est la signification du terme Citoyen?

Membre d'une société civile et politique basée sur la raison.

Qu'est-ce qui a existé le premier, la société ou les citoyens?

Les sociétés ont existé bien avant les citoyens. Elles se composaient de sujets, de multitudes sans volonté que les Chefs menaient à tort et à travers. Il n'y a pas d'exemple que les hommes aient délibérément constitué une société rationnelle. Quand cette idée est venue à quelques-uns, il n'a pas été possible de la réaliser, l'ancienne société de fait, la société troupeau, tenant partout la place avec ses institutions aussi variées que détestables.

Pourquoi les hommes n'ont-ils pas détruit tout cela, dès qu'ils en avaient reconnu la défectuosité?

Il était possible de détruire les vieilles institutions, mais non les vieilles erreurs, superstitions, croyances, habitudes, enracinées dans chaque homme. Le petit nombre seulement a su se mettre au-dessus de ces choses-là, qui avaient été introduites et implantées dans les esprits pendant une longue série de siècles avec une persévérance inouïe. Tout s'est donc borné à des améliorations partielles; on a transformé, repris en sous-œuvre.

Le grand nombre a dû pourtant s'apercevoir de ces améliorations et y prendre goût?

Il était trop abruti, trop façonné au joug, à la routine, pour comprendre autre chose que les améliorations matérielles, qui, hélas! ne pouvaient être immédiatement assez générales et assez frappantes. Quant aux améliorations morales, elles sont restées longtemps lettre close pour lui. Ce qui diminuait beaucoup leur prestige, c'est qu'elles étaient accompagnées d'obligations inconnues jusqu'alors. D'autre part, il y avait des chocs, des luttes entre ceux qui poussaient au changement et ceux qui y étaient opposés, causant à la société des secousses, des troubles, au grand déplaisir des gens tranquilles, engourdis. Enfin les champions du progrès étaient forcément inexpérimentés et ne savaient pas comment s'y prendre, ni se tenir dans une juste mesure. Heureusement ceux qui avaient un intérêt direct à maintenir l'ancien système étaient si peu nombreux, que, malgré leur position forte et avantageuse, ils ont pu être attaqués avec succès par les novateurs, faibles, dénués de ressources et qui avaient tout contre eux. Malgré la résistance opiniâtre des dominateurs attitrés, des améliorations morales et matérielles ont été introduites tant bien que mal dans beaucoup de pays. Plusieurs peuples ont à présent des institutions et des idées moitié anciennes, moitié modernes, enchevêtrées, mélangées, embrouillées, s'accordant mal et faisant prévoir encore bien des tiraillements. Entre le petit nombre voulant l'ancien système, si profitable à quelques-uns, et le petit nombre voulant le nouveau système si profitable à tous, la masse est restée longtemps indécise, indifférente même, se disant vaguement qu'il faudra toujours travailler, payer des impôts, se soumettre à une autorité. Il est hors de doute qu'il faudra toujours tout cela, mais dans la manière de le faire il y a une différence énorme, une différence du tout au tout. Il importe de le régler selon des principes justes, avec l'assentiment des intéressés, avec le moins de charge pour chacun, et non d'après l'ancienne méthode absurde, à la discrétion et au profit d'un seul et de ses souteneurs. L'ignorance, le manque de raisonnement, l'habitude invétérée de la soumission, ont longtemps empêché les peuples de comprendre ces choses-là ; bon gré mal gré ils sont restés dans la vieille ornière, passifs, mous, laissant donner à la société, aux événements, une tournure quelconque par celui qui menait la barque. Il y a encore beaucoup de gens qui se demandent naïvement ce qui vaut mieux, l'ancien système du gouvernement despotique ou le nouveau système de la volonté nationale et de la raison combinées.

N'y a-t-il pas déjà un progrès considérable?

Le monde est sans doute bien changé depuis deux & trois siècles, mais la situation est toujours mauvaise. Un seul individu, pourvu qu'il soit prince, peut encore influer sur le sort de tout un peuple et lui faire grand bien ou grand mal. Un seul pèse autant et plus dans la balance que de nombreux millions de ses semblables; le Chef et le peuple sont encore considérés comme deux puissances distinctes, comme deux forces qui se valent, qui se tiennent même en échec. Les peuples sont perplexes, dépaysés, inquiets, quand ils ne sentent pas un conducteur derrière eux, en un mot ils n'ont pas encore trouvé leur véritable assiette. Cette situation est d'autant plus étrange, que chacun des citoyens, qui composent les peuples, a une haute idée de lui-même et déploie beaucoup de talent et de caractère. Dans leurs affaires particulières les citoyens ont l'air de comprendre leurs intérêts et les raisonnent assez bien. Conclure de là que les citoyens représentent une somme d'intelligence d'autant plus forte qu'ils sont réunis en plus grand nombre serait se tromper énormément. Si les citoyens raisonnent bien leurs intérêts particuliers, et encore y a-t-il souvent erreur, c'est parce qu'ils leur sont familiers, qu'ils sont à leur portée, que les intéressés sont en petit nombre. Les citoyens en masse sont dans une tout autre position vis-à-vis des affaires nationales, dont ils ne peuvent pas embrasser l'ensemble. Ils ne possèdent aucun des éléments nécessaires pour cela, ils ne connaissent l'histoire que par ouï-dire, leur raisonnement est ce que l'ancien système l'a fait, ténébreux, confus, leur sentiment faussé, déréglé. Dans ces conditions il est impossible que le grand nombre sache se conduire. Il s'échauffe vite, les plus ardents qui parlent et sont écoutés seuls, entraînent les autres, celui qui crie le plus fort a raison. Ainsi, même en supposant que tous les citoyens d'un pays puissent se réunir pour discuter, les peuples sont quant à présent incapables de diriger leurs destinées; ils ont tous encore fort à faire pour arriver à un état normal.

Comment est-il possible alors que le grand nombre exerce une action réelle et utile?

En l'exerçant indirectement, par des mandataires honnêtes

et capables. Tous les citoyens du pays concourent à l'élection de ces mandataires, qui aussitôt élus se constituent en Assemblée. Les mandataires venus de toutes les régions du pays reflètent bien la nation et l'Assemblée qu'ils forment est nommée très-justement Assemblée Nationale. Elle seule a le droit de décider de toutes choses et nul ne peut méconnaître son autorité. En votant pour un mandataire de son opinion, chaque citoyen agit sur le pouvoir exécutif, sur la direction des affaires publiques, il énonce les idées qu'il a et qu'il voudrait faire prévaloir. Les élections ayant lieu à des époques fixes, les citoyens ont le temps de réfléchir, de se renseigner, de se voir en autant de réunions que bon leur semble. Quand le grand jour du vote est arrivé, il ne reste plus rien à faire qu'à déposer son bulletin dans l'urne, il n'y a plus aucune discussion, aucune émotion, le choix de chaque citoyen étant arrêté d'avance. Comme il est reconnu que les citoyens en masse ne peuvent pas gouverner, le système représentatif est le seul efficace et pratique pour exercer le pouvoir souverain.

Qu'est-ce qu'on appelle le pouvoir souverain, la souveraineté nationale?

Le droit de faire chez soi tout ce qui est raisonnable. La souveraineté n'est pas un pouvoir sans frein, libre d'agir à tort et à travers jusqu'à la limite de sa force. Le pouvoir le plus souverain du monde ne saurait faire que ce qui est vrai soit faux, que ce qui est juste soit injuste, que ce qui est raison soit folie, ni réciproquement.

Qui pourrait empêcher un peuple de faire chez lui ce qui n'est pas raisonnable?

Un peuple qui voudrait marcher à l'encontre de la raison, se heurterait à des impossibilités, qui le forceraient à changer de route. La raison étant d'essence divine, ce qui lui est contraire, est contraire à l'ordonnance de Dieu, au plan général de l'univers et par conséquent voué à la destruction. L'histoire universelle n'est qu'un catalogue d'empires, de républiques, de civilisations, basés sur la suppression ou la négation de la raison et qui sont tombés d'eux-mêmes sans aucun choc, ou par des chocs bien faibles. La question de temps n'en est pas une dans cette matière et une durée même prolongée de l'état maladif ne prouve rien. Du moment que la raison est paralysée, il y a paralysie de l'organe essentiel, capital ; la société, la civilisation qui en sont affligées, doivent végéter et mourir, à moins qu'elles ne parviennent à guérir le mal. Ce qui a prolongé et prolonge l'existence de bien des organisations malades, c'est que la raison n'a jamais pu être tuée complétement, qu'elle n'a pas succombé sous les moyens les plus meurtriers, employés par les oppresseurs, qu'étant immortelle, elle a toujours conservé plus ou moins de vie et d'action.

A quoi sert le sentiment, si nous ne devons nous guider que par la raison?

On peut supposer que Dieu nous a donné le sentiment pour adoucir ce que la raison a de trop rigide, de trop abstrait, de trop absolu. Notre existence serait triste, si nous étions doués de la raison seule. Il n'y aurait ni amour, ni amitié, fraternité, patriotisme, honneur, caractère, conscience, poésie. Toutes ces choses-là naissent de la combinaison, à divers degrés, du sentiment et de la raison et ne peuvent se concevoir sans ces deux éléments. La raison nous met en état de dominer les sentiments, de distinguer ceux qui sont bons, nobles, de ceux qui sont bas, mauvais, de fortifier et d'épurer les premiers, d'affaiblir, de ployer les autres. Dieu nous a donné le sentiment à tous et il vit dans chacun de nous, mais la raison seule est universelle, évidente, immuable, le sentiment est individuel, précaire, inconstant. Des millions peuvent avoir à un moment donné le même sentiment, cela ne prouve rien. Un seul peut avoir raison et dès qu'il le prouve, les millions sont obligés de se rendre à l'évidence.

Quelle action le sentiment et la raison doivent-ils exercer sur les Etats?

Les Etats ne sauraient avoir d'autre principe, d'autre règle de conduite que la raison, le sentiment étant trop variable, trop sujet à se laisser entraîner, à sauter d'un extrême à l'autre. Le sentiment parfois rebelle à la raison, s'il maîtrisait celle-ci, s'il lui était substitué, ôterait toute fixité, toute conséquence, toute stabilité aux institutions et à la direction des affaires publiques. Les mandataires ne sauraient que faire dans cette incertitude, dans ces fluctuations continuelles, ils ne pourraient même pas exister. C'est donc exclusivement la raison qui doit présider aux destinées, à la conduite des peuples; par elle seule le but de la société et les moyens de l'atteindre peuvent être clairement définis, débarrassés de tout ce qui est inutile, nuisible ou faux.

Quel est après tout le but des sociétés, leur raison d'être?

Le but éminemment raisonnable de garantir chacun de leurs membres contre les attaques, soit par la force, soit par la ruse, de sa personne et de ses biens, de garantir la société tout entière contre les attaques de la part d'individus ou de là part d'autres sociétés. Il est évident que l'homme isolé n'est qu'un malheureux, qu'il se trouve dans une position désagréable, entourée de périls et que c'est une bonne chose pour tout le monde de se former en sociétés, qui, une fois organisées, nous protégent dès avant notre naissance, facilitent notre développement moral et matériel, nous mettent à l'abri de toute violence ou oppression et nous assurent après notre mort une sépulture inviolable et le respect de nos dernières volontés et de notre mémoire.

Peut-il y avoir des difficultés à établir une organisation aussi indispensable?

Les principales sont celles que l'ancienne société nous a léguées et qui ne diminuent que lentement. Mais l'organisation politique et sociale avec tous les services qu'elle comporte, est en elle-même une grosse affaire. Pour garantir la société dans son ensemble contre les attaques en grand, il faut la force militaire. Pour assurer la tranquillité et la sécurité des sociétaires, il faut la Justice et la Police. Pour créer des relations internationales bonnes, commodes et sûres il faut la Diplomatie. Pour donner aux sociétaires les connaissances nécessaires, pour qu'ils sachent ce qu'ils sont, où ils vivent, ce qui s'est passé avant eux et ce qui se passe autour d'eux sur la terre, quels sont leurs droits et leurs devoirs entre eux, de chacun envers lui-même et envers la société, et de la société envers chacun et envers les autres sociétés, il faut l'Enseignement. Pour connaître tous les sociétaires, pour constater les naissances et les décès et pour consacrer les mariages il faut l'Etat Civil. Il faut des voies de communication, des moyens de transport et de correspondance, des monnaies, poids et mesures. Il faut veiller sur la salubrité, l'hygiène et la morale publiques, guérir les malades, enterrer les morts. Il faut que les sociétaires qui consacrent leur temps, leur intelligence et leurs forces aux services publics et ne se livrent personnellement à aucunes occupations lucratives, soient payés par la masse des sociétaires pour laquelle ils travaillent : il faut donc qu'un certain nombre de citoyens reçoive les cotisations de tout le monde et les distribue à qui de droit. Tout cela, même réduit à sa plus simple expression, est fort compliqué, surtout dans un grand Etat, composé de millions de sociétaires. Il faut de plus un organe central, national, qui veille à ce que tous les services soient pourvus du personnel, du matériel et des locaux dont ils ont besoin. Cet organe central doit lui-même être surveillé et contrôlé, afin qu'il ne puisse pas tomber dans l'arbitraire, les abus, les excès de pouvoir.

Les anciennes sociétés n'avaient-elles pas des institutions aux mêmes fins?

Les institutions ne leur ont pas manqué, le Chef ayant de puissants motifs d'en créer beaucoup. Elles avaient toutes pour prétexte le bonheur du peuple, seul point de ressemblance qu'elles aient avec des institutions rationnelles. Les institutions inutiles et nuisibles formaient l'immense majorité, elles étaient bien plus favorisées et bien mieux partagées que celles en petit nombre qui rendaient des services effectifs. Comme le principe fondamental des anciennes sociétés était vicieux, toute leur organisation était forcément vicieuse. Les institutions de toute sorte émanaient d'un individu supérieur; elles étaient sans exception ployées, tordues, faussées au fond et dans la forme pour s'adapter à cette donnée, qui aux yeux de l'individu en question primait toutes les autres considérations. Les hommes étaient dressés pour les institutions et non les institutions pour les hommes.

Quels sont les principes sur lesquels on est à peu près d'accord aujourd'hui?

On est encore très divisé. Il semble néanmoins que le principes suivants gagnent du terrain et rallient des suffrages assez nombreux et importants :

Que le peuple n'est pas un troupeau ;

Que dans tout pays il n'y a que le peuple, que tous, les grands comme les petits, sont simplement des citoyens ;

Que le peuple ne peut pas gouverner lui-même, ni s'occuper en masse des services publics, à cause de la grande étendue de pays qu'il occupe, du grand nombre de citoyens qui le composent, des travaux de production auxquels les citoyens sont obligés de se livrer, des études spéciales que les services publics exigent ;

Que le gouvernement fait partie intégrante du peuple et n'a aucun autre but, ni raison d'être et n'existe que pour l'utilité et au profit du peuple ;

Que le peuple a le droit d'être tenu au courant de tout ce qui se fait pour lui, à ses frais, risques et périls ;

Que le peuple a le droit, ne pouvant tout indiquer et examiner lui-même, de tout faire diriger, surveiller et contrôler par des mandataires de son choix.

Dans plusieurs pays ces théories sont entrées dans le domaine de la pratique et ont donné des résultats satisfaisants, quoiqu'elles ne soient encore comprises et appliquées que très-imparfaitement.

Comment s'arrange-t-on pour les pratiquer ?

On entretient à la tête des services publics un homme respectable, honnête, instruit, expérimenté, avec mission de les faire marcher en bon ordre. On crée une Assemblée d'hommes de confiance, qui améliore les lois et institutions, quand le besoin s'en fait sentir, qui détermine le chiffre de la dépense publique et les moyens d'y faire face, qui décide de ce qu'il faut faire dans tous les cas exceptionnels qui se présentent, dans toutes les occurrences non prévues.

Chacun de ces deux organes n'aura-t-il pas encore un pouvoir considérable, dangereux même ?

Dans l'intérêt du pays leur force doit être grande. Tout danger qu'ils en abusent est conjuré par la division du pouvoir entre les deux, agissant chacun au grand jour, chacun dans sa sphère, sous les yeux de nombreux critiques. Le Pouvoir Exécutif ne peut rien sans l'Assemblée ; la composition de l'Assemblée est une garantie suffisante que rien ne sera entrepris contre le peuple.

Est-il vrai que le pouvoir a quelque chose d'enivrant, qu'il fait tourner la tête ?

Cela pouvait arriver jadis, quand il était absolu, indéfini, sans obligation, frein, ni contrôle, exercé par un seul individu, et enfin d'institution divine. Le détenteur actuel du pouvoir a des devoirs rigoureux ; obligé de travailler ferme, soucieux de sa réputation, ne pouvant mettre en avant aucun prétexte d'origine, d'attache ou d'inspiration mystérieuses, surnaturelles, ne relevant plus vaguement de sa conscience et de Dieu, mais responsable devant l'Assemblée et, au besoin, devant la Justice, un tel Chef d'Etat restera forcément raisonnable. Le peuple est encore peu éclairé, mais il n'a plus cette crainte superstitieuse des Chefs, qu'il avait pendant longtemps ; loin de là, il leur inspire un respect salutaire, qui les empêche de tout oser. L'enivrement ne pourra plus se produire qu'en rêve, il ne pourra plus dépasser les moyens obliques ; s'il se montrait ouvertement, s'il bravait carrément les lois et institutions, il se heurterait dès les premiers pas aux principes de civisme et de légalité, qui pénètrent de plus en plus les citoyens, dont très-peu voudraient s'embarquer dans des entreprises criminelles, sachant d'ailleurs que cela pourrait les mener loin. Dans ces conditions, le Chef d'Etat, héréditaire ou électif, non-seulement ne deviendra pas outrecuidant, présomptueux ; il s'estimera heureux s'il suffit à la tâche, s'il ne reste pas au-dessous de l'attente générale.

Le Chef d'Etat ne pourrait-il pas être gâté, ébloui par la popularité ?

La popularité, telle qu'on la comprenait jusqu'à présent, ne pourra plus exister. Elle résultait de l'ignorance des masses, ne se rendant compte ni des prétendus hauts faits, ni des moyens par lesquels ils avaient été préparés et accomplis, ni surtout de leur portée, de leur utilité. Les masses étaient donc facilement induites en erreur et entraînées à un enthousiasme aussi démesuré que mal fondé et hors de propos. Cette popularité n'était ni sérieuse, ni solide et pouvait se changer très-promptement en des sentiments tout autres, comme elle pouvait, tout aussi bien et sans plus de raison, durer longtemps, aussi longtemps que l'ignorance qui lui avait permis de naître et de grossir. Grâce aux progrès de l'instruction, cette popularité devient impossible et fait place à une appréciation raisonnée, au fur et à mesure que les citoyens se rendent plus capables d'examiner et de juger les affaires publiques et les événements. Les citoyens ne seront plus trompés autant qu'autrefois par des récits mensongers : d'une part ils seront plus intelligents et plus posés et ne liront plus des histoires fabriquées pour flatter la vanité et les passions nationales ou locales; d'autre part les flatteurs, les imposteurs qui faisaient mousser les Chefs d'Etat, tâcheront de faire autre chose, les Chefs ne pouvant plus les récompenser par toutes sortes de dons et de faveurs. Les Chefs ne pourront plus non plus se commander des statues, des colonnes, des monuments variés, les imposer à la vue du public et donner de fausses idées aux générations présentes et futures. Beaucoup de Chefs d'autrefois, qui avaient usé et abusé de ces moyens et qui étaient indûment admirés, vénérés, glorifiés de siècle en siècle, rentreront dans l'ombre, tandis que les plus criminels d'entre eux seront mis en évidence avec les indications nécessaires, et resteront voués à l'exécration du genre humain.

Il est donc très important que les citoyens connaissent l'histoire de leur pays ?

Sans aucun doute. L'homme qui connaît seulement les événements dont il a été témoin ou qui se sont passés de son temps, est incapable de se former une opinion, il n'a aucune base, aucun point de repère, de comparaison. Même au bout d'une longue vie il n'est guère plus avancé, les quelques faits qu'il a pu observer se rattachant à une série de faits antérieurs, qu'il faudrait connaître pour coordonner le tout, le raisonner et en tirer l'enseignement qu'il contient. Ce qu'on appelle expérience, un peuple ne peut l'acquérir que par l'étude de l'histoire. Un peuple dure longtemps, mais les hommes durent peu, chaque nouvelle génération arrive ignorante et a besoin d'être mise au courant. Il importe que les citoyens connaissent aussi le passé des autres peuples, du monde entier, non en détail, de jour en jour, mais à grands traits. Ce n'est pas l'affaire d'un seul homme d'écrire l'histoire, soit d'un pays, soit universelle. Pour être authentique, digne de foi et au-dessus des diverses passions, il faut que ce travail soit fait par des commissions nationales et internationales, composées des sommités scientifiques de chaque pays, ayant mandat officiel, puisant aux sources, recherchant toutes pièces, tous indices, ne reculant pas devant la dépense nécessaire. Quand les peuples liront cette histoire véritable, sincère, appelant les choses de leur vrai nom, les montrant sous leur vrai jour, quand ils sauront ce qui s'est passé, comment ils ont toujours été vilipendés, écrasés, pervertis, abrutis, excités les uns contre les autres, assassinés en grand par les batailles, les massacres, le froid, la chaleur, la peste, la famine, la misère, assassinés par les supplices les plus cruels, les tortures les plus atroces, à raison de crimes imaginaires, combien d'hommes ont pourri dans les cachots, combien ont été chassés de leur pays; ce sont les peuples qui seront étonnés d'avoir été si longtemps et à un tel point dupes de mensonges, d'impostures, de trompe-l'œil grossiers, impertinents, effrontés, d'avoir supporté des horreurs, des abominations, qui aujourd'hui paraissent incroyables, impossibles. La génération actuelle doit se féliciter de vivre dans des temps meilleurs, où, grace à la bienheureuse invention de l'Imprimerie, aux sciences et aux arts mécaniques, qui en permettent l'application illimitée, tout le monde pourra être instruit, éclairé, où de plus en plus il ne dépendra que des peuples d'exercer une influence permanente, régulière et décisive sur leur sort.

Les citoyens arriveront-ils à posséder en masse la fermeté, la sagesse et l'intelligence qu'il faut à un peuple pour se gouverner lui-même ?

Incontestablement. Ce qui le prouve, c'est qu'ils commencent à avoir conscience de leur valeur, de leur responsabilité et de leur dignité. Pour rien au monde ils ne voudraient plus se laisser traiter comme autrefois. On les trompe encore, on leur en fait accroire, mais il faut employer la persuasion, le raisonnement, il ne faut plus leur parler en maître. Chaque citoyen se considère comme ayant les mêmes droits et les mêmes devoirs que tout autre, et ne voudrait pas plus subir l'injustice, l'arbitraire, qu'il ne voudrait accepter de passe-droit, de faveur. Le niveau de l'honnêteté et de la morale publiques et privées monte au fur et à mesure que les anciennes croyances baissent. Les ennemis du progrès, qui affirment que le genre humain doit être tenu en bride, qui prétendent le diriger, qui se vantent d'avoir tout ce qu'il faut pour cela, ne sont eux-mêmes que des hommes : or, comme il y a eu moyen de perfectionner ceux-ci, il y a moyen de les perfectionner tous. Ce qui manque principalement au citoyen d'aujourd'hui, c'est l'instruction solide et rationnelle, circonstance d'autant plus fâcheuse qu'une fois arrivé à l'âge d'homme, il est bien difficile de l'acquérir. Aussi les citoyens doivent-ils au moins faire pour leurs enfants ce qu'ils ne peuvent plus faire pour eux-mêmes, ils doivent tenir la main à ce que la jeunesse reçoive cette instruction aussi bonne et aussi complète que possible. Un jour les citoyens actuels seront vieux, les enfants actuels seront des hommes, ils auront la force, et alors les vieux seront contents, si la société est tranquille, prospère, bien ordonnée. Il s'agit donc là d'un intérêt national et social de premier ordre pour lequel il est permis d'engager l'avenir, d'emprunter beaucoup pour semer, puisque l'avenir récoltera au centuple ; débarrassé du fléau de l'ignorance et de ses suites calamiteuses, pouvant s'occuper exclusivement et sans interruption de son bien-être moral et matériel, l'avenir paiera facilement et volontiers la dette qu'on avait contractée en son nom et à son profit.

L'ÉTAT

Quelles sont les principales formes de gouvernement?

La Monarchie et la République.

Comment la monarchie est-elle organisée?

La première fonction de l'Etat est fixe et héréditaire. Il y a une famille régnante, une cour, de la pompe, tout un petit monde à part. Le Prince ou Monarque, plus il y a de temps que sa famille occupe cette bonne place, plus il se croit en droit de l'occuper. Il est fortifié dans cette idée par son entourage et par tous ceux qui visent à obtenir des faveurs en le flattant, en se montrant pleins de zèle pour ses prétentions.

Quelle est l'organisation de la République?

La première fonction de l'Etat est temporaire et élective. Celui qui en est investi, et qui porte communément le titre de Président, reconnait qu'il n'est que fonctionnaire; la courte durée de son mandat ne lui permet pas de s'enraciner. Il est guidé par une Assemblée nationale, tout à fait indépendante de lui. Périodiquement le peuple tout entier fait connaître son appréciation et sa volonté. La direction des affaires ne peut donc pas suivre longtemps une mauvaise voie, les griefs, les abus ne peuvent pas s'accumuler et il n'y a aucune raison de recourir à la violence pour les faire cesser.

Alors il y a accord parfait pour donner la préférence à la République?

Il s'en faut de beaucoup. Le monde des affaires et de la propriété ne lui est pas favorable du tout, parce qu'il n'espère pas y trouver la même stabilité que dans la Monarchie. Ce monde, qui est pourtant composé de gens instruits, se fait là une illusion inconcevable; il prend l'ombre pour la réalité, il ne réfléchit pas que le Prince n'est rien par lui-même. Le Prince est un homme comme un autre, sa solidité est purement imaginaire, il n'offre aucune garantie, il n'a que l'importance qu'on lui donne. On est obligé de lui mettre tout dans les mains, hommes et argent; mais, avec ces moyens, un Président remplit le but tout aussi bien, sans pouvoir faire de sottises. Etant élu pour un temps donné, son mandat prend fin à une époque déterminée, où l'on peut le réélire; il reste ou il s'en va, selon la volonté des électeurs, jamais on n'a besoin de le renverser. Pendant la durée du mandat, sa position est inattaquable, étant basée sur le droit; elle n'est pas précaire comme celle du Prince, qui n'est qu'un simple fait. Même autrefois, quand les droits héréditaires des Princes étaient admis, quand personne ne doutait de leur institution divine, quand les peuples étaient plongés dans les ténèbres, les Princes n'étaient pas bien solidement établis : ils se détrônaient les uns les autres sans vergogne. Aujourd'hui les vieilles croyances n'ont plus cours, les Princes ne peuvent plus répondre de rien; ils le sentent bien et personnellement ne font pas grand cas d'une situation difficile, souvent ennuyeuse, parfois dangereuse. Les classes dites élevées devraient comprendre cela et ne plus chercher la tranquillité, la stabilité où elle n'est pas, c'est-à-dire dans une combinaison suspecte à la masse, caduque, incompatible avec le sens commun.

Quels sont ceux qui tiennent à conserver la Monarchie encore le plus longtemps possible?

Ce sont d'abord les Prétendants, c'est-à-dire ceux qui ont un semblant de droit ou un espoir de régner, mais qui ne savent pas ce que cela veut dire à notre époque. C'est l'entourage du Prince, à cause des faveurs. Ce sont les gros bonnets du gouvernement, formés à l'ancienne école, chérissant la Monarchie qui les paie grassement, qui leur permet de s'incruster avec leurs familles dans toutes les bonnes places, qui les élève au-dessus du commun des sujets. Ils préfèrent être les serviteurs d'un maître par la grâce de Dieu, qu'on peut facilement satisfaire, qu'on n'a pas toujours à ses trousses, et répugnent à l'idée d'être de simples fonctionnaires, les égaux de leurs concitoyens. Les Religions prônent la Monarchie pour plusieurs motifs. Ayant déclaré dans le temps que les Monarques étaient institués par Dieu elles ne veulent pas revenir sur cette assertion. Elles ont longtemps entretenu une alliance étroite avec les Monarchies. Elles veulent que les peuples n'examinent rien et croient ce qu'on leur dit, ce qui est conforme au principe de la Monarchie, opposé à celui de la République. Il y a aussi les héritiers des seigneurs et privilégiés du bon vieux temps, qui aiment la Monarchie, où ils jouissent de leur reste avec orgueil et satisfaction. Il y a enfin les fournisseurs d'articles spéciaux pour Monarchies, qui seraient obligés de changer d'industrie, si cette institution tombait. Voilà tous ceux qui ont ou croient avoir un intérêt à la conservation de la Monarchie, mais les citoyens en général, riches ou pauvres, fonctionnaires ou particuliers, n'ont aucun motif d'y tenir; au contraire, ils doivent s'en méfier.

Il y a pourtant des Monarchies où l'on est assez bien?

Quant à celles-ci, leurs institutions sont monarchiques dans la forme, mais républicaines au fond, en ce sens que le peuple influe par une Assemblée élue sur la conduite du gouvernement, que l'action du Prince est réglée par l'Assemblée, qu'il n'y a ni oppression, ni arbitraire à craindre, que rien ne s'oppose à l'introduction de toutes les réformes désirables. Le Prince ayant des substituts officiels, n'a pas grand'-chose à faire, on ne lui demande pas de se mettre en avant à tout propos. Il y a des pays qui sont gouvernés depuis des siècles par la même famille et ne s'en trouvent pas mal du tout. Même avant d'avoir des Assemblées, leurs Princes respectaient et faisaient respecter la loi, entretenaient les services publics en bon ordre, marchaient avec le siècle et n'étaient nullement ennemis du progrès. Gouvernant avec l'assentiment positif de tout le monde, ces Princes pourraient se soumettre périodiquement à l'élection sans avoir d'échec ni de concurrence à craindre. Le système d'avoir un Prince qui agit de concert avec une Assemblée est connu sous le nom de Monarchie Constitutionnelle. Il ne brille pas par la logique, l'hérédité qui est abolie dans les fonctions publiques et autres comme un abus déplorable, étant conservée pour la première de toutes, mais on peut très-bien marcher comme cela et ne pas faire attention aux frais plus élevés, ni à plusieurs autres inconvénients, pourvu que les citoyens veillent toujours avec soin et ne laissent pas prendre de mauvais plis.

Ne pourrait-on pas avoir un Monarque seulement à vie?

Cela n'avancerait à rien. Il faudrait prendre des arrangements équivalant à l'hérédité, c'est-à-dire désigner à l'avance le successeur du Prince régnant, sinon il y aurait des intrigues perpétuelles et l'on serait toujours sur le qui-vive. En effet, nous sommes tous mortels, et le plus grand Monarque peut fermer les yeux du jour au lendemain, tout comme le plus petit citoyen. Dans une République, malgré la courte durée du mandat, qui ne fait pas prévoir de vacance intempestive, on a soin d'élire un ou plusieurs Vice-Présidents.

Qu'est-ce qu'il faut, en tout cas, prohiber dans la Monarchie?

Tous les emblêmes de domination personnelle, toutes les qualifications autres que celles Nationales ou de l'Etat; il faut retirer aux Princes toutes les prérogatives, droit de faire grâce, droit de déclarer la guerre, de conclure ou de rompre des traités, droit de conférer des titres, héréditaires ou non, quelque vains qu'ils soient, droit de conférer à eux-mêmes et de conférer aux leurs des dignités et des grades, le port d'insignes ou d'uniformes qu'ils n'auraient pas acquis selon les lois et règlements, droit de se montrer au public dans des costumes bizarres, de se faire parler en des termes absurdes, droit de faire marcher la force publique, de déranger les services publics à l'occasion de leurs affaires personnelles ou de famille. Il faut, en un mot, que les Monarques renoncent à tout ce qui n'a pas le sens commun, à tout ce qui peut fausser les idées. Les Princes éclairés comprennent cela et n'usent presque plus de ces exhibitions, ni des pratiques démodées en général.

Auquel des deux systèmes de gouvernement fera-t-on bien de s'arrêter?

En principe à la République. En fait, si les affaires ne marchent pas, parce que des classes très-importantes et très-influentes de citoyens n'ont confiance que dans la Monarchie, on doit s'en tenir encore à la Monarchie constitutionnelle. Les Etats et les Communes, les Peuples et les Citoyens, tout est bridé par la question d'argent : il faut que la masse des citoyens ait de l'ouvrage, autrement ils n'auraient pas de quoi manger, ni de quoi fournir aux dépenses nécessaires de la société. Malgré la consommation journalière les affaires ne marchent pas, quand il n'y a pas de confiance, de crédit, quand nul n'ose se lancer dans des entreprises considérables et de longue haleine, quand les riches ont peur, quand chacun est gêné. Il ne faut donc pas pousser la logique trop loin et bouleverser tout pour avoir la République un peu plus vite, puisque tous les peuples y arriveront infailliblement, chacun à son heure.

Si des peuples voulaient cependant la République tout de suite et quand même?

Ils l'auraient, puisqu'ils sont la force, mais si le manque d'affaires et de travail amenait la misère, la désorganisation des services publics, on arriverait à des troubles, à la guerre entre compatriotes, enfin à un état de faiblesse, de lassitude qui permettrait le rétablissement de la vieille tyrannie. Tout cela n'aurait qu'un temps, on reviendrait à une position normale, mais les maux endurés n'en seraient pas moins endurés, les blessures faites à la Patrie n'en seraient pas moins faites et il faudrait de longues années pour les guérir. La République est sans doute la seule forme rationnelle, la seule qui convient à des peuples civilisés, mais les peuples les plus avancés en civilisation renferment encore une forte proportion d'hommes arriérés, incapables d'en comprendre le principe. La Monarchie Constitutionnelle peut servir alors d'école préparatoire. Il y a eu et il y a encore de bonnes Monarchies, comme depuis deux à trois mille ans il y a eu dans plusieurs pays des Républiques archi-mauvaises, exécrables, pitoyables. Ce n'est donc pas le mot seul qui sauve, ni la forme non plus: au contraire, comme on l'a dit, il y a longtemps: C'est la lettre qui tue, c'est l'esprit qui vivifie. Tous les hommes aiment leur pays; on n'en a pas encore vu qui aient dit le contraire. Tous veulent le bien-être moral et matériel de tout le monde. Ils sont unanimes sur la question de fond, rien ne les divise que la question de forme ou la question de vitesse. Il y a des gens qui abhorrent tout changement, qui voudraient que la société restât toujours dans l'état où ils l'ont trouvée. Il y a des gens qui demandent des changements à vue, complets, absolus, la création subite d'un monde nouveau, dans lequel personne ne se reconnaîtrait. Il y a des gens qui ne cherchent pas à s'éclairer, à se rendre compte de quoi il s'agit, qui ne se soucient pas d'exercer les droits les plus élémentaires du citoyen. Toutes ces catégories sont à côté du vrai. Que les récalcitrants ne repoussent plus les améliorations nécessaires, que les exaltés se calment et cessent de pousser à la violence, que les indifférents sortent de leur nonchalance antipatriotique, indigne. Tout le monde doit s'entendre sur le terrain du progrès modéré, du passage graduel des ténèbres à la lumière. Les institutions même parfaites en théorie et préférables à d'autres moins rationnelles, ne font pas le bonheur, si elles ne sont pas pratiquées avec sagesse, tandis qu'on peut tirer un excellent parti d'institutions très-défectueuses. Si la République a pu être établie dans un pays, c'est la preuve que le petit nombre d'hommes éclairés a acquis une force considérable, qu'il a pu triompher des dominateurs et que le grand nombre accepte le fait accompli. La République une fois installée et fonctionnant à peu près bien, ne doit pas être abolie, ce qui serait un pas en arrière, mais adaptée à l'état du pays, sans prétendre pour cela que hors la République il n'y a point de salut. D'ailleurs Monarchie et République ne sont que des formes de gouvernement; quoique très-importantes, elles ne constituent pas toute la vie d'un peuple. Les fonctionnaires publics font de certains travaux nécessaires, qui débarrassent les citoyens d'autant, mais toute la question sociale, la production et l'échange, la manière de gagner l'argent et de s'en servir, regardent uniquement les citoyens et restent en dehors de l'action gouvernementale. Les fonctionnaires, comme tels, n'ont rien à faire en dehors de leur spécialité, et les citoyens ne doivent rien attendre ni exiger d'eux, c'est-à-dire du gouvernement, que la bonne tenue des services publics qu'ils lui ont confiés, afin d'avoir plus de temps et de liberté de se livrer à leurs travaux. Cette situation est la même dans la Monarchie comme dans la République; à cet égard elles sont toutes les deux sur le même pied, et ce n'est pas de remplacer l'une par l'autre qui changerait quelque chose aux problèmes du socialisme. Il est essentiel que les citoyens sachent et méditent bien cela, et n'espèrent ni de la République ni de la Monarchie ce qu'elles ne peuvent donner ni l'une ni l'autre, ce que les citoyens seuls peuvent débattre, arrêter et mettre en pratique.

Comment s'opère le passage de la Monarchie à la République ?

Par le simple fait qu'un peuple renvoie la famille régnante et la remplace, non par une autre, mais par des Mandataires électifs et temporaires. Cet état de choses, qui doit avoir un nom, ne peut s'appeler que République, puisqu'en l'absence de Monarque il n'y a plus de Monarchie, et qu'en présence d'un gouvernement légal et régulier il n'y a pas non plus Anarchie. C'est en effet la République, le gouvernement au seul point de vue de la Chose publique et auquel tous prennent part, au moins indirectement. Le Président notifie son avénement aux puissances étrangères, tout comme le fait un Monarque. La nouvelle organisation, connue et reconnue au dedans et au dehors, n'a plus dorénavant qu'à s'enraciner, à mettre tous les services publics en rapport avec son principe fondamental, à convaincre de sa supériorité les hommes qui en doutent de bonne foi et surtout à répandre l'instruction et la lumière afin que le grand nombre, qui doit jouer un rôle de plus en plus important, soit dans un avenir prochain à même de raisonner et de juger avec la compétence nécessaire.

Quelles doivent être les qualités fondamentales d'un Monarque ou d'un Président?

En ce qui concerne le Monarque absolu, il n'y a pas à s'occuper de cela, puisqu'il faut le prendre comme il vient et qu'il fait tout ou rien également par la grâce de Dieu. Quant au Prince Constitutionnel ou au Président, il faut l'honnêteté, l'intelligence, l'expérience, le caractère, la modération et la patience.

Quelles sont les attributions du Prince moderne ou du Président?

L'un et l'autre répond de la bonne marche des services publics, veille à ce que la machine gouvernementale fonctionne avec régularité, à ce que toutes ses parties soient en parfait état d'entretien et qu'il n'y ait nulle part ni fatigue ni frottement. Il recherche sans cesse les défauts à corriger, les améliorations à réaliser, pour les soumettre à l'Assemblée, dont les votes, à défaut d'inspirations surnaturelles, prohibées sur toute la ligne, déterminent sa conduite et lui servent de base d'opérations.

Le Président aura-t-il assez de prestige?

Un homme qui doit cette position éminente à ses talents, aux services rendus, à la haute opinion que ses concitoyens ont de lui, aura au moins autant de prestige qu'un Prince; il s'est donné d'autres peines que celle de naître. S'il n'a pas de prestige d'emprunt, s'il n'est pas entouré de pompe, s'il ne dispose pas arbitrairement de places et de faveurs, par contre le Président agit en vertu d'un titre authentique, valide, indiscutable, délivré à sa personne, pour cause de mérite intrinsèque, au grand jour, par la majorité de ses concitoyens, tandis que le titre monarchique obtenu on ne sait comme, on ne sait de qui, est d'autant plus insignifiant que son origine est plus ancienne, plus obscure, qu'elle remonte davantage aux époques de barbarie, d'ignorance, de stupidité.

Si le Président est subordonné à l'Assemblée Nationale issue du suffrage universel, doit-il également émaner du suffrage universel?

L'importance et l'étendue de son action exigent que sa position soit consacrée d'une manière solennelle par le vote de l'universalité des citoyens.

Ne serait-il pas plus simple et plus pratique de faire élire le Président par l'Assemblée Nationale?

D'une part il n'est pas désirable qu'un fonctionnaire, qui a encore beaucoup de pouvoir et d'influence, doive sa nomination à un nombre si restreint de citoyens, qu'il pourrait reconnaître leurs bons offices en vue d'être maintenu ou réélu. D'autre part un Président semblable serait trop dépendant, il n'aurait pas son franc-parler, il n'oserait rien proposer à l'Assemblée sans lui avoir tâté le pouls, ni soutenir énergiquement une chose qui lui paraît juste et utile, si l'Assemblée manifeste une tendance contraire. L'Assemblée est un organe, le Président en est un aussi, il n'y a aucune raison pour que l'un crée l'autre; ce sont les citoyens qui doivent se charger du soin de les créer tous les deux.

L'Assemblée ne pourrait-elle pas exécuter ses décisions elle-même ?

Il ne faut plus que tous les pouvoirs soient concentrés dans le même organe et le rendent omnipotent : on en a vu les funestes conséquences. D'ailleurs celui qui commande et qui surveille l'exécution, ne doit pas exécuter lui-même : il serait son propre contrôleur et pourrait n'exécuter qu'à sa guise.

Le Président ne devrait-il pas choisir les principaux fonctionnaires parmi les membres de l'Assemblée?

Les membres de l'Assemblée doivent rester indépendants et n'ont que faire de se placer sous l'autorité d'un fonctionnaire, ni de qui que ce soit. Si un Représentant du Peuple veut devenir fonctionnaire, il donnera sa démission. Si un fonctionnaire est élu Représentant, il sera mis en non-activité. Dans l'une et l'autre capacité, si l'on veut remplir consciencieusement son rôle, on aura bien assez à faire. C'est moins souvent le patriotisme que l'ambition qui pousse un fonctionnaire à solliciter le mandat représentatif, pour acquérir de l'importance et de l'avancement; un Représentant à se charger de fonctions brillantes et bien payées, auxquelles il n'entend rien et dont il exclut des hommes qui s'y sont rendus aptes par la pratique et de longues études spéciales. Il faut des fonctionnaires de tout ordre dans les Assemblées, pour qu'elles soient complètes, mais l'amour du cumul ne doit être encouragé ni par le Chef de l'Etat, qui choisit les fonctionnaires, ni par les citoyens-électeurs, qui choisissent les Représentants.

Ne peut-il pas s'élever de conflit entre l'Assemblée et le Président?

Pas le moins du monde, les voies qui leur sont tracées étant parallèles. Les deux pouvoirs, quoiqu'ils découlent de la même source, diffèrent essentiellement l'un de l'autre. L'Assemblée décide mais n'exécute pas. Le Président, qui doit faire connaître toutes les raisons pour ou contre, n'a qu'à exécuter de son mieux ce que l'Assemblée a décidé.

Le Président étant seul élu du pays entier, ne peut-il se

croire supérieur aux Représentants, dont chacun est seulement l'élu d'une circonscription?

La division en circonscriptions n'est qu'un moyen pour simplifier et faciliter l'opération électorale. Chaque élection, aussitôt faite, est sanctionnée par toutes les circonscriptions, comme si toutes y avaient participé. De cette manière chaque député émane moralement de toute la nation, qui en se fractionnant pour un moment, n'en est pas moins restée une et indivisible. Le Président ne peut donc se croire aucune supériorité de ce chef; il n'a du reste rien à traiter avec les Députés, mais seulement avec l'Assemblée en corps. On pourrait employer un autre moyen, établir des listes générales de tous les candidats et les soumettre à tous les citoyens. Alors chacun des élus serait l'élu direct du pays entier. Mais ce travail long, compliqué, hérissé de difficultés d'un bout à l'autre, n'offrirait aucun avantage sérieux. Les citoyens seraient ennuyés d'avoir à examiner ces listes interminables et ne pourraient même pas songer à se renseigner sur tous ces candidats.

Les élections ne sont-elles pas chaque fois un danger pour l'ordre public?

On se fait de plus en plus à cette émotion passagère, ayant reconnu que l'opération est nécessaire, qu'elle préserve de dangers permanents et qu'au fond elle n'a rien de bien terrible. La masse reste tranquille dans la conscience de son droit et de sa force. Les agitateurs, là où il y en a encore, se voient délaissés, incapables de faire de l'effet. Dans une République il y a quatre élections à faire, Président, Assemblée Nationale, Maires, Conseils communaux. Il est donc tout naturel de fixer la durée de tous les mandats à quatre ans et de s'arranger pour avoir un genre d'élection chaque année. C'est juste ce qu'il faut pour entretenir la vie publique, pour donner à l'opinion le moyen de se manifester et d'exprimer ses tendances régulièrement, pour ménager des transitions, éviter les changements brusques. Avec ce système il n'y a aucun danger de désordre, de bouleversement. Sur quatre pouvoirs il y en aura toujours trois en place, bien assis et en mesure d'agir, si besoin est. L'édifice politique doit avoir une certaine élasticité, tout comme une construction ordinaire. Si la plus légère secousse, la moindre vibration, le plus petit ébranlement pouvait le faire crouler ou le disloquer, c'est qu'il serait mal bâti.

Quel serait le meilleur moyen de faire entrer l'élection dans les mœurs?

Ce serait d'y intéresser tout le monde en déclarant les élections annuelles fêtes nationales. Les hommes de tous les temps et de tous les pays ont éprouvé le besoin de fêtes, de réjouissances collectives. Les Chefs temporels et spirituels ont saisi cela de bonne heure et en ont profité adroitement. Dès la plus haute antiquité ils ont institué des fêtes périodiques avec des divertissements variés. Ces fêtes ont eu pour point de départ la gratitude envers l'Etre Suprême, le Créateur ou une Divinité bienfaisante quelconque et comme telles n'avaient rien que de louable. Malheureusement elles ont dégénéré bientôt. Les Chefs ont institué d'autres fêtes en l'honneur, en commémoration de la naissance, des hauts faits ou de la mort de l'un d'eux, de quelque grande tuerie nationale ou internationale, de n'importe quoi les concernant, souvent même pour célébrer l'anniversaire d'événements imaginaires, supposés, chimériques. En tous cas, les fêtes sont un excellent moyen d'introduire et de fixer une date, une circonstance dans les esprits. Qu'il y ait donc tous les ans plusieurs journées de plaisirs et de récréations extraordinaires, se rattachant à quelque chose de bon et d'utile, dont tout le monde comprend la signification et l'à propos. L'élection est un vrai sujet de joie et de contentement pour les citoyens, affranchis de l'esclavage moral et matériel, qui a pesé si longtemps et si durement sur l'humanité. Les citoyennes ont encore plus de motifs de se réjouir, ayant tout à espérer du progrès, qui a déjà adouci leur sort et qui leur fera obtenir justice sur tous les points. La génération qui pousse ne comprend pas encore la portée de cet acte souverain, mais il importe de l'y intéresser, d'en implanter la notion dans la tête des enfants par tous les moyens qui peuvent les impressionner, afin qu'ils en gardent un souvenir agréable, qu'ils en parlent souvent, qu'ils se réjouissent hautement à l'approche du grand jour.

Les affaires de la nation doivent-elles être traitées publiquement ?

Cela coule de source. D'une part les citoyens ont le droit de savoir ce qu'on fait pour leur compte et pourquoi on le fait. D'autre part, les citoyens ont besoin de s'instruire, de s'éclairer, en suivant les débats des Assemblées. Il ne faut pas entendre par le mot publiquement la publicité des séances, qui n'est que bien peu de chose. Il n'y a de place que pour un public très-restreint ; même les habitants de la ville ou siége l'Assemblée ne peuvent assisteraux séances dans une proportion tant soit peu respectable faute de place et parce qu'ils n'ont pas le temps. Les autres habitants du pays, la presque totalité des citoyens, n'assistent jamais à une séance de leurs Représentants. Pour que la publicité soit effective, il faut que les comptes-rendus des séances soient envoyés dans chaque commune à un nombre suffisant d'exemplaires pour que chaque citoyen, chaque famille puisse en prendre connaissance, soit à domicile, soit dans un ou plusieurs endroits publics, clos et couverts; de plus il en sera donné lecture. Ceci est un intérêt public de premier ordre et il doit y être pourvu d'office par une organisation spéciale, les Représentants ne pouvant s'occuper individuellement de l'envoi de ces comptes-rendus, pour lesquels on ne doit pas non plus s'en rapporter aux journaux, ni à aucune entreprise particulière. Les Journaux relatent et commentent les séances de l'Assemblée, mais on ne peut pas exiger d'eux qu'ils les donnent dans tout leur développement ; ils se bornent donc à des extraits, à des abrégés, que chacun fait à son point de vue. Ce qu'il faut au contraire, c'est quelque chose d'authentique et de complet, arrivant dans les mains de tout le monde. Il sera remis aux Journaux autant d'exemplaires qu'ils en demanderont, au prix de revient le plus strict; le transport de ces exemplaires, en tant qu'il est opéré par l'Etat, sera toujours à ses frais. C'est le devoir de l'Assemblée de voter les fonds et d'ordonner les arrangements nécessaires, aussi bien pour sa propre publicité, que pour celle des actes du Pouvoir Exécutif. Les moyens mécaniques sont assez perfectionnés et abondants, pour que tout cela puisse se faire sans difficulté et sans une dépense exorbitante, surtout si les Représentants n'abordent que les sujets utiles, s'ils ne sortent pas de la question, en un mot s'ils parlent peu et bien. Quoi qu'il en soit, ce sera de l'argent bien employé et les peuples ne s'en plaindront pas; c'est bien le moins que leurs mandataires et fondés de pouvoir les tiennent au courant de ce qu'ils font pour eux, quelles responsabilités ils endossent pour eux et que les peuples n'apprennent pas ces choses importantes d'une manière incertaine, incomplète, erronée ou tardive.

Les peuples sont-ils responsables des actes de leurs gouvernants, même sans avoir été consultés ?

Moralement ils ne le sont pas. En droit ils le sont avec circonstances atténuantes. En fait, et c'est le plus clair de l'affaire, ils en subissent les conséquences, quelles qu'elles soient. Cette situation n'existe que dans la Monarchie absolue.

Toute la responsabilité retombe donc sur les Monarques absolus ?

On ne peut pas la leur imputer en entier. Les facultés de l'homme sont bornées et si un seul se trouve maître de la puissance colossale d'un grand Etat, s'il n'est entouré que de flatteurs, s'il voit la servilité avec laquelle tout le monde, hommes et femmes, se rend à tous ses désirs, admire tout ce qu'il dit, tout ce qu'il fait, il n'y a rien d'étonnant que cela lui donne de fausses idées de ce qu'il est et de ce qu'est le peuple, qu'il perde le sens moral, le discernement et qu'il commette les plus grands crimes, les plus grandes sottises politiques et ordinaires, sans être positivement coupable. Il y a eu beaucoup de Princes qu'on n'aurait pu châtier en proportion des forfaits qu'ils avaient commis, les uns en ayant conscience de leurs actes, les autres inconsciemment, forfaits tellement énormes qu'il était au-dessus des forces humaines de les expier. Le Juge Suprême, s'il a reçu des plaintes contre ces monstres, ne pouvait pas encore sévir avec beaucoup de rigueur, attendu que les plaignants ont souffert sans nécessité aucune les torts qu'ils reprochent après coup aux accusés, qu'il ne dépendait que d'eux-mêmes de ne pas les endurer et que les peuples malmenés ne peuvent s'en prendre qu'à leur négligence et fainéantise morale. D'ailleurs les Chefs et leurs suppôts, les Grands, enfin ceux qui faisaient bande à part, étaient si peu nombreux, que personnellement ils n'auraient pu faire beaucoup de mal. S'ils ont pu travailler sur une si vaste échelle, c'est parce que le peuple leur en fournissait les instruments, c'est-à-dire autant d'hommes qu'ils voulaient. Ces enfants du peuple, aussitôt sortis de ses rangs, devenaient des aides zélés, dévoués, des oppresseurs, sous les dénominations de Juges, prêtres, soldats, fonctionnaires, valets, bourreaux, etc. Ils prêtaient leur concours efficace aux Chefs et aux Grands pour maintenir le peuple dans la sujétion et la dépendance et tâchaient de devenir oppresseurs au petit pied. Les peuples ont donc été complices de leur propre ruine et dégradation, et la part qu'ils y ont prise diminue celle des Monarques. Depuis un certain temps l'imprimerie et l'école ont produit un adoucissement de mœurs, qui a fait son effet sur les Monarchies comme sur les Religions : les unes comme les autres ont quitté ce qu'elles avaient de farouche, d'arrogant, de cruel, d'absolument intolérable.

A-t-on déjà renversé beaucoup de mauvais gouvernements?

Il y a des pays où l'on a déjà expulsé plusieurs familles régnantes, sans être plus avancé pour cela. Les nouveaux gouvernants, généralement de la même pâte que les anciens, suivaient au fond les mêmes errements, qui conduisaient aux mêmes résultats, mécontentement du peuple, charges croissantes, absence d'améliorations. Dans d'autres pays on a gardé la même famille régnante, se bornant à restreindre la puissance du Prince, à augmenter au fur et à mesure celle de l'Assemblée qu'on lui avait imposée. Par ce système on a obtenu un progrès lent, mais réel et continu.

Les peuples n'étaient-ils pas plus heureux, quand ils formaient des États moins grands?

Les États où il y a le plus de liberté et d'ordre réunis, ne sont pas les plus grands, ou s'il y en a qui sont grands aujourd'hui, leurs institutions remontent en principe à une époque où ils étaient beaucoup plus petits. Ce ne sont pourtant pas des cas fortuits, que depuis mille ans plusieurs grandes puissances ont été formées malgré des obstacles de tout genre. Que ce soit à raison, que ce soit à tort, ces puissances existent; il serait difficile de changer leur situation et d'en faire de petits états, leur intérêt ni leur tendance n'étant aucunement de se disjoindre quant à présent.

Les Etats de petite et de moyenne grandeur n'auraient-ils pas mieux fait de former simplement des alliances offensives et défensives?

Il y en a qui l'ont fait et en sont revenus; il y en a qui le feraient peut-être, si c'était à recommencer, s'ils étaient replacés dans leur position d'autrefois. Mais étant constitués en grands états, ils n'ont aucune raison de se rejeter dans leur ancienne situation, qui n'était basée sur rien de rationnel non plus et qui ne serait peut-être du goût de personne, si on la ressuscitait. Un seul Etat ne pourrait pas le faire, si les voisins restaient unitaires; il y risquerait son indépendance.

Comment expliquer que des populations souvent très-diverses aient mis tant d'obstination à se réunir en grandes puissances?

Quand ces changements ont commencé à s'opérer, les populations étaient trop peu éclairées pour comprendre ce qui se passait. Les Princes ne les consultaient pas, ne leur rendaient pas compte et ne visaient qu'à étendre leur domination. Les habitants de l'état conquérant n'avaient personnellement aucun intérêt à ce que le nombre des sujets de leur Prince augmentât, ceux qu'on annexait étaient contraires à cette opération, qui les dérangeait dans leurs habitudes, les ennuyait, sans les rendre moins malheureux, ni plus heureux. Ces éléments, parfois très-dissemblables, se soudaient les uns aux autres avec le temps, et le Prince pouvait songer de nouveau à arrondir son état, qui lui semblait toujours trop petit. Les raisons ne manquaient jamais, communauté d'origine ou d'intérêts, droits anciens, frontière trop ouverte, situation géographique, injure à venger, attaque à prévenir, opprimés à affranchir, on n'était pas embarrassé pour motiver les guerres de conquête, quand on se croyait bien en mesure de les entreprendre. On a pu opérer aussi des annexions sans employer la force ouverte, par exemple on pouvait acquérir un pays par voie d'héritage, de mariage, d'achat, on prêtait de l'argent sur une province et à l'expiration du délai stipulé on gardait le gage, si le débiteur ne remboursait pas. Graduellement la grande puissance se constituait; les populations, ayant souffert les mêmes maux, participé aux mêmes entreprises, obéi au même potentat, exécré les mêmes ennemis, — des populations tout aussi inoffensives et opprimées, — avaient acquis peu à peu cette uniformité de sentiment, cet esprit de corps, cette cohésion tenace, qui rendent aujourd'hui les états presque indissolubles.

Est-ce de là que vient le Patriotisme?

Sans doute, mais il a encore une foule d'autres causes. Le père et la mère sont les premiers compatriotes, en même temps que les premiers bienfaiteurs. Les lieux de la naissance et des jeux de l'enfance laissent des souvenirs ineffaçables. La société, au milieu de laquelle on grandit, couvre chacun de sa protection morale et matérielle, qui se transmet de génération en génération; l'on en a profité et l'on est engagé d'honneur de la continuer à la postérité. Les ancêtres font partie du sol, où l'on compte les rejoindre plus tard. Toutes ces circonstances font naître le Patriotisme, qui se fortifie par les relations multiples entre les citoyens d'un même état, par les légendes, les traditions, les illusions, la langue et la littérature, nationales, par l'illustration, que ses grands hommes ont conférée au pays, par les monuments, élevés à frais communs et auxquels tous tiennent, quoiqu'ils ne les aient pas commandés, que le peuple n'ait pas été consulté à propos de leur construction et qu'il en ignore pour la plupart l'origine, les motifs.

Le Patriotisme n'est-il pas regardé comme une chose vénérable, sacrée?

Par le peuple toujours, mais non par ceux qui s'étaient mis au-dessus du peuple. Le Prince et les Grands, tout ce qui vivait de l'exploitation du peuple, était tout le contraire du patriote. Le Monarque absolu ne visait qu'à avoir le plus grand nombre possible de sujets, natifs ou étrangers, pour pouvoir disposer de beaucoup d'hommes et de beaucoup d'argent. Le Monarque héréditaire non-seulement est né et a grandi dans un milieu à part, il n'a même jamais été un homme du pays. De siècle en siècle les Souverains ont épousé des Princesses étrangères de nationalités mélangées, tous les membres de leurs familles ont été mariés à des étrangers ou à des étrangères. Le Souverain peut donc avoir une ou plusieurs qualités, dans aucun cas il n'est patriote, il n'est d'aucun pays, on ne sait pas quel sang il y a dans ses veines; il ne peut avoir de rapports officiels avec aucune personne du pays, sauf avec sa nourrice. Quant aux Grands, le Patriotisme était bien le dernier de leurs soucis. La plupart du temps ils singeaient le Prince, se réglaient sur lui, lui ressemblaient par ses vilains côtés. L'orgueil et la cupidité les poussaient continuellement à écraser, à dépouiller le peuple. Il y en avait même qui combattaient leur Patrie à la solde ou dans les rangs de l'étranger.

Est-ce que le Patriotisme peut produire de grands résultats?

Il en a produit d'immenses, d'incroyables, mais à de longs intervalles, comme exception. En temps ordinaire on le met de côté, on le range, on l'enferme, comme si on avait peur de l'user, de le fatiguer, de le laisser s'éventer. Quand les circonstances arrivent, où l'on en aurait besoin, où l'on voudrait s'en servir, il est maladif, aigre, fiévreux, dépaysé, il lui faut longtemps pour se faire au mouvement, au bruit, au grand air, à la lumière, pour s'orienter. Pendant ces efforts, ces tâtonnements, le temps passe, l'occasion est perdue, les avantages que sa puissante action aurait donnés à la patrie, demeurent nuls et non avenus.

L'amour du genre humain n'est-il pas supérieur au patriotisme?

Qui trop embrasse mal étreint. Aussi longtemps que l'amitié, c'est-à-dire l'amour de l'humanité en détail, sera rare, que le Patriotisme sera vague et faible, l'amour de l'humanité, l'amitié vouée par tous les hommes à tous les hommes, sera une chose presque chimérique. Il n'y a pas de doute que tous les peuples sont frères, mais comme ils sont fort nombreux, qu'ils ne font que superficiellement connaissance ensemble, qu'ils ne parlent pas la même langue, que leurs caractères, leurs mœurs, leurs institutions diffèrent énormément, il existe bon gré mal gré une indifférence générale et réciproque. Cette indifférence ne doit pourtant pas dégénérer en haine, mais plutôt en émulation, à qui sera le plus sage, le plus juste, le meilleur, le moins imparfait sous tous les rapports. Chaque peuple, en agissant bien pour son compte, chaque société, en s'organisant bien comme il faut, en faisant de tous ses membres des hommes sans reproche, donne le bon exemple aux autres et rend un vrai service à l'humanité. Tous les peuples, toutes les races, ont une origine commune, un Créateur unique, malgré leurs habitudes, couleurs, qualités et défauts variés. Chaque peuple a ses bons et ses mauvais côtés, chacun est avancé sur de certains points, arriéré sur de certains autres; ils doivent se montrer une indulgence réciproque, puisqu'il n'y en a pas un qui soit parfait et qui ne puisse apprendre plusieurs choses des autres. En général, les peuples n'admettent pas cela. Chacun soutient que les qualités particulières qu'il a ou qu'il croit avoir, sont les seules essentielles, sérieuses, dignes d'envie, que celles des autres peuples sont secondaires et ne valent pas la peine d'en parler. Comme ils se connaîtront mieux à l'avenir, comme ils deviendront tous éclairés et raisonnables, comme il n'y aura plus d'ahurisseurs, qui les mettront en opposition, en lutte les uns avec les autres, on peut espérer qu'il règnera paix et bonne volonté entre tous les peuples.

L'ASSEMBLÉE NATIONALE

Qu'est-ce que l'Assemblée Nationale?

C'est l'Assemblée de tous les Mandataires ou Représentants du peuple, l'organe unique par lequel la nation fait connaître son avis et sa volonté.

Comment cette Assemblée est-elle créée ?

Les citoyens forment des circonscriptions ou groupes, dont chacun élit son représentant. Les représentants de tous les groupes se constituent en corps et ce corps s'appelle Assemblée Nationale.

A-t-on toujours employé ce moyen ?

Il y a eu de petits Etats, des Etats composés parfois d'une seule ville, où les citoyens pouvaient se réunir en personne pour délibérer et décider sur place. Mais, depuis longtemps, les Etats sont grands, les citoyens répandus sur une vaste surface de pays, et l'on a dû recourir au système de la représentation.

Ce système n'a-t-il pas des inconvénients ?

Quand on le peut, il vaut mieux faire ses affaires soi-même. En se fiant à d'autres, on finit par ne plus être au courant, ni capable de décider en connaissance de cause et l'on risque fort d'être trompé. C'est ce qui est arrivé aux peuples qui n'ont pas veillé eux-mêmes, ni fait veiller par des hommes choisis sans cesse dans les rangs du peuple, mais qui ont laissé prendre à quelques individus l'administration et la direction des intérêts généraux avec tout ce qui s'ensuit, et qui s'en rapportaient aveuglément à ces individus pour tout faire, tout organiser de père en fils, de siècle en siècle. Les peuples ont été bel et bien ruinés et asservis. Dans quelques pays le mal était devenu si grand qu'aucun moyen n'a semblé trop énergique pour y remédier, pour rétablir un peu d'ordre et de bon sens. On continue forcément, vu l'étendue des pays, qui produit les intérêts nombreux et compliqués, dont le soin exige des études spéciales, vu l'impossibilité de déranger chacun continuellement de ses occupations, à charger un certain nombre de citoyens des affaires publiques, mais en les faisant guider et surveiller par d'autres citoyens choisis exprès pour cela. Les peuples font toujours faire leurs affaires par des mandataires, mais ces mandataires sont maintenant de deux sortes: ceux qui exécutent et qu'on appelle Fonctionnaires publics et ceux qui dirigent et contrôlent et qu'on appelle Députés, Représentants du Peuple, Membres de l'Assemblée Nationale ou du Corps Législatif. Il en est de même dans la sociét. locale, la Commune, qui a un Exécutif, le Maire et les Adjoints, et une Assemblée, le Conseil Communal.

Cet arrangement est-il satisfaisant?

Il tient le juste milieu entre l'ancien système de l'obéissance aveugle et le futur système du gouvernement du pays par le pays. Il est d'autant plus satisfaisant qu'il est, quant à présent, le seul qui soit praticable, le seul qui permette de consulter sérieusement le pays, de mettre les hommes les plus éclairés de toutes les parties du pays en présence, de former un organe vraiment national, exprimant avec autorité et compétence l'opinion et la volonté raisonnées du pays.

Le choix des Représentants est donc une affaire de la plus haute importance?

Sans doute, puisqu'on leur donne la haute main sur les lois, les finances, sur toute la politique intérieure et extérieure, que jusqu'à un certain point le sort de la Patrie dépend d'eux. Manquer à ses devoirs d'électeur, se laisser empêcher de les remplir, à moins qu'on n'en soit indigne, c'est faire acte de mauvais citoyen. Ne pouvant encore de longtemps, faute de connaissances, embrasser l'ensemble des affaires nationales, le moins qu'un citoyen doive faire, c'est d'apporter toute l'attention, toute l'intelligence, toute la réflexion possibles au choix des mandataires dans lesquels la nation place une si grande confiance. Il est vrai que l'influence de chaque citoyen-électeur est minime, mais si chacun voulait se dire cela et ne pas se déranger, les institutions modernes, qu'on a eu tant de peine à établir et qui répondent si bien au but, tomberaient dans l'eau. Chaque citoyen doit donc faire et déposer son bulletin avec autant de conscience que s'il n'y avait que lui dans le pays, comme si faute de son unique bulletin, tout devait aller de travers,

Ces institutions sont-elles vraiment précieuses?

Rien n'est plus évident. La principale de toutes est la Représentation Nationale. Avoir des Représentants élus, dont l'autorité est incontestée, qui n'ont d'ordres à recevoir de personne, que le Prince même ne peut songer tout au plus qu'à suborner, qui tiennent leurs séances avec solennité dans les plus grands édifices publics, voilà certes un progrès énorme. Dès qu'un peuple possède cette institution, le plus difficile est fait, les efforts violents sont inutiles. Les électeurs n'ont plus qu'à bien choisir, les Représentants à être fermes, le gouvernement sera forcé de marcher droit. On peut arriver ainsi par degrés et sans secousses à toutes les améliorations, jusques et y compris la République, en mettant tôt ou tard le Prince à la retraite avec une bonne pension, sans le moins du monde ni le tuer ni l'exiler, ni recourir à aucun moyen extraordinaire.

Ne devrait-on pas édicter des peines contre les électeurs qui ne votent pas?

Le devoir d'un électeur n'est pas seulement de voter, mais aussi de s'éclairer, de se mettre au courant, de se renseigner sur les candidats, de lire les journaux, de fréquenter les réunions. Il n'est guère possible de surveiller tout cela et d'y contraindre de par la loi. Obtenir par ce moyen que chaque électeur jette un bulletin dans l'urne, n'avancerait pas à grand'chose; ceux qui voudraient y mettre de la mauvaise volonté, n'auraient qu'à déposer un bulletin blanc. La justice ne peut donc pas se mêler de cette affaire et il vaut mieux s'en rapporter au progrès, à l'instruction, à la pression de l'opinion publique et particulière, pour entraîner les électeurs fainéants ou mal disposés.

Les électeurs ne devraient-ils pas avoir des garanties vis-à-vis de leurs mandataires?

S'il y a eu des mandataires infidèles, il y en a eu d'autres en grand nombre, qui, sans même appartenir à la classe des opprimés, en ont pris les intérêts vraiment à cœur, qui se sont dévoués corps et âme à l'accomplissement de leur mandat, qui ont lutté dans plus d'un pays et à plus d'une époque, pour des idées encore plus libérales et plus avancées que celles de leurs électeurs. Pourtant les électeurs n'avaient aucune garantie, tandis que les gouvernements, bien plus puissants qu'ils ne le sont aujourd'hui, étaient beaucoup mieux en état de corrompre les mandataires. La meilleure garantie est de bien choisir et de bien s'expliquer avant l'élection. Un Député élu en raison de ses principes connus et déclarés, astreint à parler et à voter au grand jour, ne changera plus facilement. Quant à lui tracer d'avance et par le menu tout ce qu'il devra dire et faire, ceci est impossible, puisque ce Député devra se former une opinion exacte d'après la discussion avec ses collègues, les explications et documents à fournir par l'Exécutif, les renseignements et lumières, qu'il ne pourra se procurer que plus tard. Un Député ne doit pas être trop absolu; il ne représente pas d'une manière spécifique et exclusive la majorité du groupe qui l'a élu, il doit jusqu'à un certain point tenir compte de la minorité. Quoi qu'on fasse, quel que soit le système électoral adopté dans un pays, il y aura toujours une minorité au bout du compte, et cette minorité, composée de citoyens, a bien droit à quelques égards. Un Député ne représente même pas tel groupe par opposition à tel autre, mais la nation entière; il ne doit donc pas s'inspirer étroitement d'ordres ou d'intérêts particuliers ou locaux, mais se placer à un point de vue général, observer en tout une sage modération, soutenir les principes qu'il a proposé de soutenir, les propager, mais non les pousser jusqu'à leurs extrêmes conséquences, ni se refuser à entendre et à examiner les raisons contraires. Un Député a donc bien des choses à considérer. Heureusement il s'en est toujours trouvé de la vraie trempe, qui, en majorité ou en minorité, avec ou sans mandat défini, ont su plaider la bonne cause et poursuivre l'action libératrice avec une intelligence et une logique admirables, dont le grand nombre ne saurait leur garder trop de reconnaissance

Les peuples n'auraient-ils pu trouver à élire beaucoup plus de Mandataires aussi dignes et aussi méritants?

Sans aucun doute, s'ils l'avaient voulu. Mais comme ils

avaient hérité d'une énorme dose de servilité, d'hébêtement, d'ignorance et d'incurie, ils ont souvent pris pour représentants des hommes qui devaient leur être suspects, autant par eux-mêmes, leurs antécédents, leurs opinions, que par leurs accointances, par ceux qui les recommandaient. Il y a eu aussi beaucoup d'électeurs, qui faisaient passer les intérêts de clocher ou de famille avant tout, beaucoup d'autres qui ne se souciaient pas de nouveautés, de changements, beaucoup qui ne voulaient se mêler de rien. Il y a eu bien des éléments hostiles ou récalcitrants et on le doit bien à la petite minorité et non à la grosse majorité de chaque peuple, si une certaine partie du genre humain possède enfin des institutions supportables.

N'y a-t-il pas de graves inconvénients à ce que le nombre gouverne tout ?

Le nombre règne, mais ne gouverne pas, puisqu'il fait tout faire par les Représentants et les Fonctionnaires, selon les meilleurs principes. L'influence du nombre est sans doute considérable, le nombre étant la nation, mais il n'y a rien d'inquiétant dans son action indirecte.

Alors il ne suffit pas qu'une volonté, une opinion soient exprimées par le grand nombre pour être aussitôt réalisables et réalisées?

Dans l'état actuel des lumières, les citoyens peuvent seulement indiquer les idées, la tendance qu'ils voudraient faire prévaloir, s'en rapportant au jugement plus éclairé de leurs Mandataires, pour faire dans ce sens ce qui, après mûr examen et délibération, aura paru juste et opportun. Les lois civiles, politiques, sociales, ne se créent pas, ne se façonnent pas arbitrairement ; il faut les chercher et les trouver, tout comme les lois physiques. Il y a non-seulement des principes, il y a même des circonstances, dont il faut tenir compte. La majorité des citoyens est encore pour quelque temps incapable de juger la plupart des questions et fait simplement son noviciat, son apprentissage. Par son engourdissement, effet d'une longue immobilité, dont elle sort à peine, elle entrave même la marche de la partie la plus éclairée, la plus avancée de la nation, dont le sort est rivé au sien; elle doit donc chercher à s'instruire, s'appliquer à faire des progrès réels et sérieux.

S'il en est ainsi, le Suffrage Universel est-il quant à présent d'une si haute valeur?

Le Suffrage Universel est la reconnaissance légale, expresse, palpable, que la souveraineté et la responsabilité résident dans l'ensemble des citoyens. Cette vérité, quoique fondamentale, évidente par elle-même, doit être manifestée carrément, hautement, périodiquement, afin de bien entrer dans les esprits; il ne suffit pas du tout, qu'elle soit sous-entendue. Tous les citoyens d'un pays font partie de la nation, tous contribuent aux charges publiques, la responsabilité pèse sur tous, les conséquences retombent sur tous; nul individu, nulle classe ne peut se substituer au corps de la nation, se porter fort pour la nation. Il faut donc que tous les citoyens soient de la partie pour nommer les principaux Mandataires, desquels tout va dépendre. Le Suffrage Universel a encore l'avantage de définir nettement la situation. Les votes comptés, les élus proclamés, aucune contestation n'est plus possible sur la volonté générale, aucun conflit ne peut plus s'élever entre électeurs, ni entre concurrents. Les hommes de confiance, chargés des affaires du pays, sont désignés clairement, exclusivement, les autres n'ont plus voix délibérative. Le Suffrage Universel est donc nécessaire à tous les peuples, qui veulent l'ordre, la liberté et la stabilité. Le Gouvernement qui l'a introduit dans un pays, même prématurément, qui a prouvé ensuite qu'il peut fonctionner en plein, sans faire éclater la machine, a bien travaillé. Une fois implanté, le Suffrage Universel ne doit plus être aboli, quand même il ne donnerait pas, dès le début, des résultats irréprochables. Puisqu'il faudrait y revenir, il vaut mieux le garder, lui ôter ce qu'il a de défectueux, répandre l'instruction, éclairer les masses, rendre le peuple mûr pour l'exercer.

Est-il admissible qu'un gouvernement sollicite ou presse les électeurs, de prendre pour Représentants les personnes qu'il leur indique?

Le gouvernement comme tel doit rester neutre, mais ceux qui le composent, tous les fonctionnaires, tous les mandataires, ont le droit, comme citoyens qu'ils sont, d'avoir des convictions, des préférences, et de les manifester si bon leur semble. C'est aux électeurs de savoir ce qu'ils ont à faire; si au début ils sont embarrassés et ne demandent que de se laisser conseiller, ce n'est qu'une affaire de temps, une période de tâtonnements inévitables, connue sous le nom de période de transition. Il n'y a là rien que de naturel, de normal. Il faut laisser les choses suivre leur cours. Peu à peu les électeurs se formeront, ils voudront choisir tout seuls et un beau jour l'appui d'un gouvernement quelconque, bon ou mauvais, populaire ou impopulaire, aura cessé d'être une recommandation.

Si un gouvernement usait pourtant de manœuvres, d'intimidation, de corruption?

Ces dangers sont plus imaginaires que réels et ne peuvent que diminuer. Le grand nombre d'électeurs que le Suffrage Universel comporte, le petit nombre de fonctionnaires ou agents dont le gouvernement dispose dans chaque localité, le secret du vote, la publicité des opérations, toutes ces circonstances, jointes à l'indépendance croissante des électeurs comme des fonctionnaires, empêchent dès à présent et empêcheront de plus en plus le succès de ces tentatives.

Les Membres d'une Assemblée Nationale doivent-ils être inviolables?

Cette théorie pouvait avoir du bon, quand les gouvernements avaient encore un pouvoir excessif, quand le nouvel ordre de choses n'était pas encore reconnu. Aujourd'hui il n'y a plus de raison pour mettre les Représentants au-dessus de la loi. S'ils sont inviolables, c'est au même titre que tous les citoyens en général, aussi longtemps qu'ils ne se rendent coupables d'aucun méfait. Dans un état sérieux, bien ordonné, tout le monde est également inviolable, les élus comme les électeurs, même les étrangers qui ne sont ni l'un ni l'autre. Par contre, la Justice poursuit n'importe qui, dès qu'elle a des raisons pour cela, qu'il soit simple citoyen ou qu'il soit en même temps Fonctionnaire ou Mandataire. La Justice n'entre pas dans ces détails. Elle n'agit pas à la légère contre le premier venu, elle y regardera certainement à deux fois avant de mettre la main sur un Député; pourtant si un de ces hommes qui font les lois, commettait un crime de droit commun, si, pire encore, il trahissait la chose publique, la Justice ne saurait trop promptement le mettre hors d'état de nuire. Elle doit hésiter d'autant moins, que sa responsabilité serait plus grande si elle restait inactive, tandis qu'en faisant son devoir, elle est à l'abri de tout reproche et que sa responsabilité ne tarde pas à être couverte par l'intervention du Jury.

Qu'est-ce qu'on appelle une Assemblée Constituante?

C'est une Assemblée Nationale chargée de faire une Constitution pour un pays, de décider quelle sera la forme du Gouvernement, au moyen de quels organes et d'après quelles règles il sera gouverné. Une Constitution est créée soit pour un peuple qui n'en a pas encore, soit pour un peuple qui a aboli la sienne ou qui se propose de l'abolir. Jusqu'à présent les Mandataires qui ont fait les Constitutions étaient des hommes de l'ancienne école, portés à les faire peu rationnelles, trop compliquées, trop théoriques; les peuples pour lesquels on les faisait, n'étaient pas assez éclairés pour juger de la qualité de l'œuvre. La plupart des Constituantes ont travaillé à la suite de bouleversements, dans des temps agités, quand tout le monde était encore plus désorienté que d'habitude. Une Constitution ne réussit guère du premier coup; c'est en la pratiquant qu'on se rend compte de ses défauts. D'ailleurs l'humanité marche sans cesse et une Constitution même parfaite au moment de son éclosion a besoin d'être remaniée de temps en temps.

Une Assemblée Nationale ordinaire peut-elle être en même temps Constituante?

Une Assemblée ordinaire ne peut faire de changements à la Constitution que si, aux élections générales, dont elle est issue, la question a été discutée, que les principes ont été déterminés et que le plus grand nombre des bulletins de nominations des élus porte la mention « Constituante. » Dans ce cas l'Assemblée devra s'occuper aussitôt de ce travail. Si une Assemblée n'est pas chargée expressément de changer les principes ou la forme du gouvernement, qu'ils soient codifiés, inventoriés, catalogués ou non, elle doit les respecter. Le mandat est limitatif et il n'appartient pas au mandataire d'y mettre des choses de son cru à lui tout seul.

Mais s'il surgit une raison de faire des modifications entre deux élections générales?

Il ne peut ni ne doit rien surgir de si pressé, qu'on ne puisse l'ajourner un peu. La prudence commande même de laisser s'écouler un peu de temps entre l'idée et l'exécution. Maintes fois un projet, qui de prime-abord a paru beau, avantageux, sérieux, paraît tout le contraire après quelque réflexion. Il n'y a jamais à attendre bien longtemps, puisque les élections générales ne sont pas très-éloignées les unes des autres. Les peuples ont toujours attendu autrement longtemps après les améliorations les plus urgentes; il ne faut pas qu'ils passent d'un extrême à l'autre, qu'on détruise toute fixité dans l'organisation fondamentale, qu'il y ait un remue-ménage perpétuel.

Les changements à la Constitution votés par l'Assemblée doivent-ils être soumis à l'appréciation du peuple?

On peut s'en dispenser. Ce que l'Assemblée a fait, est sans doute assez bon pour qu'on puisse s'en contenter au moins pendant quatre années, temps nullement trop long pour s'en rendre bien compte. Une erreur de l'Assemblée sur les intentions des électeurs n'est pas possible : on a dû s'expliquer assez clairement. Il y a donc tout lieu de croire que le vote de l'Assemblée fraichement élue exprime, dans la limite du raisonnable, la pensée de la majorité du peuple, laquelle n'a sans doute pas changé en si peu de temps. Dans l'état actuel des lumières, cet appel supplémentaire au peuple n'aurait qu'une utilité douteuse, qui ne compenserait pas la peine de réunions et de discussions nouvelles et immédiates de tous les citoyens. Ceux-ci peuvent se réunir et discuter sur ce chapitre si cela leur plaît et tant qu'il leur plaît, comme sur tout autre sujet, mais à seule fin de s'éclairer et non pour approuver ou rejeter officiellement ce que l'Assemblée vient de décider.

En agissant de la sorte, les citoyens n'abdiqueraient-ils pas à perpétuité la puissance souveraine?

Ils n'abdiqueraient absolument rien, puisque tout marche en leur nom, que ceux qui exercent la souveraineté sont leurs concitoyens nommés par eux et limités quant à la durée de leur procuration, qu'il dépend des citoyens de ne pas renouveler, si le mandataire ne s'est pas montré à la hauteur. Quant aux principes de gouvernement, modifiables, perfectibles, à des époques fixes et rapprochées, il n'y a donc aucun inconvénient à s'en rapporter à l'Assemblée. Quant aux affaires sur lesquelles on ne peut pas revenir, les entreprises dans lesquelles l'Assemblée peut embarquer le pays, les emprunts qui pèseront sur des générations successives, et autres questions de fait, impossibles à énumérer, il est fâcheux que le peuple ne soit pas assez éclairé, assez instruit, assez mûr, pour pouvoir se prononcer lui-même et que des millions doivent confier de si grands intérêts à quelques centaines d'hommes. Cela ne changera pas de si tôt. En attendant le peuple a tous les ans une occasion de donner son avis d'une manière significative et officielle par les élections du Président, des Maires et des Conseils Communaux, qui influent toutes, directement ou indirectement, sur la politique générale, sans compter que, depuis quelque temps déjà, l'opinion publique exerce sur les Mandataires une action positive, à laquelle ceux-ci ne songent même plus à se soustraire.

Les citoyens ont donc le droit de pétition ?

Des citoyens ne pétitionnent pas. Ils ne sauraient même pas à qui adresser des pétitions, à moins qu'ils ne les adressent à leurs propres mandataires de l'un ou de l'autre genre, ce qui n'aurait pas le sens commun. Les citoyens émettent un avis, soit en réunion publique, soit de toute autre manière et lui donnent la plus grande publicité; s'il est juste, s'il est partagé par beaucoup de monde, les mandataires qu'il concerne sauront bien ce qu'ils ont à faire.

Le vote d'un citoyen riche et instruit ne devrait-il pas compter pour plus que celui d'un citoyen pauvre et ignorant ?

Comme électeur, chaque citoyen doit compter pour un, ni plus, ni moins, qu'il soit en avance ou en retard sur ces deux points-là. Ce serait une grande injustice, et par conséquent une faute grave, de s'écarter du principe rationnel de l'égalité de tous devant la loi et d'augmenter encore la supériorité de fait, que possèdent quelques-uns. Du moment que tous aiment la patrie et sont prêts à verser leur sang pour elle, que tous contribuent selon leurs moyens aux charges publiques, ils remplissent également leur devoir et doivent jouir des mêmes droits. La Société ne doit ôter ni donner la richesse, mais ce qu'elle doit donner, c'est une instruction suffisante. L'instruction seule, en renseignant les citoyens sur les malheurs et les fautes du passé, en leur faisant comprendre l'immensité du progrès réalisé et l'amélioration incomparable de leur sort, en les rassurant absolument sur l'avenir, qui promet d'être de plus en plus heureux, peut engager le grand nombre à la patience, à la sagesse et le convaincre intimement que, par la violence, l'emploi de la force brute, il gâterait ou retarderait tout, qu'il souffrirait beaucoup sans aucune utilité et que les moyens pacifiques et réguliers sont préférables à tous les autres.

Doit-il y avoir des formalités à remplir pour voter?

Nulles autres que celles indispensables pour constater l'identité et le droit du votant. Pour que les citoyens ne soient pas forcés à des dérangements répétés, on remplacera la carte par le livret d'électeur. Il y sera appliqué une empreinte à chaque vote. Un livret indiquant que son propriétaire a toujours joui de ce droit, qu'il l'a toujours ponctuellement exercé, créera en faveur de ce citoyen une présomption d'honorabilité. L'absence du livret ou la preuve que son propriétaire ne s'en est pas servi plusieurs fois sans justification, le feront passer, soit pour un individu sans principes et sans conduite, soit pour un homme flétri par la justice, en tous cas pour un suspect, avec lequel il n'est pas bon d'avoir des rapports quelconques.

Faut-il qu'un électeur ait fait un séjour prolongé dans l'endroit où il veut exercer son droit?

Pour les élections concernant la Commune, un long séjour précédé de la déclaration qu'on y fixe son domicile, est nécessaire, afin de ne laisser voter que ceux qui sont au courant des affaires locales et qui y ont un intérêt sérieux et permanent. Pour les élections concernant l'Etat, comme chaque citoyen y est intéressé et que chacun peut suivre partout les affaires nationales et se renseigner partout sur les candidats, il peut voter avec connaissance de cause n'importe où il se trouve, quand même il serait arrivé tout nouvellement dans une circonscription.

Devra-t-on former de grandes circonscriptions élisant plusieurs Représentants ?

Les arrangements les plus simples et les plus nets sont toujours les meilleurs. Il est donc préférable de former autant de circonscriptions que le pays a de Représentants à élire. Les citoyens auront plus vite fait de se renseigner sur un candidat que sur plusieurs, sur un grand nombre ; ils seront renseignés avec plus de certitude et moins de dérangement. Même avec ce système les circonscriptions seront encore grandes dans un grand pays ; les agrandir ferait tomber dans le vague.

Qui devra convoquer les électeurs ?

Quant aux élections régulières et périodiques, tant nationales que communales, elles auront lieu à jour fixe sans convocation expresse. Tout le monde se sera préparé depuis longtemps. Quant aux élections accidentelles, par suite de décès ou de démissions, aussitôt que le fait sera officiellement constaté, la période électorale sera ouverte de plein droit dans les localités intéressées. La loi aura déterminé un délai raisonnable pour que les candidats puissent se produire et se faire connaître. Le gouvernement n'a pas à intervenir dans l'affaire ; les citoyens sauront s'arranger. En cas de besoin la justice déléguera ou désignera quelqu'un pour prendre les dispositions voulues; en cas de contestation elle prononcera.

Par qui l'Assemblée Nationale est-elle convoquée ?

Elle se réunit d'elle-même, généralement une ou deux fois par an; elle clôt et rouvre ses sessions comme elle le juge opportun. Son existence légale n'est pas interrompue un seul instant pendant toute la durée du mandat et jusqu'à la première séance de l'Assemblée Nouvelle, où celle-ci se constitue. A la fin de chaque session elle élit parmi ses membres une commission, qui la représente jusqu'à l'ouverture de la session suivante. Cette commission convoque l'Assemblée de suite, s'il se présente quelque chose d'extraordinaire et tous les membres doivent toujours être prêts à accourir au premier signal.

L'Assemblée ne peut-elle se laisser entraîner quelquefois par les passions, l'enthousiasme, l'irritation, voire par l'éloquence ou la chaleur de la discussion ?

Les Représentants ne sauraient oublier qu'ils sont Mandataires, ce qui commande toujours une certaine réserve, ce qui n'est pas du tout la même chose que lorsqu'on est principal, qu'on ne parle que pour soi, qu'on n'engage que soi. Les Représentants auront pleinement conscience de la responsabilité colossale qui incombe à chacun d'eux comme membre d'une Assemblée unique et sans contre-poids légal, et reculeront devant toute résolution précipitée. Ils seront bien plus circonspects et bien plus vigilants que s'il existait en dehors d'eux un organe, un élément, qui, à son choix, donnerait suite à leurs décisions ou y formerait opposition et sur lequel on pourrait rejeter tout ou partie d'une faute. Le système de la responsabilité en deux parts, en trois, en quatre parts, a été expérimenté dans plus d'un pays ; tantôt il a produit un manque de réflexion et de soin plus grand que jamais, une absence complète de responsabilité, tantôt impuissance, inconséquence, tergiversations fatales. Il importe que la responsabilité pèse franchement et d'une manière irréfutable sur un seul organe. Pour cela on ne peut trouver mieux qu'une Assemblée suffisamment nombreuse d'hommes intelligents, triés parmi les plus recommandables de la nation, ayant les connaissances es plus diverses, sortant des milieux les plus variés, donnant leur avis motivé tout haut. L'Assemblée mettra d'ailleurs par de sages règlements des bornes à une action trop soudaine. Les membres, tous pénétrés de la gravité de leur position, sont en général des hommes mûrs, posés, les plus jeunes déjà entre deux âges, peu sujets à l'étourderie, aux entraînements, à la fougue. La froide raison, la parfaite maturité sont donc assurées, garanties, notamment dans les pays civilisés. Chez les Peaux-Rouges et chez les Noirs, les débats des Assemblées ne laissent rien à désirer comme tranquillité, sérieux, profondeur ; chacun à son tour dit brièvement ce qu'il a à dire sur le sujet, l'Assemblée écoute en silence et avec attention et, quand toutes les opinions ont été émises, examinées, comparées, on décide en dernier ressort avec dignité et calme, justesse et sûreté. Il y a des pays où l'on entretient deux Assemblées, mais comme il ne peut y en avoir qu'une qui émane franchement du Suffrage Universel, l'autre n'est évidemment qu'un accessoire. Même à ce titre elle est de trop, puisqu'on a, comme organe secondaire, le Pouvoir Exécutif, possédant le savoir théorique et pratique, avec voix consultative. Il ne faut donc qu'une seule Assemblée Nationale. Un organisme à deux têtes est toujours un phénomène, dans la nature comme ailleurs.

Comment l'Assemblée pourra-t-elle assez se rendre compte et se mettre à la hauteur pour exercer un contrôle et une direction efficaces?

Les rapports de l'Exécutif, les enquêtes, l'examen minutieux des commissions spéciales, qui pourront requérir de l'Administration tous les tableaux, mémoires, renseignements possibles, la discussion publique et privée, les appréciations d'une presse libre et de l'opinion publique, tout cela, combiné avec les lumières de chaque Représentant, voilà déjà bien des éléments. On pourrait les augmenter encore. Comme aucun Représentant ne peut tout connaître, les électeurs ou leurs comités devraient s'entendre à l'avance sur le choix de Mandataires d'une compétence positive dans chaque branche des affaires, pour que toutes soient représentées dans le corps dirigeant et légiférant. Il y a l'Agriculture, le Commerce, l'Industrie, la Navigation, le Barreau, le Journalisme, les Lettres, les Sciences, les Arts, les Fonctions publiques, il y a les Propriétaires et les Rentiers, les Ouvriers et les Employés. Tout ce monde ensemble forme la Nation, que l'Assemblée Nationale doit refléter et résumer le plus exactement possible. L'Assemblée aurait alors dans son sein une source précieuse d'informations, tous les points tour à tour obscurs pour un certain nombre de Représentants pouvant être éclaircis par d'autres Représentants, qui les connaissent de près et qui peuvent répondre à toutes les questions. Au début des Assemblées on ne pensait guère à cela; il ne s'agissait pour les uns que de restreindre le pouvoir exorbitant du Chef de l'Etat, pour les autres que de le lui conserver. Quoique ce sujet ne soit pas encore épuisé, il n'est plus au premier rang. Les Assemblées peuvent s'occuper en détail des lois, des services publics, d'une foule de choses qui exigent des connaissances spéciales. Pour que les Assemblées puissent faire de la bonne besogne, les citoyens doivent les composer en conséquence et ne pas y envoyer trop de Mandataires savants, qui ne s'entendent qu'aux généralités théoriques, abstraites, mais qui ignorent la vie pratique.

Qu'arrivera-t-il si une Assemblée est exactement partagée d'avis ?

Qu'on ne pourra rien faire de nouveau. Les lois, les impôts, tous les rouages existants, dont la modification proposée ne rallie pas une majorité, resteront les mêmes. Il n'y a aucun mal à cela, si l'Assemblée représente vraiment le pays ; sinon l'élection à venir amènera le remplacement d'un certain nombre de Députés. Si l'on ne peut pas s'entendre sur un changement, c'est qu'il n'en faut pas, que le plus grand nombre n'en désire pas, que ni les citoyens en général, ni leurs Représentants en particulier, n'ont encore découvert quelque chose de supérieur à ce qui existe. Rien ne prouve la nécessité de changer sans cesse ; on peut très-bien faire une halte, pour observer attentivement l'organisation qu'on a, se familiariser avec elle, l'essayer à fond et ne se prononcer pour autre chose qu'à bon escient. Les discussions de l'Assemblée, même quand elles ne sont pas suivies d'effet, ne sont pas perdues pour cela. Le peuple a pu les étudier, voir de quoi il s'agissait, peser les arguments pour et contre et élargir ainsi le cercle de ses connaissances.

Ne faut-il pas savoir parler pour être Député ?

On doit tâcher de l'apprendre, mais il n'est pas indispensable d'être orateur. Au besoin on lit son discours ou on le fait lire par un collègue. L'essentiel, c'est d'avoir du patriotisme, de l'indépendance, des connaissances solides, un jugement sain, une raison tenace. Possédant ces qualités, parlant simplement, sans emphase, à point, on peut être un excellent député et rendre de très-grands services. On rendra notamment celui de montrer aux populations, qui en doutent encore, que la direction d'un état n'est pas du tout cette chose surnaturelle, qu'on avait fait miroiter devant leurs yeux éblouis, et que les affaires publiques peuvent être traitées avec succès par de simples mortels de talent, tout comme les affaires privées. Les électeurs feront donc bien de choisir leurs Représentants parmi les hommes ordinaires de la contrée, et en mettant toute jalousie de côté, de prendre le plus honnête et le plus capable ; qu'au besoin le sort décide entre plusieurs candidats d'égale valeur. L'élu, qu'il soit orateur ou non, doit accepter sans crainte, sans fausse honte ; s'il doute de ses moyens, c'est tant mieux, c'est un symptôme très-favorable, mais qu'il ne doute pas du jugement de ses électeurs !

Faut-il indemniser les Représentants de la perte de temps et du dérangement que leur impose le mandat ?

Sans doute et même d'une manière très-convenable. En admettant qu'ils n'ont recherché ou accepté le mandat que par le patriotisme le plus pur et qu'ils ne prennent rien pour leurs travaux inestimables, il ne s'ensuit pas qu'ils doivent négliger leurs intérêts, abandonner leurs affaires, enchaîner leur liberté. même pendant les vacances, et encourir des frais de déplacement et de séjour hors le lieu de leur domicile, sans recevoir une indemnité libérale : la société l'exige absolument. Il y a non-seulement justice, mais encore nécessité, plus d'un citoyen réunissant la confiance et toutes les autres conditions voulues, sans être assez riche pour faire de grands sacrifices d'argent. Les électeurs pourraient certainement se cotiser entre eux pour payer leur Député, mais ce système ne saurait convenir ici, quoique dans une foule de cas l'initiative privée soit une belle chose. Le Représentant du peuple appartient à la nation, il est l'homme de la nation et ne reçoit quelque chose que de la nation. Les groupes d'électeurs peuvent venir en aide à leur candidat en se chargeant de tout ou partie des frais multiples, qu'occasionnent les élections, mais ils ne peuvent ni ne doivent aller au-delà. L'indemnité allouée à tous les Représentants sans exception, aux riches comme aux pauvres, doit leur être versée par la grande caisse nationale.

N'y a-t-il pas là une grosse dépense pour la société ?

Sans doute. Un grand pays aura un grand nombre de représentants et la somme allouée à chacun d'eux étant respectable, le total sera forcément élevé. Il restera néanmoins fort au-dessous de ce que coûte une cour, qui dans un grand pays doit être d'une magnificence en proportion. Si un peuple vise à l'économie, il peut choisir entre une cour et une Représentation Nationale. Son choix ne sera pas douteux. Une Cour est non-seulement inutile, mais elle est nuisible. L'Assemblée au contraire est un organe essentiel, dont un peuple ne peut se passer. L'argent qu'elle coûte se retrouvera au centuple, par la bonne conduite des affaires, l'ordre, la sécurité, dont elle est garante, la simplicité et l'économie énormes, qu'elle introduira dans les services publics, au fur et à mesure que les citoyens en général, gouvernants et gouvernés, deviendront plus sages, moins imparfaits. Sous un gouvernement absolu il n'y a pas d'Assemblée Nationale, donc nulle dépense de ce chef, mais on sait ce qu'il en coûte. Les peuples ont été non-seulement écrasés d'impôts sous toutes les formes, de toutes les couleurs et de toutes les façons, mais dès que les progrès du commerce l'ont permis, les gouvernements ont emprunté des sommes fabuleuses, au point que dans certains pays les intérêts annuels égalent ou dépassent le coût de tous les services publics ensemble. Ces peuples ont du mal à réunir tous les ans ce qu'il faut pour le courant, Dieu sait quand ils rembourseront l'arriéré. D'autres nations sont un peu moins malheureuses, mais presque toutes ont besoin que des Mandataires très-sérieux, très-consciencieux et très-entendus mettent leurs affaires sur un autre pied. Il s'agit donc de bien les choisir, cela vaut la peine, et de les payer convenablement, ce sera de l'argent bien employé.

LA COMMUNE

Qu'est-ce que la Commune?

C'est la société locale avec son Exécutif et son Assemblée s'occupant des affaires communales, .près les règles tracées par l'Assemblée Nationale pour le pays entier.

Comment appelle-t-on les organes de la Commune?

L'Exécutif s'appelle le Maire et les Adjoints, l'Assemblée s'appelle le Conseil Communal ou l'Assemblée Communale.

Pourquoi a-t-on créé deux sortes de sociétés?

Parce qu'il y a deux résultats à atteindre, l'administration des affaires locales et l'administration des affaires nationales.

Est-ce qu'une seule société ne suffirait pas?

Non, chacune des deux est nécessaire. L'Etat ne peut pas plus gouverner une multitude de communes, qu'une multitude de communes ne peut gouverner l'Etat. L'Etat ne peut être régi que par un organe central, placé au-dessus de tous les autres, les communes ne peuvent être régies que par des organes locaux, pareils les uns aux autres?

Quelle est la base des deux sociétés?

Les deux sociétés sont constituées par les citoyens en masse, qui sont membres de l'une et de l'autre et qui donnent aux Autorités Nationales le mandat de gouverner le pays, aux autorités Communales le mandat de gouverner la Commune.

Alors l'Etat n'est pas une association de Communes?

En aucune manière. Etablir ce régime serait rapetisser le citoyen, élever un mur entre lui et la Patrie et mettre tout en danger, Patrie, Communes et Citoyens, par le manque d'unité, de cohésion et de force. Ce système est connu. Il a fonctionné et a donné les résultats qu'on pouvait prévoir : guerres civiles interminables, oppression et conquêtes de

Communes par des Communes et finalement la conquête et l'oppression de tout le pays par l'étranger. La Commune ne peut et ne doit être qu'une société d'intérêts locaux, ayant un but limité; elle ne doit en rien rompre ni affaiblir l'union patriotique et nationale la plus intime des citoyens. Chaque commune est sans qualité pour faire les affaires du peuple entier; elle est maitresse chez elle en se conformant à la loi, mais ne peut franchir sa limite sans empiéter sur les droits d'autres communes. Si les Assemblées Communales créaient les organes nationaux, cela constituerait une interposition, une complication aussi absurdes que nuisibles, dont on n'a que faire. C'est des citoyens même que doivent émaner l'Assemblée Nationale et l'Exécutif Central, les organes par lesquels l'universalité des citoyens manifeste son opinion et sa volonté, les liens qui assurent la cohésion de toutes les parties de la Nation ou de l'Etat.

Pourquoi l'autorité Nationale doit-elle exercer un contrôle sur les Communes?

Parce que la force des choses, le soin de la sécurité de la Patrie rendent cette surveillance indispensable. Les communes se trouvant dans des conditions morales et matérielles très-différentes les unes des autres, elles pourraient, si elles étaient livrées à elles-mêmes, suivre insensiblement des directions, subir des influences très-diverses, qui amèneraient tôt ou tard la désorganisation sur toute la ligne. L'unité, base de la force, de l'indépendance, de l'existence même de la nation, serait compromise. Pour ce motif toutes les Communes doivent se conduire d'après le système établi par l'Assemblée Nationale, toutes doivent s'inspirer de ses délibérations et de ses votes. La société Commune ne peut pas craindre la société Etat, les deux étant de la même essence et ne pouvant avoir aucune cause de méfiance réciproque. Les citoyens, qui forment les deux sociétés en vue de l'utilité générale, et qui donnent à leurs mandataires dans l'une et dans l'autre, le pouvoir nécessaire et défini, ont autant d'intérêt à ce que leurs Représentants et Fonctionnaires nationaux n'entravent pas les affaires locales, qu'ils en ont à ce que l'esprit de clocher ne nuise pas à l'unité nationale et ne mette pas le pays sans cesse en danger vis-à-vis de lui-même et vis-à-vis de l'étranger.

Comment l'État pourra-t-il veiller sur un grand nombre de communes ?

Il y a d'abord la Justice qui veille partout sur l'observation et l'application des lois. Ensuite on peut nommer des commissaires dont chacun aura l'œil sur un certain nombre de communes. Le commissaire sera tenu au courant par les rapports et procès-verbaux, que les Maires devront lui adresser, par des inspecteurs ambulants qui se transporteront partout. Le commissaire surveillera en même temps ce que les communes feront entre elles pour affaires qui en concernent plusieurs et servira en général d'intermédiaire pour les rapports des communes avec l'Etat.

Les Communes pourront-elles librement agir et traiter entre elles ?

Sans doute. Elles conviendront entre elles de tout ce qui concerne les intérêts régionaux. Les Maires pourront tenir des réunions et faire des arrangements, sauf approbation des Assemblées Communales respectives et les observations du commissaire de l'État s'il y a lieu. Il pourra y avoir des comités permanents, formés de délégués de plusieurs Assemblées Communales.

Le Maire sera-t-il élu par le Conseil Communal et sera-t-il le Président de celui-ci ?

Le Maire ne sera pas plus élu par l'Assemblée Communale que le Chef de l'Exécutif n'est élu par l'Assemblée Nationale ; il sera tout bonnement élu par les citoyens de la Commune. Si, jusqu'à présent, le Maire a présidé l'Assemblée Communale, c'était un non-sens. L'Assemblée doit diriger et contrôler, le Maire exécuter. Il n'est donc pas logique, que l'Assemblée soit présidée par le Maire, que ce dernier puisse influer sur l'examen, la vérification et l'appréciation de ses propres actes et de sa propre gestion. L'Assemblée est présidée par un de ses membres, et le Maire et les Adjoints, qui ne sauraient être membres de l'Assemblée, sont dans la Commune ce que l'Exécutif National est dans l'État.

Puisque les affaires de la Commune se traitent sur place, a-t-on besoin d'une Assemblée Communale ?

Dans beaucoup de communes, le nombre des citoyens est

trop grand pour qu'ils puissent se réunir commodément et délibérer utilement; il vaut donc mieux élire une Assemblée. Dans les petites communes où il n'y a qu'un petit nombre de citoyens, rien ne s'oppose à ce qu'ils se réunissent tous en personne, aussi bien pour choisir le Maire que pour former l'Assemblée Communale.

Les Maires ne sont-ils pas nommés par l'Etat?

Il n'existe aucune raison pour que cet arrangement soit continué. La loi communale faite et son exécution assurée, il serait incompréhensible que l'État voulût aller plus loin et imposer à la Commune un tuteur ou agent. Les citoyens sont assez capables pour choisir sur place, sans peine, sans dérangement, un homme digne de confiance, forcément un homme de la localité et que l'Exécutif, éloigné de toutes les communes, sauf une seule, ne saurait trouver qu'indirectement, sur des présentations ou rapports d'autres agents.

L'Etat ne devrait-il pas nommer les Maires, au moins dans les grands centres?

Si le principe était admissible quelque part, ce serait plutôt dans les petits endroits, où les citoyens sont moins éclairés et où les Maires sont en même temps chargés de certaines affaires de l'Etat, où ils sont par exemple officiers de police judiciaire ou fonctionnaires de l'ordre administratif national. Dans les grandes villes les Maires ne sont pas tout cela et les Electeurs sont fort intelligents. Plus une commune est grande et importante, plus les citoyens qui la composent sont éclairés; ils ne sont pas moins hommes d'ordre, respectables et dignes de confiance que les citoyens des petites villes et des villages. Ce qui est capital, ce que la loi doit déclarer, c'est que seulement les vrais habitants stables d'une Commune puissent concourir à l'élection du Maire et de l'Assemblée Communale, à l'exclusion formelle d'une population flottante, que rien n'attache encore à tel endroit, plutôt qu'à tel autre et qui ne se fixera que plus tard. Les citoyens de cette catégorie doivent se contenter provisoirement de l'électorat national. Ne pourront voter aux élections communales que ceux qui auront fait à la Mairie la déclaration officielle qu'ils se fixent pour de bon dans la commune et qui y auront ensuite demeuré pendant un laps de temps suffisamment long, à déterminer par la loi. On peut présumer de ceux-ci, qu'ils la connaissent et qu'ils s'intéressent à ses affaires.

L'Etat n'aura donc aucune action spécifique sur les Maires?

Il n'en a pas besoin. L'Assemblée Nationale n'a qu'à faire une loi définissant bien les devoirs officiels des Maires; ceux-ci ne songeront même pas à y manquer. Quant à leurs actes de la vie privée, qui ne regardent pas le gouvernement, on peut s'en rapporter aux électeurs, qu'ils ne choisiront pas de préférence des indignes, des gens vicieux. Dans ces derniers siècles, le gouvernement s'est trouvé, par rapport aux Maires, dans trois positions différentes, parce qu'il a changé trois fois de caractère : l'ancien régime s'appuyant hardiment sur le droit divin et la soumission absolue des peuples, le régime intérimaire, se réclamant moitié du droit divin, moitié de l'assentiment du peuple, le régime moderne purement rationnel. L'ancien régime ne faisait pas grande attention aux Maires, qui ne pouvaient rien contre lui et qu'il dominait de toute sa hauteur. Le régime intérimaire, dépourvu de base, cherchant des points d'appui un peu partout, se serait volontiers servi des Maires pour agir sur les populations. L'Exécutif moderne, émanant des citoyens, ne s'inspirant que des votes de l'Assemblée Nationale, n'agissant que la Loi à la main, n'a pas de résistance ni de mauvaise volonté à craindre de la part des Autorités Communales, dont les pouvoirs sont puisés à la même source que ceux des Autorités Nationales. Comme l'Exécutif a déjà la nomination des innombrables fonctionnaires de l'Etat dans la main, il ne doit pas s'occuper des fonctionnaires de la Commune. Son influence deviendrait exorbitante, ce que, toutes autres considérations à part, les citoyens n'ont aucun motif de favoriser.

Peut-on fixer exactement quelles sont les affaires communales ?

C'est à la loi à le déterminer dans chaque pays selon la moyenne de l'instruction positive et de la maturité politique et sociale. Plus celles-ci sont avancées, plus on peut laisser aux communes de liberté et s'en rapporter à elles pour un plus grand nombre de services publics.

Les Autorités Communales pourront-elles s'occuper de politique?

Elles ne sont pas instituées pour cela et ce n'est pas leur affaire. Une Assemblée Communale n'est pas une petite Assemblée Nationale. Que les Maires et les Conseillers s'occupent avant tout de ce qui les regarde. Il y a assez à faire si l'on veut que tous les services et tous les comptes communaux soient dans un ordre parfait, que l'impôt soit bien réparti, la dépense réduite au strict nécessaire, les biens communaux intelligemment et sûrement exploités, enfin ce n'est pas l'occupation qui leur manquera. En dehors de leur mandat, ils sont citoyens comme les autres, rien ne les empêche de parler dans des réunions, de délibérer sur tous les sujets qui peuvent intéresser les citoyens, de rédiger et de signer seuls ou avec d'autres des écrits et de les adresser à qui bon leur semble. Un citoyen est un citoyen; le fait d'être élu Maire ou Député Communal ne lui ôte rien de sa qualité; c'est une présomption en sa faveur.

Les Maires et les Conseillers Communaux seront-ils éligibles pour l'Assemblée Nationale?

Rien ne s'y oppose, excepté l'impossibilité de se livrer à la fois à deux occupations, dans deux endroits différents. La tâche du Représentant National est lourde, absorbante, exclusive. Le Maire et le Représentant Communal ont une tâche plus légère et plus facile, mais par contre ils ont le droit de soigner leurs affaires particulières. Les deux mandats sont donc incompatibles de fait.

Les Maires et les Conseillers Communaux doivent-ils être indemnisés?

Le principe admis pour les Représentants du Peuple et les Fonctionnaires doit leur être appliqué, mais comme ils n'ont pas à quitter le lieu de leur résidence ordinaire et qu'ils donnent seulement une partie de leur temps, l'indemnité sera moins élevée.

Les comptes de la Société Nationale et de la Société Communale doivent-ils être tenus séparément?

Sans doute. Il ne doit exister nulle part la moindre confusion. Les citoyens ont besoin de savoir ce que chaque société leur coûte; l'examen, l'appréciation, le contrôle, doivent leur être rendus aussi faciles que possible. Il n'est pas nécessaire pour cela qu'il y ait deux séries de fonctionnaires; les mêmes peuvent tenir les deux comptabilités, qui deviendront d'autant plus claires et simples, qu'on se rapprochera davantage de la cotisation franche et nette.

LES FONCTIONNAIRES PUBLICS

Quels sont les fonctionnaires publics?

Les citoyens chargés des services publics de tout genre, administratif, diplomatique, militaire, judiciaire, et autres.

Tous ensemble doivent faire un personnel nombreux et coûter pas mal?

Jusqu'à présent leur nombre est très-grand et ils coûtent beaucoup d'argent, sans être tous convenablement payés, les supérieurs gagnant trop et les inférieurs trop peu.

Ne pourrait-on pas donner des appointements égaux à tous les fonctionnaires, puisqu ils sont tous citoyens et que tous consacrent leur temps et leurs talents à la chose publique?

Il faut que les principaux soient des hommes éminemment capables et instruits, qu'on ne verrait pas dans les services publics, s'ils n'étaient payés en proportion de ce qu'ils gagneraient dans l'industrie, le commerce, le barreau, les arts, les sciences, etc. S'ils entraient malgré cela au service de la société, ils lui feraient un sacrifice perpétuel, qu'elle ne peut accepter. Néanmoins la justice et le bien du service exigent, que les fonctionnaires des grades inférieurs gagnent également bien leur vie. Il ne faut jamais que la rétribution soit mesquine sous prétexte qu'on trouve des hommes à ce prix-là, qu'il y aura compensation plus tard dans les grades supérieurs, grades que beaucoup de fonctionnaires n'atteindront sans doute pas. Il ne faut pas qu'un grand nombre de fonctionnaires traînent pendant des années une existence gênée, qu'ils soient talonnés par le besoin, qu'ils ne rêvent sans cesse qu'un prompt avancement ou qu'ils ne songent à se faire des profits illicites. Les peuples n'ont jamais refusé de payer ce qu'il faut pour avoir des services bien organisés et bien tenus. Toute la faute est aux gouvernements, qui gaspillaient trop d'argent de toutes les manières, entre autres en créant une foule d'emplois inutiles, afin d'avoir beaucoup de fonctionnaires à leur dévotion et un cercle d'influence et de patronage aussi vaste que possible. Ils payaient un grand nombre de fonctionnaires très-mal, parce que le total de la dépense était énorme et parce que, dans l'ancienne organisation vicieuse, il se présentait toujours un grand nombre de postulants pour des emplois mal rétribués, pourvu qu'il y eût de l'apparence, peu de travail et quelque chance d'avancement. En attendant mieux, c'était une vie facile et commode, on jouissait au dehors d'une certaine considération, le métier n'était pas fatigant, salissant, comme beaucoup d'autres, il n'y avait pas de chômage et par contre une petite retraite au bout.

Ne faut-il pas remplir des conditions d'aptitude?

Pour la moyenne des subalternes, que la force des choses retiendra dans les régions inférieures, il suffit jusqu'à présent d'une instruction passable, jointe à beaucoup de tenue et de régularité; la pratique fait le reste. Une grande intelligence, des études complémentaires, donnent la possibilité, avec le temps, de parvenir aux grades élevés; il y a aussi la protection qui aide beaucoup, comme il peut se présenter une occasion exceptionnelle de se distinguer quand on a de la chance et de l'initiative.

Ne devrait-il pas y avoir des écoles spéciales pour les aspirants fonctionnaires?

Sans doute. Pourtant il n'y a encore de ces écoles que pour les fonctionnaires militaires, et, dans quelques pays, pour les fonctionnaires de l'enseignement, celles-ci en nombre très-insuffisant. Quant à tous les autres fonctionnaires, on les admet sur la preuve de certaines études générales, et ils apprennent leur métier en voyant faire, lorsqu'ils sont déjà en fonction. Ce système n'offre pas de garanties sérieuses; il faut le compléter par la création d'écoles préparatoires, où les aspirants puissent acquérir au moins la théorie de leur spécialité.

Comment faut-il payer les fonctionnaires publics?

Simplement en argent, à tant par mois.

N'a-t-on pas toujours fourni aux plus haut gradés, en dehors de leur paie, des appartements dans les édifices publics, des meubles, des carrosses, des domestiques, des chevaux officiels?

Il est temps d'extirper cet abus déplorable. — Qu'on paie les hauts fonctionnaires un bon prix, mais qu'ils s'arrangent, se logent, se meublent, se transportent comme ils voudront. Avec de gros traitements, les facilités ne manquent pas de se procurer tout le confortable, tout le luxe voulus. On leur fournit les locaux et les ustensiles pour leurs travaux, c'est tout ce qu'il faut. Les fonctionnaires publics ne pourront donc plus habiter les monuments, même à titre de locataires, ni l'Etat, ni les Communes ne devant faire concurrence aux propriétaires en louant des appartements. Les fonctionnaires actuels, qui jouissent du logement et d'autres accessoires, et qui peuvent, à tort ou raison, les regarder comme partie de leurs appointements, seront indemnisés. Les nouveaux titulaires sauront d'avance qu'il ne leur sera alloué ni fourni aucun extra.

Quels sont les avantages de ce système?

Il est logique et naturel; il ne fausse pas les idées, ni du fonctionnaire, ni du public; il supprime toutes les complications résultant de ces prestations et fournitures; finalement la partie la plus belle et la plus accessible d'un édifice ne forme plus le domaine privé d'un seul, tandis que l'espace réservé au service public en est restreint d'autant, que les bureaux sont moins grands, moins bien aérés et éclairés, que les citoyens y arrivent moins commodément et sont obligés de monter étage sur étage. — Les édifices seront donc rendus en entier à leurs vraies destinations, ou vendus s'ils n'en ont plus et s'il n'existe pas de motif do les conserver comme propriété publique.

Ne faut-il pas aux fonctionnaires-chefs de vastes locaux pour s'amuser, pour festoyer avec leurs collègues nationaux et étrangers, en un mot pour représenter en l'honneur des peuples?

Les peuples les en dispensent. A l'avenir tous les citoyens, sans distinction de métier, s'amuseront eux-mêmes pour leur argent. En se concertant ils auront de vastes locaux et s'y donneront tous les genres d'agrément et de plaisir dont quelques-uns jouissaient par procuration. Les citoyens ne doivent faire exécuter par les fonctionnaires que ce que ceux-ci pourront faire mieux, mais tout ce que les citoyens peuvent faire tout aussi bien, ils doivent le faire eux-mêmes et ne compter sur personne, n'avoir les yeux braqués sur personne.

Les fonctionnaires de premier ordre n'auraient-ils pas besoin d'être gardés, en vue de leur sécurité?

Ils n'ont pas plus besoin d'une protection spéciale que les Représentants du Peuple, les Ambassadeurs, Maires, Banquiers et tous les hommes éminents quels qu'ils soient. S'ils croient devoir se faire garder, qu'ils le fassent au moins inostensiblement et sans fracas.

Est-ce que les fonctionnaires publics diffèrent de simples employés?

Sans doute. Le simple employé d'un patron n'a tout au plus que voix consultative, tandis que le fonctionnaire public est membre de la société qu'il sert, qu'il a voix délibérative comme électeur. Ce qui les distingue encore les uns des autres, c'est que les employés ordinaires peuvent s'établir, s'associer, arriver promptement à la fortune, toutes choses interdites aux fonctionnaires publics comme tels.

Qui doit nommer aux fonctions publiques?

Le Chef de l'Exécutif National pour les fonctions de l'Etat, le Chef de l'Exécutif Communal pour les fonctions de la Commune, comme étant responsables chacun dans sa sphère, de la bonne marche des services publics. La responsabilité de ces deux Chefs est sérieusement engagée dans les sociétés modernes, où ils ne peuvent plus s'abriter eux-mêmes ni abriter leurs protégés derrière quelque chose de mystérieux, de divin, derrière des fictions d'inviolabilité, de haute sagesse et autres. Inutile de dire que leur pouvoir se borne à la désignation des personnes et que le nombre des fonctionnaires, leurs attributions, appointements, limite d'âge, etc., sont fixés par la loi.

Le premier magistrat de l'Etat peut-il connaître tous ceux qu'il nomme?

Cela ne lui est pas possible, mais il peut se faire éclairer par des comités de présentation et de surveillance, il peut même déléguer à ces comités ou aux chefs de service le pouvoir de nommer. C'est à lui de bien choisir ceux auxquels il accorde cette confiance, puisqu'on s'en prendra à lui s'il y a des manquements, sauf à mettre en cause le coupable direct.

Doit-il y avoir une limite d'âge au delà de laquelle les fonctionnaires ne pourront plus servir ?

C'est indispensable pour couper court à l'incertitude et à l'arbitraire.

Comment doit-on pourvoir à la nomination et à l'avancement des fonctionnaires ?

Dans l'un et l'autre cas ils doivent être choisis parmi ceux qui ont subi un examen et fourni des renseignements sur leurs antécédents, leur opinion, leur moralité et leur probité ?

N'y a-t-il pas des fonctions auxquelles on devrait nommer par élection ?

Nulle autre que la première de l'Etat et de la Commune. Les fonctionnaires s'étant voués spécialement aux services publics et n'étant pas aptes à d'autres métiers, ne doivent être mis toute leur vie dans une situation précaire. S'ils devaient passer indéfiniment par des élections, être exposés aux intrigues, solliciter des suffrages, être élus tantôt à un emploi, tantôt à un autre ou ne pas être réélus du tout, aucun homme sérieux ne voudrait entreprendre une carrière aussi hasardeuse. Quant aux citoyens, ils ne voudraient sans doute pas se contenter d'élire périodiquement, à de longs intervalles et parmi les personnes ayant subi un examen : ce ne serait plus que l'ombre d'une élection ; autant s'en rapporter aux fonctionnaires supérieurs, pour faire les choix et en porter la responsabilité. Ceux qui prêchent le système électif, entendent que les citoyens aient la liberté de choisir qui bon leur semble et de le renvoyer quand bon leur semble. Avec ce système on ne verrait bientôt plus se présenter que des fruits secs, ou des gens manqués, qui n'ont pas fait leurs affaires dans leur état. Les citoyens seraient obligés de se renseigner, de délibérer, de voter sans cesse, et d'écouter des sollicitations, des recommandations à n'en pas finir ; en peu de temps la plupart se rebuteraient d'une besogne aussi ingrate. Quant aux fonctionnaires, ils seraient moins attentifs à leurs devoirs, la subordination serait détruite, l'administral'on ne pourrait plus répondre de ce qu'ils feraient, il y aurait fréquemment connivence entre électeurs et élus, il y aurait du gâchis, le contrôle se relâcherait, enfin tout irait si mal qu'on serait obligé d'y renoncer, après avoir causé à l'Etat, c'est-à-dire à la généralité des citoyens, un préjudice énorme.

Le Président et le Maire doivent-ils passer des examens comme les autres fonctionnaires ?

C'est inutile. Les citoyens sauront faire des choix convenables. Ils ont le temps pour cela, n'ayant à élire en fait de fonctionnaires qu'un seul Exécutif pour l'Etat et un seul Exécutif pour la Commune. Les examens doivent servir surtout à atténuer les mauvais effets de la faveur. Or cette précaution n'a pas de sens, quand la nomination est faite par les intéressés mêmes et non par des mandataires.

Où trouvera-t-on des examinateurs offrant toutes les garanties d'impartialité et de compétence ?

Parmi les fonctionnaires atteints annuellement par la limite d'âge. Ces hommes très-expérimentés et ayant fourni honorablement une longue carrière, offriront les garanties voulues. La loi déterminera pendant combien d'années ils pourront fonctionner comme examinateurs.

Comment fera-t-on si l'avancement n'est plus la récompense des services exceptionnels ?

En fait de services exceptionnels, les fonctionnaires eux-mêmes se trouvent assez récompensés par la conscience d'avoir bien travaillé. C'est la société qui éprouve le besoin de leur montrer sa gratitude et en même temps de créer un stimulant. L'avancement n'est pas toujours ce qui convient le mieux. La société ne saurait confier un emploi à quelqu'un, s'il n'est pas capable de le remplir. La vertu n'est rien sans le talent et les connaissances, et ne doit pas l'emporter, si les renseignements sur d'autres points essentiels laissent à désirer. C'est la réunion, la proportion de ces divers éléments qui doivent déterminer le choix. Il est même dans l'intérêt du fonctionnaire de rester dans un emploi qu'il remplit bien, plutôt que de s'aventurer dans un autre, mieux payé, plus élevé, mais pour lequel il n'a pas ce qu'il faut et où il pourra se compromettre lui-même et compromettre en même temps le service. On doit être prudent et y regarder à deux fois avant de se charger des intérêts toujours considérables du grand nombre. Pour tous ces motifs il convient d'établir un mode de récompense autre que l'avancement. Le meilleur moyen est d'accorder aux choix du fonctionnaire, une gratification plus ou moins forte en argent ou une distinction honorifique.

Les fonctionnaires publics doivent-ils être payés tous sans exception ?

Ce serait choquant et pernicieux, s'il y avait des fonctions gratuites qui pourraient être remplies seulement par des gens riches. D'autre part, il y a le proverbe : A cheval donné on ne regarde pas la bride. On ne pourrait se montrer exigeant ni sévère vis-à-vis de gens non payés. En troisième lieu, il y a des fonctions que plus d'un voudrait remplir pour rien, se proposant de se payer quand même d'une façon quelconque. Le système de la gratuité doit donc être banni des services publics.

Les fonctionnaires publics doivent-ils être pourvus d'une retraite ?

Chaque fonctionnaire recevant ses appointements réguliers, saura bien s'arranger, soit avec des collègues, soit avec d'autres citoyens, pour établir une caisse de réserve pour la vieillesse, ou bien il s'adressera à une compagnie d'assurances sur la vie, comme il en existe partout. Un homme qui est capable d'être fonctionnaire public, est capable d'avoir assez de prévoyance pour cela. Ni l'Etat ni la Commune n'ont le moindre motif de faire sur les appointements des retenues formelles ou sous-entendues, pour les placer à intérêts et les rendre plus tard. L'Etat et la Commune doivent une indemnité à ceux de leurs fonctionnaires qui ont souffert un dommage corporel ou autre dans l'accomplissement de leur devoir. Ce qui incombe à l'Etat, c'est de fournir des pensions à ceux qui ont été estropiés ou qui sont devenus infirmes pour cause de service public, sans distinction s'ils sont fonctionnaires ou non. Le soldat n'est pas fonctionnaire, pourtant, si à la guerre il a perdu sa santé ou ses membres, l'Etat ne peut pas plus l'abandonner, qu'il n'abandonne l'officier, ni abandonner les veuves et orphelins des officiers ou soldats qui ont été tués. Ni officiers ni soldats ne doivent s'assurer contre ce risque très-grand, mais exceptionnel : en temps ordinaire, ce serait inutile et onéreux ; en temps de guerre, aucune compagnie d'assurances ni aucune société mutuelle ne doivent l'entreprendre, la guerre étant une affaire nationale, dont l'organe national seul décide, dont l'État seul supporte les conséquences. Il y aura donc de ces pensions après chaque guerre, après chaque calamité, où des citoyens se seront dévoués pour la chose publique, par contre le système des retraites pour cause d'âge est à abolir. Les droits acquis seront respectés, mais on n'en laissera pas naître de nouveaux. Les fonctionnaires actuels, qui voudront renoncer à l'ancien système, reprendront le montant de leurs retenues avec les intérêts et seront dès lors payés intégralement. Les fonctionnaires à nommer n'auront plus droit qu'à leur traitement pur et simple.

Par qui les fonctionnaires devront-ils être jugés, quand ils seront accusés de quelque méfait?

Comme tout le monde, par les Tribunaux compétents à raison de la matière. Les citoyens en général, quelle que soit leur position, leur richesse, etc., sont jugés dans les mêmes cas par les mêmes Tribunaux. Cette organisation suffit et il n'y a aucun motif de créer des juridictions à part pour ceux qui sont investis d'une fonction ou d'un mandat. Qu'il y ait crime contre des particuliers ou la chose privée, contre des fonctionnaires ou la chose publique, les Tribunaux et le Jury sauront toujours apprécier.

N'y aurait-il pas de partialité à craindre surtout en ce qui concerne ceux d'un rang élevé?

En aucune façon. Les juges sont sans doute des fonctionnaires, mais ils sont en même temps citoyens. Ensuite ils ne sont pas seuls, il y a le Jury. On peut donc être rassuré. L'indépendance des Jurés, l'intégrité des magistrats, vivant les uns et les autres dans une atmosphère salubre, la surveillance de la presse et de l'opinion publique, ces éléments réunis donnent une garantie suffisante. Si tout cela venait à manquer le but, aucune autre combinaison ne vaudrait la peine d'en parler.

Pourra-t-on supprimer des emplois superflus?

On peut supprimer les emplois, mais non les fonctionnaires. Le présent hérite du passé, indistinctement le bon et le mauvais, il faut donc compter avec ce qui existe et le liquider. Les fonctionnaires reconnus de trop doivent être casés au fur et à mesure dans des emplois équivalents, ou indemnisés. A l'avenir, les gouvernements n'auront plus ni motif, ni pouvoir de créer des fonctions inutiles, les fonctions publiques auront perdu une bonne partie de leurs attraits, une meilleure organisation sociale ouvrira aux citoyens des horizons nouveaux et modérera la tendance trop prononcée pour les fonctions publiques. Ce n'est donc qu'avec le temps et graduellement qu'on peut diminuer le nombre des fonctionnaires, mais non les renvoyer subitement et les plonger dans l'embarras. Jamais on ne doit commettre une injustice, pas même pour cause d'économie ou d'utilité publique.

Mais il n'existe pas de traité obligeant le fonctionnaire à servir l'Etat et l'Etat à le conserver ?

L'Etat trouvera toujours des fonctionnaires, mais les fonctionnaires seraient dans l'impossibilité de trouver un autre patron, si l'Etat les mettait sur le pavé. La position n'est donc pas égale. Le grade acquis doit être aussi inviolable que tout autre genre de propriété. L'Etat pourrait sans doute faire un traité avec chaque fonctionnaire, stipuler un dédit pour le cas de résiliation, à la demande ou par la faute de l'un ou de l'autre. Cet arrangement aura peut-être lieu plus tard, mais quant à présent on ne peut y voir qu'une complication inutile, nuisible.

Le nombre des fonctionnaires ne doit-il pas être aussi restreint que possible ?

Il faut ce qu'il faut. Il y a des travaux qui sont indispensables, d'une part, et qui, d'autre part, sont mieux faits par des fonctionnaires que par le premier venu. Pour ceux-là, il faut entretenir des fonctionnaires ; les citoyens, en général, ne doivent pas s'en charger pour les faire gratuitement, mais sans doute fort mal, et quitter dans ce but leurs occupations ordinaires.

Un fonctionnaire pourra-t-il cumuler plusieurs fonctions ?

Nullement. Lorsque tout est bien organisé, chacun doit avoir assez à faire à bien remplir la sienne. Notamment dans les hauts grades, il vaut mieux que quelqu'un ait un peu de loisir, un peu de temps pour la réflexion, et ne soit pas complétement absorbé par l'occupation de plusieurs fonctions, qu'il remplirait mal et dont il négligerait plusieurs parties. Ce système ne doit donc pas être pratiqué, ni en vue de gratifier un haut fonctionnaire de plusieurs traitements, ni en vue de faire des économies en le chargeant de plusieurs emplois, sans lui en allouer les traitements. Le cumul ne pourra être autorisé que pour les petites places peu chargées et peu rétribuées dans les petits endroits.

Les fonctionnaires peuvent-ils participer à la vie publique ?

Incontestablement. Ils ne sont astreints qu'à bien remplir leurs fonctions et, comme de juste, à garder le secret professionnel. En dehors de cela ils sont aussi libres, aussi indépendants que n'importe qui. La société les paie à raison de leur travail, mais elle ne les achète pas corps et âme. Rien ne les empêche donc de parler, d'écrire, de manifester leurs opinions, de communiquer leurs idées, d'assister à des réunions, en un mot d'agir comme les autres citoyens. Il serait injustifiable et incompréhensible de leur retirer une partie de leur liberté et du même coup de priver le public des lumières que peuvent répandre tous ces hommes instruits, capables et dignes de confiance.

Ne devrait-on pas renvoyer tous les fonctionnaires après un grand changement, par exemple, après le renversement d'une famille régnante ?

Ce serait impolitique et injuste. Les fonctionnaires, sachant que leur grand Chef doit les entrainer dans sa chute, feraient tout leur possible et se dévoueraient à tort et à travers pour le maintenir au pouvoir. En remplaçant un grand nombre de fonctionnaires expérimentés par de nouveaux, qui ne seraient au courant de rien, on risquerait de désorganiser les services. Il faut donc que les fonctionnaires sachent et comprennent parfaitement qu'ils servent la chose publique et non des individus ou des familles, que la chose publique reste, si les Princes ou les Présidents passent, et que leurs emplois leur sont assurés, s'ils se sont conduits franchement et loyalement d'après ce principe, s'ils ont rempli leur devoir avec zèle et fidélité. Quant aux fonctionnaires qui n'auraient pas agi dans ce sens, qui, dans un intérêt égoïste, auraient trahi ou essayé de trahir d'une manière quelconque la société dont ils sont membres et qui les paie, ils mériteraient d'être punis avec une rigueur exemplaire. Si les fonctionnaires ne font que leur devoir en rendant les services pour lesquels la société les paie, le crime de ceux qui y failliraient, serait doublement impardonnable, en leur double qualité de citoyens et de fonctionnaires.

L'ADMINISTRATION

Quels sont les fonctionnaires administratifs ?

Ceux qui, sous les ordres du Prince ou Président, premier fonctionnaire administratif, font marcher la machine gouvernementale, pourvoient les services publics de ce qu'il faut en personnel, matériel et locaux, réunissent les fonds pour les payer, le tout selon les lois et règlements en vigueur dans chaque pays.

Est-il possible qu'ils aient des connaissances assez variées pour se rendre compte si tout se fait comme il faut ?

Le Prince ou Président a soin de subdiviser le personne administratif en vue des divers services, afin que chaque subdivision puisse se familiariser avec le sien; de plus il emploie dans chaque subdivision administrative, soit comme coopérateurs, soit comme inspecteurs, plusieurs fonctionnaires spéciaux, tirés du service respectif, ayant des connaissances techniques. Les fonctionnaires administratifs en général n'ont qu'à fournir ce qu'il faut, le reste ne les regarde pas d'une manière particulière. Dans chaque service les supérieurs surveillent tout, maintiennent tout en ordre et en mouvement.

Les fonctionnaires administratifs n'ont-ils pas rendu de grands services à l'Etat ?

Evidemment. Ce sont eux qui ont établi et maintenu le peu d'ordre, l'ordre relatif, qui a existé pendant le temps du bon plaisir, de l'ignorance et du mépris de tous les principes, quand le Chef de l'Etat s'occupait de tout, excepté d'administration. Sans eux, rien de suivi, de sérieux n'aurait pu se faire, rien n'aurait pu marcher, le gâchis aurait tout envahi, tout anéanti. Aussi étaient-ils devenus un véritable pouvoir, connu sous le nom de Bureaucratie, redouté par les petits et les grands et qui pouvait tenir même l'action du Prince en échec.

Le pouvoir des fonctionnaires administratifs est-il toujours grand ?

Il l'est forcément par l'importance de leurs fonctions, sur lesquelles repose la bonne tenue de tous les services publics; mais ce n'est plus la même chose comme autrefois. L'organe, électif ou non, qui les commande, est commandé lui-même par un organe supérieur, qui n'admet aucune résistance. D'ailleurs les temps sont changés et les fonctionnaires administratifs transformés de sujets d'un Prince en citoyens, membres de la société, n'ont plus la prétention de dominer les autres, mais celle de servir leur pays.

Qu'est-ce qu'on reproche encore aujourd'hui à l'Administration ?

D'avoir établi trop de formalités et de complications, de faire tout lentement, pesamment et d'avoir introduit cette marche lourdé et embarrassée dans tous les services publics. Il faut sans doute une manière d'agir et un système de contrôle, qui empêchent les erreurs, les surprises, les fraudes. L'administration a des intérêts multiples à sauvegarder, elle doit prendre son temps ; sa responsabilité est grande et doit toujours être à couvert. Mais les garanties nécessaires ne sont pas incompatibles avec plus de simplicité et de promptitude. L'organisation actuelle, qui impose au public de longs retards, beaucoup de dérangements et de pertes de temps, peut être modifiée, sans devenir moins efficace.

LA DIPLOMATIE

Quel a été le rôle de la Diplomatie?

Les Diplomates ou Ambassadeurs représentaient les Chefs d'Etat les uns auprès des autres, les informaient de ce qui se passait en fait de politique, négociaient toutes sortes de traités, préparaient les mariages entre Princes et Princesses du sang, remettaient les lettres de faire part au moyen desquelles les souverains se communiquaient leurs petites affaires de famille. On conservait dans chaque pays un certain nombre de ces hommes d'Etat pour faire la correspondance avec ceux qu'on avait envoyés au loin, et pour recevoir ceux que les souverains étrangers accréditaient.

Ces fonctions étaient-elles d'une haute importance?

Quand la direction des affaires publiques était dans les mains de quelques individus, qui disposaient des pays comme de leur propriété, héritaient, échangeaient, se transmettaient les populations comme des troupeaux, formaient des combinaisons de paix et de guerre, des alliances de fantaisie ou de famille, s'accordaient des troupes auxiliaires et des subsides, les Diplomates, chargés de tout ce trafic, jouaient naturellement un grand rôle.

Quelles étaient les qualités nécessaires à un Diplomate?

N'ayant affaire qu'aux grands personnages, il fallait qu'il appartînt à l'aristocratie, qu'il sût se présenter, tenir un beau langage et se rendre agréable, qu'il connût les us et coutumes des cours, ce qu'on appelle l'étiquette, qu'il fût bien renseigné sur les relations particulières de sa cour avec celle où il se trouvait. Il devait avoir quelques notions de droit international ou droit des gens, mais elles n'étaient pas de rigueur, attendu qu'il avait sous ses ordres des fonctionnaires bourgeois, qui lui indiquaient tout et faisaient tout le travail.

Est-ce que les Diplomates gagnaient beaucoup?

Les Princes avaient intérêt à se faire représenter par des personnages à grandes manières, déployant une grande magnificence. Par ce système, chaque Prince était assuré que le confrère lui envoyait des personnages semblables, ce qui rehaussait l'éclat de sa cour et le posait aux yeux de ses propres sujets. Les Diplomates jouissaient donc de gros traitements, et en plus de frais de voyage et de représentation énormes. Les sociétés civilisées n'ont pas besoin de ces démonstrations coûteuses, et l'appareil pompeux est réservé maintenant aux Ambassades qu'on envoie dans quelques pays arriérés.

La Diplomatie est-elle bien nécessaire aux peuples?

Il est clair qu'un Etat ne peut pas fermer les yeux sur ce que font les autres Etats. Jadis, quand tout se traitait à huis clos, il fallait des émissaires pour être tenu au courant des combinaisons. Aujourd'hui tout se fait au grand jour, et l'on peut en apprendre assez par les journaux, qui donnent les détails des faits et gestes des gouvernements, des travaux législatifs et autres, des découvertes, innovations, événements de tout genre. Les Etats sont mieux assis, les cours n'ont qu'une influence minime, les conventions se discutent dans les Assemblées Nationales, l'extrême rapidité des moyens de communication permet aux fonctionnaires dirigeant les Etats de correspondre instantanément entre eux ou d'avoir facilement des entrevues. L'importance des fonctions d'Ambassadeur est donc considérablement diminuée. La machinerie diplomatique doit suivre la machinerie gouvernementale, et devenir moins dispendieuse, moins majestueuse, plus rationnelle, plus utilitaire; il faut qu'elle change du tout au tout.

Comment la Diplomatie pourra-t-elle encore se rendre utile?

L'ouvrage ne manque pas. Les peuples ont à peine mis un peu d'ordre chez eux, mais on n'a pas eu le temps de s'occuper des affaires internationales. Sur ce terrain tout est encore à faire. Il faut que les Diplomates préparent la voie aux Congrès, qui devront rendre impossibles les guerres entre peuples civilisés. Les guerres se font aujourd'hui avec moins de férocité, mais elles sont aussi ruineuses qu'autrefois. Le commerce, l'industrie, le crédit, ayant aujourd'hui des ramifications qui s'étendent partout, une guerre n'est plus une affaire entre deux peuples, elle dérange tous les autres, elle cause une perturbation universelle. Il est donc de l'intérêt de tous les peuples de prévenir le retour de cette calamité. Après avoir donné à la paix des bases solides et durables, les Diplomates auront à rendre les rapports internationaux plus faciles et plus commodes, par l'unification des monnaies, poids et mesures, des moyens de communication de tout genre et surtout des lois. Ils compareront les lois et constitutions des différents pays et recommanderont ce qu'ils auront trouvé de mieux à l'adoption des peuples associés. Dès que les lois d'un pays auront été reconnues suffisantes pour garantir à tous les points de vue les droits du citoyen, son développement moral et matériel, il ne sera plus besoin de traités d'extradition : pour tout crime les accusés, et à plus forte raison les condamnés, pourront être arrêtés partout pour être livrés à l'autorité compétente. En matière civile et commerciale, non-seulement les lois, mais encore la procédure, les frais, tous les détails de forme devront être unifiés : les jugements rendus n'importe où, dans les mêmes circonstances, devront se ressembler comme deux gouttes d'eau et seront également exécutoires dans tous les pays de l'union sur un simple visa d'authenticité et, au besoin, de traduction conforme. Les Diplomates étant placés dans des milieux neutres, tout corps diplomatique assemblé dans une capitale renfermant des nationalités très-diverses, ils pourront travailler utilement à faire l'Histoire Universelle. Ils étudieront l'histoire de chaque peuple, constateront de quelle manière il a progressé à l'intérieur, quels ont été ses rapports avec les autres peuples. Les travaux de tous les Corps Diplomatiques seront réunis dans un centre, comparés, rectifiés, condensés, et il pourra en sortir une Histoire Générale, véridique, impartiale, digne de confiance. Voilà des occupations intéressantes, variées, nombreuses et de longue haleine. En s'y livrant avec énergie, en faisant bon marché du reste, les Diplomates feront de la meilleure besogne que jamais et travailleront enfin pour les peuples qui, en réalité, les paient. Il ne s'agira plus, de la part des gouvernements, que de bien choisir les hommes pour ces places.

Les Chefs d'Etat voudront-ils se prêter à un arrangement semblable ?

Autrefois cela ne leur aurait pas convenu du tout, les Chefs ayant considéré comme leur droit de faire au dedans et au dehors ce qui bon leur semblait, sans rendre compte à personne. Dans les pays civilisés, ils n'ont plus cette prétention. Les Mandataires du Peuple font la loi, les gouvernements sont incapables de leur résister.

L'ARMÉE

Quels sont les fonctionnaires militaires ?

Les officiers de tout grade des armées de terre et de mer.

N'a-t-on pas proposé depuis longtemps d'abolir les armées permanentes ?

Le soin de la sécurité et de l'indépendance du pays exige l'entretien d'une force armée, exercée, organisée et toujours prête à agir.

Le système actuel est-il défectueux ?

Oui. Les citoyens en masse ne sont ni exercés, ni organisés. Le petit nombre en activité de service reste trop longtemps sous les drapeaux, subit des influences anti-civiques et, comme il est seul la force, il est un véritable danger pour les autres citoyens sans défense.

Comment fera-t-on pour remédier à cet inconvénient ?

Au lieu d'exercer le nombre d'hommes supposés nécessaires et de les garder de longues années au service, on exercera tous les hommes du pays, leur apprenant l'essentiel beaucoup plus vite qu'à présent. Quand ils seront bien exercés, ils resteront un certain temps en activité, jusqu'à ce que ceux qui doivent les remplacer, soient exercés à leur tour ; ils passeront alors dans la réserve. Les corps ne quitteront les territoires qui les ont fournis que temporairement et en vue d'éprouver leur mobilité sous tous les rapports.

Aura-t-on d'aussi bonnes troupes par ce système que par le système actuel ?

On en aura de bien meilleures. Tous les jeunes gens seront pleins de bonne volonté et d'entrain. Loin de rechigner, de rechercher des cas d'exemption, comme cela se voit maintenant, un jeune homme serait désolé s'il était déclaré impropre au service. D'autre part, l'exercice, la théorie, l'escrime, le tir, le campement, la petite manœuvre peuvent s'apprendre n'importe où. Pour l'étude des mouvements d'ensemble on pourra, grâce aux chemins de fer, opérer des concentrations aussi souvent qu'on le jugera opportun. Ce système donnera des résultats bien supérieurs au système actuel.

Les connaissances acquises ne se perdront-elles pas bientôt par la rentrée dans la vie civile?

La rentrée dans la vie civile, le retour aux travaux habituels, auront lieu plus tôt que jusqu'à présent, mais les citoyens n'en continueront pas moins d'appartenir au corps qu'ils ont formé et qui ne sera nullement dissous. On entretiendra avec soin leurs connaissances militaires par des répétitions fréquentes do la théorie et de la pratique. Après être restés un certain temps dans la réserve, ils passeront, toujours organisés, dans l'arrière-ban. Il coule de source que les dérangements auxquels ils seront assujettis et les services qu'ils auront à rendre, iront sans cesse en diminuant.

Quels seront les avantages de ce système pour les soldats?

Au lieu de quitter famille, amis, tout ce qu'ils ont de cher, d'une manière absolue, pour de longues années, pour s'en aller souvent très-loin, ils les quitteront pour beaucoup moins de temps et pour s'éloigner à une faible distance, ce qui adoucira considérablement la peine de la séparation, leur permettra de faire quelquefois un petit tour, un court séjour chez eux, et de recevoir de temps en temps la visite des leurs; en restant près de chez eux, dans un entourage et un milieu connus, ils seront moins livrés à eux-mêmes, moins abandonnés, moins dépaysés, que lorsqu'ils sont envoyés au loin, dans des provinces qui peuvent différer beaucoup de la leur. Ce sera aussi un soulagement immense pour les pères et mères, qui voient avec souci et chagrin approcher le jour où le fils doit partir, pour revenir Dieu sait quand et Dieu sait comme.

Qu'est-ce que les pays gagneront à cette organisation?

Qu'ils auront des défenseurs beaucoup plus nombreux; qu'en cas de besoin on pourra mettre sur pied des armées formidables, en rappelant la réserve temporairement à l'activité réelle; qu'il n'existera plus vis-à-vis de la masse des citoyens sans défense une force terrible, pouvant devenir un instrument d'intimidation et d'oppression ; qu'en temps de paix la dépense sera moindre, ce qui augmentera les ressources pour le temps de guerre ; que les citoyens retourneront plus tôt à leurs occupations productives qui ne leur seront pas devenues étrangères et qu'ils pourront fournir aux contributions au lieu de leur être à charge ; que l'inégalité entre le riche et le pauvre disparaîtra, inégalité qui est une injustice et par conséquent un danger pour la société.

Pourquoi n'a-t-on pas adopté ce système partout ?

Parce qu'il ne fait pas l'affaire des mauvais gouvernements, qui aiment mieux que les peuples restent sans armes et que les hommes incorporés soient maintenus le plus longtemps possible dans l'isolement moral, s'abrutissant dans la vie de garnison et se déshabituant complétement de la vie civile, politique et de famille.

Ne nuirait-on pas à la cohésion de l'armée et de la Patrie, en laissant les soldats dans leurs provinces respectives ?

Les liens qui unissent les citoyens entre eux sont assez nombreux pour qu'on n'ait pas besoin de les augmenter par une combinaison quelconque. Si cette combinaison est stupide, fâcheuse, nuisible, coûteuse, en éloignant les citoyens inutilement et pendant longtemps de leur famille et de leurs intérêts, si elle constitue une lourde corvée, loin de fortifier le patriotisme, base de la cohésion nationale, elle aura un effet tout opposé. La combinaison de faire voyager et stationner les citoyens d'une province dans une foule d'autres provinces plus ou moins distantes, est d'ailleurs incompatible avec le système du service obligatoire universel, vu le nombre d'hommes qu'il faudrait transporter. Le système de l'instruction et du service régional est pratiqué depuis très-longtemps dans plusieurs pays ; on en a fait l'expérience aussi bien en temps de paix et de tranquillité que pendant la guerre étrangère ou les troubles à l'intérieur, et jamais il n'a révélé ni inconvénients ni dangers ; au contraire, il a prouvé son excellence sous tous les rapports d'une manière concluante, péremptoire.

Une région ne serait-elle pas trop malheureuse, si l'armée fournie par elle venait à être écrasée dans un choc avec l'ennemi ?

Ce cas est inadmissible. Chaque région ou province aura son armée organisée, mais jamais cette armée ne sera isolément aux prises avec l'ennemi. Quand il s'agira de faire la guerre, l'armée nationale sera toujours formée de bataillons, d'escadrons et de batteries tirés de partout. Quand une province frontière sera menacée d'une invasion, ce n'est pas son armée régionale qui aura à la défendre, mais bien toute l'armée nationale. Il est bien plus pratique et plus raisonnable de déplacer les soldats-citoyens en masse dans les cas exceptionnels que toujours et quand même.

Tous les hommes armés formeront-ils une seule masse ?

Jusqu'à un certain point. Il y aura deux séries en activité permanente, celle qui fait son apprentissage et celle qui est formée et prête à marcher au premier signal. Il y aura la réserve, divisée en plusieurs séries qui ne seront en activité que de temps en temps. Enfin il y aura l'armée des vétérans ou réserve extraordinaire. Tous les citoyens appartiendront selon l'âge à une série ou à une autre. L'équipement et l'armement seront disponibles pour toutes les séries et également bons et en bon état pour toutes. L'uniforme sera le même, avec les différences nécessaires selon le genre de l'arme et pour distinguer les corps les uns des autres. Cet uniforme sera commode, simple, de couleur foncée, débarrassé des passementeries, dorures, chamarrures, couleurs voyantes, bonnes tout au plus pour des mercenaires ou des soldats de parade. Les tons criards, le clinquant, sont ridicules en temps de paix ; en campagne ils servent à se faire voir de plus loin et à offrir des points de mire aux tireurs ennemis.

Cette uniformité ne sera-t-elle pas monotone ?

Il ne s'agit pas du plaisir d'être soldat, mais de l'accomplissement d'un grand devoir, qui n'a pas besoin d'attraits superficiels.

Les citoyens, jusqu'à présent affranchis du service militaire, ne seront-ils pas mécontents d'y être tenus dorénavant ?

Il est indispensable que la masse des citoyens fasse ce service en personne, autrement ce ne serait plus en elle que résiderait la force. Sans armes, sans organisation, elle serait à la merci du pouvoir au moyen de la force militaire qu'on entretiendra toujours et dont l'armement actuel si destructif rendrait toute résistance vaine. Du reste, quand tous les citoyens seront astreints au service, le fardeau se trouvant réparti sur un bien plus grand nombre, la part de chacun en sera bien plus légère et chacun en sera relevé bien plus vite que par le passé. Il faut donc que tous les citoyens fassent à la patrie ce sacrifice de temps et d'aises.

Alors le service devra être obligatoire pour tout le monde?

Absolument. Nul ne peut en être affranchi, ni sous un prétexte quelconque, ni pour une somme d'argent, ni même au moyen d'une loterie. La société n'a pas le droit de forcer une partie des citoyens à faire le service militaire, pendant qu'une autre partie en serait dispensée, de forcer un certain nombre à faire un service d'autant plus long, que les autres n'en feraient pas du tout. Les citoyens sous les drapeaux sont moins libres, gagnent moins, que les citoyens qui restent chez eux et qui, n'ayant pas été exercés, ne devront jamais être appelés à défendre le pays, puisqu'ils n'y sont pas aptes. Ce seraient ceux qui ont déjà passé par les exigences de l'apprentissage et de l'activité, qui devraient encore se dévouer dans les grands cas, par exemple quand la patrie est en danger. Une situation aussi désavantageuse ne peut être créée par la loi; on ne peut l'offrir qu'à des hommes de bonne volonté et moyennant compensation, c'est-à-dire qu'on retournerait à un système plus ou moins déguisé de mercenaires. Il faut donc que tout le monde soit préparé et mis en état de concourir à la garde et à la défense de la patrie, pour y concourir de sa personne et sur le pied d'une parfaite égalité. Il n'y aura d'exception que pour cause d'infirmité morale, physique ou mentale. La période d'apprentissage et celle de présence jusqu'à l'entrée en ligne de la classe suivante, devront être faites en entier; plus tard il pourra y avoir, en temps de paix bien entendu, des dispenses, des congés temporaires.

Avec un pareil nombre de citoyens-soldats ne faudra-t-il pas un nombre immense d'officiers?

Il y aura un très-grand nombre de soldats à mettre en ligne, mais la majeure partie ne sera pas en activité permanente, ne coûtera rien et se livrera à l'agriculture, au commerce, à l'industrie, en un mot à ses affaires. Cela permettra à l'état d'entretenir le nombre d'officiers voulu. La tactique et la stratégie modernes étant basées sur la science, sur la combinaison et la rapidité des mouvements d'ensemble, sur la maniabilité des grandes masses, il est évident que les officiers sont un des principaux éléments des armées du présent et de l'avenir, où la force, l'adresse et la bravoure individuelles du soldat n'ont plus qu'une importance secondaire. Si l'on n'a pas les officiers qu'il faut, c'est comme si on n'avait rien. C'est par les officiers seuls que tout le reste acquiert une valeur réelle. Tous les citoyens d'un pays se levant en masse pour combattre, ne formeraient qu'une multitude, allant au-devant de désastres certains. Depuis l'antiquité jusqu'à nos jours on a vu assez d'exemples de multitudes anéanties par des armées peu nombreuses, mais compactes et bien commandées ; avec l'armement d'aujourd'hui l'effet serait encore plus rapide et plus terrible. Il ne s'agit ni d'entretenir des armées limitées comme autrefois, ni de former de tous les habitants d'un pays une armée colossale, pendant que personne ne travaillerait, mais d'exercer tout le monde suffisamment pour opérer sous la conduite de bons officiers.

A quel âge les citoyens doivent-ils entrer au service militaire ?

Il ne faut pas de mineurs. Au moment d'entrer dans la caserne, de revêtir l'uniforme, de recevoir l'Arme et en même temps le Livret d'électeur, il faut que le jeune citoyen ait atteint l'âge ordinaire de la majorité légale. L'année de la majorité est donc l'époque où l'on entrera au service, ni plus tôt, ni plus tard. La loi sera formelle à ce sujet et tout le monde étant averti, chacun fera ses arrangements en conséquence.

Les soldats pourront-ils passer officiers ?

Les officiers sont fonctionnaires publics. Leur nomination est subordonnée à un examen d'autant plus sévère que leur responsabilité est plus grande, puisqu'ils doivent instruire et conduire l'armée, force vive de la patrie, garantie positive de sa sécurité. Les citoyens en général, dont chacun a appris un état, feront donc bien de persévérer dans cet état et de ne pas vouloir le changer contre celui d'officier, n'ayant pas fait les études spéciales, longues et compliquées, qui seules pourraient leur faire espérer de l'avancement. Pour des raisons d'économie ils passeront officiers de grade inférieur dans les classes éloignées de l'activité réelle, auxquelles on ne pourra donner que le minimum d'officiers réguliers, juste assez pour tout voir et diriger en bloc.

Le nouveau système ne changera-t-il rien à l'entrée en fonction des futurs officiers?

Tout le monde étant tenu au service militaire, les officiers devront commencer par faire leur temps sur le même pied que les autres jeunes gens. Ils ne pourront plus entrer en fonctions comme officiers en quittant l'école militaire, attendu que cela leur donnerait un avantage trop considérable sur les citoyens en général et notamment sur les autres fonctionnaires publics, avantage incompatible avec l'égalité devant la loi. Les aspirants-officiers seront donc inscrits à la sortie de l'école militaire, qui a lieu à peu près à l'âge de la majorité, pour être nommés à l'expiration de leur temps de service légal. Jusque-là, comme ils ont fait leur apprentissage professionnel, ils seront employés par périodes égales, comme simples soldats de première classe, caporaux, sergents et sergents-majors. Ils y gagneront encore, puisqu'ils se perfectionneront dans leur état, avantage que les autres citoyens n'ont pas. Il en résultera beaucoup de bien pour eux-mêmes en leur faisant connaître la vie militaire sous tous ses aspects et par contre-coup il en résultera beaucoup de bien pour l'armée. Dans la marine les arrangements seront les mêmes.

En quoi les fonctions militaires se distinguent-elles des autres fonctions publiques?

Tandis que les fonctionnaires en général mènent une vie de plus en plus tranquille, conservatrice, au fur et à mesure qu'ils avancent en grade et en âge, les officiers mènent toujours une existence fatigante au dehors, qui les expose à contracter des maladies et des infirmités; de plus, ils sont toujours sous le coup d'aller au feu et de périr en nombre. Une guerre peut éclater subitement, beaucoup d'officiers peuvent être tués ou blessés. Une guerre éclatant après une longue paix, plusieurs officiers généraux et supérieurs déjà âgés peuvent succomber aux fatigues ou ne pas être assez robustes pour les affronter. Pour tous ces motifs, il faut qu'un officier qui se sent du talent pousse de bonne heure ses études le plus loin possible et qu'il se fasse connaître en passant des examens successifs. Les directeurs de l'armée doivent encourager ces officiers, leur fournir des occasions de se perfectionner et se tenir sans cesse au courant de ce qu'il y a de capacités.

Comment fera-t-on dans l'armée de mer ?

Suivant leur habitude, les populations maritimes continueront à naviguer volontiers, même sur les vaisseaux de l'Etat. Marine militaire ou marine marchande, c'est tout un en temps de paix comme séparation du foyer. Il faudra seulement que, passé leur temps de service légal, l'Etat paie les matelots le prix qu'ils gagnent partout. On devra en tout temps les traiter le moins durement possible.

Le transport des troupes dans les colonies lointaines d'outre-mer ne sera-t-il pas onéreux, le temps de service étant si court ?

Les Etats qui ont des colonies à garder n'y enverront que des volontaires engagés spécialement et à long terme, qu'on n'aura pas besoin de rapatrier de si tôt, qui pourront se marier et devenir des colons.

Les hommes pourront-ils réellement être exercés et instruits en peu de temps ?

Incontestablement, surtout depuis la simplification des armes, engins et vaisseaux de guerre. En se pressant un peu plus, en mettant de côté tous les mouvements inutiles, en ne perdant pas le temps à faire des choses étrangères à l'art militaire, on arrivera d'autant plus vite que tous les hommes s'y prêteront de bon cœur, qu'ils auront déjà quelques notions sur le service, qu'on peut leur donner antérieurement, et que leur intelligence sera développée par l'école. La guerre et non la paix est la raison d'être de l'armée. A l'intérieur elle ne doit se mêler de rien, sauf en cas de troubles sérieux. Les soldats ne doivent pas être employés à des services de cour, d'ordre, de police et autres, qui ne les regardent pas et ne sont pas ceux pour lesquels on les a dérangés de leurs foyers.

Les officiers commandant des soldats-citoyens ne devront-ils pas les traiter avec beaucoup de ménagement ?

Ils devront les traiter consciencieusement en vrais soldats, dont on peut avoir besoin pour de bon un jour ou l'autre. Tout devra être réel, sérieux, et ce serait la trahison la plus coupable envers la Patrie si, au lieu d'être de bonnes troupes solides et effectives, elles n'en étaient que la contre-façon.

Les citoyens voudront-ils obéir passivement aux officiers ?

Cette obéissance passive étant la condition absolue, fondamentale, de l'efficacité des armées, les citoyens se garderont bien de s'y refuser. Obéissant par devoir, par Patriotisme, non par sujétion, machinalement, ils accepteront de propos délibéré toutes les rigueurs de la discipline, ils mettront du cœur, de l'amour-propre, de l'émulation, à exécuter promptement et exactement les ordres donnés par les officiers-concitoyens, qui après tout ne sont pas des maîtres, mais des guides, qui ne commandent pas selon leurs caprices, mais d'après des principes, des règles fixes et d'après des circonstances qui ne sont pas de leur fait. L'obéissance passive est sans doute un mal, un très-grand mal, puisqu'elle est la cause de tous les malheurs du genre humain, mais il faut distinguer. Dans le cas du citoyen-soldat, elle est bien plus apparente que réelle. En effet, le citoyen est électeur et concourt, en votant, à la création des organes qui expriment et font exécuter la volonté nationale. Cette volonté souveraine, éclairée, épurée, comprend et résume donc toutes les volontés, celle des soldats-citoyens aussi bien que les autres, et chacun doit l'exécuter en ce qui le concerne comme la sienne propre. Le soldat-citoyen n'est plus une machine comme autrefois, exécutant aveuglément des ordres quelconques, mais tout, les ordres, ceux qui les donnent, ceux qui les transmettent, émanent de la Société dont le soldat est membre. Le soldat sait pourquoi il obéit et doit obéir, parce que c'est un devoir sacré envers la Patrie, de même que l'officier, non moins citoyen, commande également par devoir sacré envers la Patrie, selon tout son savoir, toute sa conscience et tout son patriotisme. On expliquera cela avant tout à ceux qui, encore pendant un temps, pourraient arriver sous les drapeaux sans savoir pourquoi.

Mais si des officiers commandaient quelque chose d'illégal ?

Dans un Etat bien ordonné, c'est inadmissible. Un officier n'oublierait pas qu'en cherchant à abuser de l'obéissance passive des soldats pour violer les Lois, il commettrait un crime abominable, que sans aucun doute il échouerait et que le résultat serait une mort ignominieuse dans le plus bref délai : le cas est si grave sous tous les rapports et pour tout le monde qu'il ne se présentera jamais. Néanmoins s'il paraît évident à un corps de troupe, qu'il s'agit d'une tentative de cette nature, les soldats n'auraient qu'à faire ce qu'ils font pour tout commandement mal fait, c'est-à-dire à rester immobiles. L'officier se verra averti et renoncera encore à temps à des projets funestes. S'il n'y a qu'erreur, malentendu ou fausse interprétation, il sera facile de les éclaircir ; l'officier ramènera les soldats d'où ils sont venus et en référera à qui de droit. D'ailleurs l'officier-commandant est entouré d'autres officiers, qui sauraient intervenir au besoin et faire ce qu'il faut.

Les officiers ne voudront-ils pas, de même que les soldats, servir dans leur contrée, non loin de leur famille ?

La différence est très-grande entre la position de l'officier et du soldat. L'officier est fonctionnaire et doit exercer la fonction où elle lui est assignée.

Le bien et les besoins du service ne permettent pas d'avoir égard à des convenances personnelles. Comme exception les officiers auront la faculté de permuter, après en avoir obtenu l'autorisation de leurs supérieurs.

Les officiers comme les soldats devront-ils bien employer leur temps ?

Rien n'est plus certain. Jusqu'à présent ils en ont perdu beaucoup, mais ce n'était pas de leur faute. Une fois au courant de leur service monotone, ils n'avaient plus qu'à attendre, les uns l'avancement, les autres le congé. Sous l'ancien régime le soldat était si ignorant, si engourdi, que l'officier ne pouvait pas songer à en faire quelque chose, à développer ses facultés ; d'ailleurs ce n'était pas son affaire, on ne lui en fournissait pas les moyens, cela lui était même défendu, au moins indirectement. A l'avenir il n'en sera plus ainsi.

L'école étant obligatoire, les jeunes gens arriveront au service déjà convenablement dégrossis. Les officiers seront chargés, moyennant un supplément de solde légitime, de leur donner, en dehors des connaissances techniques, le complément d'instruction qui manquera au grand nombre, qui n'a même pu être fourni utilement avant l'âge de raison. Tous les dépôts, toutes les casernes, recevront le matériel nécessaire à cet effet. Tous les officiers possèdent à divers degrés des connaissances variées et se partageront la besogne, pour former un cours d'enseignement supérieur aussi complet que possible. Ils se feront même assister par ceux des soldats qui ont fait des études spéciales. Le service étant obligatoire pour tous sans exception, les rangs et les chambrées ne se composeront plus seulement d'ouvriers des villes et des campagnes, de petit monde illettré, mais on y verra toutes les classes de la société, les futurs ministres et ambassadeurs, les futurs artistes, savants, prêtres, notaires, tous les futurs gros bonnets, y compris même les Chefs d'Etat et Représentants du Peuple. Nul n'est trop bon pour être défenseur de la Patrie, chacun, quelles que soient ses visées ultérieures, peut bien mettre une couple d'années à la disposition de la Patrie. Le contact des éléments supérieurs avec la masse, le frottement des idées, exerceront une influence salutaire sur tout le monde, le niveau moral et intellectuel montera sans cesse et au sortir du service tout jeune homme sera un aussi bon soldat qu'un bon citoyen. Les officiers et les soldats auront donc grandement de quoi employer leurs loisirs, ce qui du reste leur est recommandé dès l'antiquité par les plus éminents généraux.

Les officiers pourront-ils se marier?

Sans doute. Ils sont fonctionnaires et ne peuvent être soumis en principe à aucune autre obligation, condition ni prohibition que tous leurs confrères en général. Dès leur entrée en fonction leurs appointements devront être assez élevés, pour qu'ils puissent suffire aux besoins d'un ménage. Les officiers peuvent être changés de garnison, mais les autres fonctionnaires sont sujets aussi à être déplacés. Ce que les officiers ont en plus, c'est la possibilité de la guerre et les risques qu'ils y courent d'être tués, mais dans ce cas leurs veuves et orphelins auront droit à des pensions. Ce serait un singulier calcul de la part de l'Etat, de la Société, de la Patrie, de récompenser les officiers du grave péril auquel ils sont exposés pendant toute leur carrière, en leur imposant le célibat par mesure d'économie. Cette raison anti-sociale et immorale, si elle prévaut encore dans un pays ou dans un autre, doit être abolie au plus vite. Tous les jeunes gens doivent pouvoir se marier, les officiers dès leur entrée en fonctions, les soldats dès leur sortie de l'activité réelle. La crainte d'avoir beaucoup de veuves et d'orphelins sur les bras, à la suite d'une guerre, contribuera à rendre les peuples plus circonspects; cette perspective forcera les gouvernements à chercher avec plus de soin des bases de conciliation et d'entente générales et particulières. Il y en a qui soutiennent que les officiers et soldats mariés se battraient moins bien, parce qu'ils penseraient à leurs femmes et enfants. Une assertion pareille ne supporte pas l'examen. Elle est démentie par l'expérience. Si cette considération pouvait avoir un effet, ce serait plutôt l'effet contraire, c'est-à-dire de les stimuler davantage.

Les soldats doivent-ils invariablement saluer les officiers?

Cette formalité est aussi absurde, qu'elle est désagréable pour les uns et les autres. Le soldat-citoyen n'a aucune raison au monde de saluer d'autres citoyens, officiers ou non, uniquement parce qu'ils portent tels ou tels habits ou insignes. L'officier ne peut éprouver aucune satisfaction à être salué à tout moment et à rendre un salut ennuyeux; pourtant s'il ne le rend pas ou s'il le rend de mauvaise grâce, nonchalamment, cela a quelque chose de choquant. Quand ni officiers ni soldats ne sont sous les armes, qu'ils n'ont rien à se dire, que rien n'attire réciproquement leur attention, mais que l'un ou l'autre ou tous les deux sont dans la plus complète non-activité, il convient de les laisser tranquilles. Que le soldat ne soit donc obligé de saluer qui que ce soit et qu'on s'en rapporte à lui pour saluer les officiers avec lesquels il est ou a été en rapport et qu'il connaît; ceux-ci, n'étant pas continuellement agacés, rendront les saluts de la manière la plus affable. La subordination, la discipline, n'ont rien à faire là-dedans; elles ont leur base et trouvent leur expression dans toute autre chose que dans une coutume gênante d'un autre temps et d'un autre système, quand on ne voulait pas donner au soldat des explications franches sur sa situation, ni sur celle de l'officier, mais en faire une machine, le rompre et le dresser à la sujétion brute.

N'y a-t-il pas de sérieux inconvénients à laisser des armes entre les mains de tout le monde?

Il n'est pas nécessaire que chaque citoyen ait des armes, des munitions, et tout ce qu'il faut chez lui; cela n'est même pas faisable, excepté dans l'arme de l'infanterie. Il suffit pour les citoyens sortis de l'activité permanente, que les armes accessoires existent, soit dans les Mairies, soit dans les Arsenaux à leur portée. C'est là que les citoyens iront s'en munir à chaque prise d'armes et qu'ils les rapporteront en corps.

Tout le monde sachant manier les armes, les duels ne seront-ils pas fréquents?

Il est admis aujourd'hui que ce moyen de prouver quelque chose est aussi barbare qu'inefficace, qu'un citoyen n'a pas le droit d'y recourir et qu'il n'a le droit de tuer ou de se faire tuer qu'en cas de légitime défense ou pour cause de salut public. Toutes contestations seront jugées par un Jury d'honneur ou par un Tribunal.

La guerre est-elle un duel entre deux nations?

Quelque peu rationnel, quelque peu concluant, quelque bizarre que soit le duel, ce serait déjà un grand progrès, si les règles en étaient adoptées comme lois de la guerre. Malheureusement il n'en est rien. Guerre veut dire jusqu'à présent tuerie, destruction, abrutissement, famine, pillage, misère.

En est-il de même sur mer comme sur terre?

C'est pareil. Les vaisseaux de guerre se livrent des combats meurtriers, bloquent, bombardent, font le plus de mal possible. Le brigandage se pratique encore plus ouvertement sur mer que sur terre. La marine militaire guette et recherche la propriété privée, navires et chargements, d'ennemis non armés, sur laquelle elle fait main basse. La prise est vendue et officiers et matelots s'en partagent le produit au grand jour, avec la permission des autorités, même avec leur haute approbation. Si l'équipage sans défense d'un navire marchand essayait par impossible de résister, il serait massacré, coulé, brûlé.

N'a-t-on pas cherché à diminuer les horreurs de la guerre?

Si, mais il y en a qui naissent avec elle et en font partie intégrante. Les soldats, en général encore peu civilisés, retournent promptement à la barbarie, à la sauvagerie. Arrachés au calme de la vie ordinaire, obligés tour à tour à l'oisiveté la plus monotone et à des fatigues excessives, tantôt endurant des privations, tantôt se gorgeant dans les excès, souvent lancés dans la tuerie et la destruction, irrités par la mort de leurs camarades, échauffés, ahuris par leurs propres cris, mouvements et efforts violents, surexcités par les détonations des armes et engins de guerre modernes et par l'odeur de la poudre, la férocité et la brutalité s'emparent d'eux et ne les quittent plus tant que ces choses se reproduisent, c'est-à-dire pendant toute la durée de la guerre.

Les pays qui sont le théâtre de la guerre, ne souffrent-ils pas cruellement?

Sans doute, mais beaucoup moins qu'autrefois. Les armées d'aujourd'hui, tout en étant plus nombreuses, ne ruinent plus aussi complétement un pays envahi. Les guerres sont plus courtes et ne durent plus des trente et des cinquante ans et au-delà. Les états sont vastes et l'ennemi ne les envahit pas en entier. Les parties de l'Etat, où l'ennemi n'a pas pénétré, dédommagent autant que possible celles qui ont souffert de sa présence. Les armées amènent avec elles, au moins en partie, des vivres, du matériel de campement et une foule d'autres choses, que les pays occupés étaient obligés de fournir autrefois jusqu'à épuisement. Les armées tout en renfermant encore une certaine proportion de mauvais éléments, valent beaucoup mieux que celles d'il y a seulement un siècle, qui étaient composées de vauriens racolés à droite et à gauche, commandées par des officiers de qualité bien inférieure aux officiers actuels. Les endroits qui souffrent le plus sont ceux où il y a lutte effective, ce qui n'est jamais bien long, les contrées celles infectées de bandes de partisans. Ces bandes, pleines de patriotisme sans doute, renferment de mauvais éléments tout comme les armées régulières, mais elles ne sont retenues par aucune discipline et ne ménagent rien, surtout quand elles n'appartiennent pas à la contrée où elles opèrent. Incapables d'exercer une influence quelconque sur l'issue de la guerre, elles ne rendent service qu'à l'ennemi, en lui apprenant à bien se garder, à s'éviter des surprises majeures, en lui fournissant un prétexte pour mettre les villes et les villages à contribution, pour se livrer à toutes les violences. Le même résultat funeste est atteint, quand les habitants tuent en secret des soldats ennemis logés chez eux. Ils devraient pourtant réfléchir, qu'une armée régulière est minutieusement contrôlée, que des chefs de tout rang, connaissant tous leurs hommes, ont à demander compte de chacun qui manquerait à l'appel. On ne réussira donc pas ainsi à diminuer sensiblement l'effectif d'une armée ennemie, qui de son côté n'hésitera pas à employer sans délai les moyens de répression les plus terribles. C'est l'affaire non de particuliers, mais de l'armée nationale de vaincre l'ennemi. Pour y arriver plus sûrement, elle doit absorber tous les hommes valides exercés et organisés de longue main, qui marcheront s'ils sont appelés et agiront d'après un plan d'ensemble. Le principe du service obligatoire universel mettra heureusement fin à tous les désordres; il fournira à tous les hommes le moyen de concourir efficacement et régulièrement à la défense de la Patrie.

Ne pourrait-on pas diminuer encore les horreurs de la guerre?

Il y a divers adoucissements dont on pourrait convenir d'autant mieux, qu'ils n'empêcheraient pas de s'entre-tuer encore sur une vaste échelle et de la manière la plus savante. Par exemple en faisant défense :

De molester les habitants, si dans un but patriotique ils détruisent quoi que ce soit appartenant à eux-mêmes ou à leur pays, s'ils portent des avis ou autres choses utiles aux défenseurs nationaux;

De toucher à la propriété privée, de prendre des vivres, fourrages, animaux, de lever des contributions en argent, de loger des soldats, des malades, des blessés chez les habitants; avec obligation d'amener des vivres, fourrages, ambulances, matériel de transport et de campement, ainsi que des fonds pour acheter ce qui viendrait à manquer tout à coup;

De se battre ailleurs qu'en rase campagne, de stationner dans les villes et villages, de s'en servir comme positions, observatoires, abris, de tirer sur les villes et villages, et, en ce qui concerne les forteresses, sur aucun point autre que les ouvrages ;

De se battre dans tout autre moment qu'après la rentrée des récoltes.

Comment pourrait-on exercer un contrôle sérieux sur l'observation de toutes ces règles?

Ce serait déjà un grand pas de fait, si elles étaient admises en théorie, sans aucune sanction réelle. On s'en rapporterait à la presse et à l'opinion publique pour les faire reconnaître peu à peu comme lois internationales, qu'il ne serait plus permis de violer.

Est-ce que la guerre n'est pas un mal nécessaire?

On serait tenté de le croire en voyant que, dans la nature, elle est en permanence. Les habitants des airs comme ceux de l'eau et de la terre ne cessent de s'entre-tuer nuit et jour. L'homme à l'état sauvage devait souvent recourir à ce moyen d'agir sur son semblable. Comme les hommes ont cultivé la raison, ils ne s'égorgent plus à tout propos, mais soumettent leurs contestations à des Juges, qui tranchent la question sans effusion de sang. Les Etats pourraient faire de même, convenir que toutes les contestations seront soumises à un congrès, dont les décisions seraient au besoin imposées par la force réunie de tous les membres.

Les Etats ne renonceraient-ils pas ainsi à une partie de la puissance souveraine?

En aucune façon, la puissance souveraine n'impliquant nullement celle de faire le mal, mais seulement le droit de faire ce qui est juste et raisonnable. Convenir avec ses pareils d'agir sagement pour le plus grand bien de tous, s'interdire d'un commun accord quelque chose d'absurde, de funeste, tout cela n'est certes pas abdiquer un droit souverain, au contraire, c'est le constater et l'affirmer. Les Etats font bien d'autres traités par lesquels ils s'obligent, s'engagent à faire telle chose et à ne pas faire telle autre. Il n'est pourtant venu à l'idée de personne de croire leur souveraineté amoindrie ou compromise.

Les guerres ne s'imposent-elles pas quelquefois aux peuples?

Rarement. Presque toujours elles pourraient être évitées, même sans congrès, si les peuples étaient plus éclairés. plus maîtres d'eux-mêmes, si les gouvernants comprenaient mieux l'énormité du crime, de combler méchamment les peuples de maux affreux, en faisant la guerre sans nécessité absolue. Alors, au lieu de s'entretuer d'abord et de s'arranger après, on commencerait par le commencement.

S'il n'y a plus de guerre, ni civile, ni étrangère, on n'aura plus besoin d'armées du tout?

Les peuples voudront toujours posséder une garantie matérielle de tranquillité intérieure et de sécurité vis-à-vis de l'extérieur. Quant à l'intérieur, il y aura encore pendant quelque temps, dans le grand nombre d'hommes qui composent une nation, des ignorants, des mécontents, des ambitieux, des gens qui voudront atteindre fortune et pouvoir par surprise et par violence. Quant à l'extérieur, il pourra s'élever encore longtemps des difficultés, des contestations. Il s'agit de se prémunir contre ces deux dangers et le seul moyen d'y arriver, sans mettre le peuple tout entier en mouvement, sans déranger tout le monde, sans ébranler le crédit et la confiance, sans arrêter toutes les transactions, c'est d'avoir une armée régulière, autrement dit des citoyens tout préparés, organisés et prêts à agir. Même quand le progrès des lumières, le bien-être général, auront fait cesser toute crainte de trouble à l'intérieur, quand plusieurs pays civilisés se seront entendus pour écarter toute chance de guerre entre eux, on ne pourra encore pas renoncer à une organisation militaire sérieuse. Il n'y a pas sur la terre que des peuples éclairés, pacifiques, il y a encore bien plus de peuples barbares, composés d'hommes rudes, sanguinaires, féroces, commandés par des chefs de la même trempe, dépourvus d'institutions et d'organisation sauf pour le combat. Si les peuples civilisés n'avaient plus d'armées, s'ils négligeaient l'art de la guerre, s'ils s'amollissaient dans le bien-être, ils seraient sûrement envahis et subjugués par les barbares. Comme il faut beaucoup de temps pour former les éléments essentiels d'une armée et qu'on pourrait être pris à l'improviste, il convient de toujours entretenir la meilleure organisation militaire possible, qui aura encore ceci de bon, qu'elle développera la force et la souplesse des hommes par l'exercice et les manœuvres, chose extrêmement importante sous une foule de rapports.

Comment l'art du combat s'est-il développé ?

Tout d'abord les hommes n'ont pu se faire un peu de mal qu'à coups de poings, à coups de pieds et à coups de dents. Cette première manière étant peu efficace et ressemblant trop à celle des animaux, les hommes n'ont pu rester dans une situation pareille et se sont mis à fabriquer quelques armes, bien grossières pour commencer, mais qui marquaient déjà leur supériorité. Ils ont fait un autre progrès en inventant les armes de jet, idée simple, mais originale ; c'est d'elle que date le règne des hommes sur les animaux, de même que parmi les hommes elle rendait les chances un peu plus égales entre le faible et le fort. Toujours en perfectionnant l'on arrivait aux engins, aux machines, ainsi qu'aux armes défensives et aux fortifications. Après bien des tâtonnements et des essais, à force d'études et d'intelligence et en tirant parti de toutes les inventions et découvertes possibles, on a obtenu des résultats superbes, inespérés. Les armes ne laissent presque plus rien à désirer, les moyens d'attaque et de défense sont également puissants et variés. Cependant les fortes têtes sont toujours à l'œuvre, toujours à la recherche de quelque chose d'autre et l'on peut s'attendre encore à plus d'une surprise, non tous les jours, bien entendu, chaque système ayant besoin d'être étudié, pratiqué, approfondi par les différents peuples civilisés. Il faut un certain temps pour cela et ce n'est qu'ensuite qu'on peut passer à quelque chose de nouveau, qui aura été proposé dans l'intervalle. D'autre part il ne suffisait pas d'avoir des engins admirables, il fallait trouver la manière de s'en servir avec fruit, de travailler selon une bonne méthode et en grand. On a donc également perfectionné l'organisation des armées, dont chacune, grande ou petite, n'est plus qu'un seul monstre ayant un cerveau unique, le général en chef,

Grâce à ce système, un bon homme de guerre fait mouvoir les armées les plus nombreuses et tout leur attirail énorme avec aisance et facilité, avec un ordre parfait, avec beaucoup de rapidité, d'après un plan à lui seul connu. Il ne faudrait pas en conclure que les généraux modernes ont plus de génie que ceux de l'antiquité; la différence n'est que dans la forme, au fond il n'y en a pas. Il convient d'ajouter qu'à toutes les époques il y a eu des généraux qui ont eu de la chance, le moral ou le matériel de leurs armées se trouvant juste au bon moment supérieurs à ceux des armées ennemies. Ces généraux profitaient de circonstances qu'ils n'avaient pas créées. Les succès leur comptaient comme s'ils avaient été dus entièrement à leurs capacités extraordinaires, tandis qu'ils n'ont fait preuve que d'une clairvoyance, d'une justesse d'appréciation qu'on était en droit d'attendre d'eux, qui n'ont rien d'étonnant pour les connaisseurs et que chacun doit avoir dans sa spécialité.

Est-ce que dans l'antiquité l'on ne se battait pas avec plus d'acharnement que de nos jours?

Dans les batailles, c'était à peu près la même chose comme de notre temps. On mettait par exemple une grande opiniâtreté à défendre les villes fortes et cela pour des raisons majeures. Souvent la ville formait tout l'Etat, et avec elle tout succombait; de plus les habitants étaient presque toujours massacrés ou réduits à l'esclavage, triste sort qui attendait hommes, femmes et enfants. Tout cela est changé. Les Etats sont grands, ils ne périssent jamais par la perte d'une ville ou d'une bataille, le mal se borne à des dommages supportables, réparables. On n'a donc aucun motif sérieux de pousser la résistance jusqu'à la dernière extrémité, à moins qu'on n'espère lasser l'ennemi ou qu'on n'attende des secours certains. Ni dans les siéges, ni dans les batailles, ni dans d'autres opérations de guerre, il ne s'agit plus de commettre des actes de fureur, de désespoir, quoi qu'en disent les conquérants, les tyrans qui poussent les hommes à la mort à propos de rien, pour obtenir des résultats dont personne ne se soucie, des résultats inutiles ou funestes aux peuples, pour accomplir soit des desseins qui se seraient accomplis tout seuls avec le temps, soit des projets insensés, contraires à la raison, qui ne peuvent réussir, ou qui même réalisés, retombent encore bien plus vite dans le néant. Les citoyens se battront toujours bravement pour leur pays, sans faire attention aux Buveurs de sang qui cherchent à les surexciter, à exalter leurs sentiments généreux, nobles, mais qui intérieurement font moins de cas des hommes que des chevaux. Il est incontestable que l'existence des soldats-citoyens d'aujourd'hui est plus précieuse que celle des hommes façonnés par l'ancien régime ; les généraux devront donc s'appliquer plus que jamais à vaincre par de bonnes combinaisons et compter beaucoup moins sur l'héroïsme outré, qui implique les sacrifices humains sur la plus vaste échelle.

Comment se traitent à notre époque les prisonniers de guerre ?

Il y a bien encore quelques peuples qui les mangent, quelques autres qui les vendent comme esclaves, mais c'est l'exception. En général ils sont simplement détenus jusqu'au moment d'être échangés ou rendus. Pour ne pas avoir à les nourrir, on les rendrait même tout de suite, s'il ne fallait les empêcher de reprendre les armes, ce qui obligerait à les combattre de nouveau.

Les ruses de guerre sont-elles permises ?

Elles font partie intégrante de l'art militaire et ont été employées partout et en tout temps. Il en est déjà question dans les plus anciens récits de campagnes, batailles et siéges, qui sont arrivés jusqu'à nous. Cependant il y a dans le métier des armes, comme dans tous les métiers, des ruses que la loyauté réprouve et qu'il faut laisser de côté.

Peut-on se servir d'espions ?

On y est presque forcé. Un Chef d'armée, quand même il s'exposerait aux plus grands dangers, ne peut pas tout voir ; les éclaireurs, malgré la plus grande hardiesse et la meilleure volonté, ne peuvent pas découvrir ce qu'on a le plus grand intérêt à savoir. Plus d'un général des plus renommés a dû une forte partie de ses succès aux espions, fournissant des renseignements, souvent incomplets, mais qui, ajoutés à d'autres, donnaient la certitude sur plusieurs points importants, ce qui permettait de deviner le reste et de former ses combinaisons en connaissance de cause. Les espions sont donc très-utiles et un général bien avisé les paie largement. Par contre l'adversaire a le plus grand intérêt à cacher son jeu et quoiqu'il ait lui-même recours à l'espionnage, il cherche par tous les moyens à s'en préserver. Une mort ignominieuse attendait autrefois l'espion qui se laissait attraper : aussitôt pris, aussitôt pendu. On a fini par convenir de part et d'autre que l'espionnage est un moyen naturel, usité, que ceux qui l'exercent pour leur pays et ne sont pas des traîtres ne font rien d'ignoble et qu'ils doivent être frappés comme des ennemis ordinaires.

Le Code militaire est-il bon ?

Revu et corrigé, il pourrait encore aller en temps de guerre, mais il faut en faire un pour le temps de paix. Autrefois, quand le soldat était ignorant, brut, on ne pouvait pas faire cette distinction, il fallait le dresser tout d'une pièce. Aujourd'hui le soldat est un tout autre homme, il comprend, il sait et de plus il s'améliore continuellement. Dans la société moderne, avec l'école et le service obligatoires et le suffrage universel, les rigueurs surannées ne conviennent plus et en temps ordinaire le soldat-citoyen ne doit même pas en être menacé. Il est donc urgent d'avoir un code et une procédure pour l'état de paix et un code et une procédure pour l'état de guerre.

LA JUSTICE

Quels sont les Fonctionnaires Judiciaires ?

Les Juges et le Ministère Public.

En quoi consiste leur travail ?

Ils veillent sur l'observation des lois, punissent les méfaits et prononcent dans les contestations.

Sur quoi les jugements sont-ils basés ?

Sur les lois, c'est-à-dire sur des principes qu'on a découverts, recueillis, coordonnés, rendus obligatoires pour tous les habitants d'un pays et que chacun est censé connaître. Quand elles sont faites sans aucune arrière-pensée et avec les lumières et la maturité voulues, elles sont la plus haute expression de l'équité et de la raison.

Les citoyens ne pourraient-ils pas en faire l'application eux-mêmes ?

Plusieurs circonstances les en empêchent quant à présent. Tout d'abord le grand nombre n'y comprend rien. Les lois, quoique faites avec beaucoup de soin, après les réflexions les plus longues et les plus mûres, chaque mot étant pesé, considéré, tourné et retourné cent fois, ne sont pas suffisamment claires pour tout le monde, elles visent forcément à l'abstrait et il faut les étudier, les méditer, pour les appliquer, les interpréter sainement. — Les conventions et les faits sur lesquels il y a désaccord présentent souvent des obscurités et des difficultés de vérification et d'appréciation et ne s'adaptent exactement à aucun article de la loi, mais vaguement à l'un ou à l'autre. — Chacun des plaideurs prétend avec passion, avec conviction, être dans son droit et veut montrer tout dans le jour et de la manière qui lui soient les plus favorables. Chacun veut avoir raison et celui qui perd son procès s'en prend à tout, au manque de discernement du Tribunal, à l'absence de talent ou d'organe chez l'avocat, à la défectuosité de la loi, qui n'est même, selon lui, que rubrique et chicane, mais jamais il ne croira que sa cause est mauvaise — Les lois sont confectionnées par des hommes spéciaux, en vue d'être appliquées par des hommes spéciaux; à côté des lois il y a la jurisprudence ou manière de s'en servir, plus ou moins constante; il y a les innombrables commentaires, qui font autorité, les uns pour, les autres contre. Tant qu'on n'aura pas simplifié tout cela, tant qu'on n'enseignera pas aux citoyens les principes du droit, tant que les citoyens ne seront pas plus raisonnables, il faudra des tribunaux avec tout ce qui s'ensuit. Heureusement il y en a dans tous les pays civilisés et les lumières, l'impartialité, l'intégrité des Juges rendent partout les plus grands services.

Il y a pourtant bien des plaintes sur la Justice?

Dans beaucoup de pays elle serait bonne, si tout le monde était millionnaire, mais, dans l'état de choses actuel, elle est beaucoup trop lente et coûte beaucoup trop cher.

D'où cela provient-il?

De ce que l'Etat n'organise pas assez de Tribunaux pour que chaque action puisse être jugée aussitôt qu'elle est introduite; de ce que l'Etat exige des droits très-élevés à chaque pas, sur chaque acte de procédure, et qu'il impose ainsi un tribut énorme à ceux qui ont recours aux Tribunaux.

N'y a-t-il pas encore d'autres circonstances, qui augmentent la durée et le coût des procès?

1° Les délais sont beaucoup trop longs; ils ont été fixés à des époques où les communications étaient irrégulières, peu rapides et peu sûres. On ne diminue pas ces délais, parce que les Tribunaux sont, pour la plupart, surchargés de besogne et que les affaires n'avanceraient pas davantage si les délais étaient plus courts.

2° On a l'habitude de se préparer à ce métier par l'étude de langues mortes, de lois et d'institutions mortes, de toutes sortes de choses mortes. Que ces études soient très-intéressantes, personne ne le conteste, personne ne blâme ceux qui s'y adonnent, mais enfin elles n'ont aucune utilité directe et réelle. N'ayant aucun rapport avec la civilisation actuelle, étant depuis longtemps hors d'usage, ne servant jamais, ces choses-là s'oublient en peu de temps, après qu'on en a mis beaucoup à les apprendre. Qu'on les continue en amateur, rien de mieux, mais qu'il n'y ait pas de confusion : si elles ont coûté cher à apprendre, elles n'avancent le public à rien et il ne doit pas en faire les frais.

3° Il y a les intermédiaires, dits officiers ministériels, de différents genres, qui jouent tour à tour un rôle, naturellement aux frais des parties.

Pourquoi conserve-t-on ces éléments inutiles ?

C'est l'héritage du passé. Tout le monde est d'accord qu'il faut réformer, mais on remet toujours à plus tard. Quant aux intermédiaires, ils rendent des services, tout d'abord en éclairant les plaideurs sur leur position réciproque au point de vue de la loi, en leur faisant apercevoir les moyens qu'ils ont, ou qu'ils n'ont pas, de gagner leur procès. Ce travail préparatoire est d'une grande utilité pour la justice, à laquelle une affaire est présentée sous son vrai jour, avec le pour et le contre au grand complet, débarrassée de tout ce qui est vague, étranger et sans portée. Encore faut-il des intermédiaires officiels, les Tribunaux ne pouvant eux-mêmes ni signifier, ni exécuter les jugements, ni confier ce soin aux plaideurs. Il ne s'agit donc pas d'abolir les intermédiaires, mais seulement de simplifier, de s'en tenir au strict nécessaire.

Est-ce que ces intermédiaires relèvent de l'Etat ?

Comme leur ministère est imposé au public, qu'il est indispensable à la marche de la justice, l'Etat ne saurait être étranger à leur nomination, ni fermer les yeux sur leurs agissements. Pour devenir officier ministériel, il faut avoir fait des études et remplir des conditions déterminées. Après cela il faut acheter une charge d'un titulaire qui veut bien la vendre et se faire agréer par l'Etat. Plus la ville est grande, plus ces charges se transmettent à des prix élevés. Un officier ministériel peut espérer revendre sa charge au même prix qu'il l'a achetée, mais pendant les années de son exercice, il faut qu'il compte les intérêts. Ce n'est évidemment que sur le public qu'il peut se rattraper, quoique ni le public, ni la justice, ni l'officier ministériel, ne profitent de cette combinaison.

Qu'est-ce qui plaide en faveur des complications actuelles?

On craint qu'en mettant la justice à la portée de tout le monde, l'amour des procès ne deviennent par trop général. On craint que la justice, en allant vite, ne se trompe souvent. On trouve qu'un grand nombre de plaideurs sont des gens peu intéressants, qui ont plus ou moins tort des deux côtés, qui, par négligence ou par cupidité, ont fait des conventions obscures, équivoques, ou qui mettent de la mauvaise volonté à exécuter des conventions claires, justes, indiscutables. On trouve que la lenteur est une protection accordée au débiteur malheureux, auquel on donne ainsi le temps de se retourner, l'énormité des frais l'empêchant toutefois de recourir trop légèrement à ce moyen de gagner du temps.

Y a-t-il quelque chose de sérieux dans toutes ces considérations ?

Absolument rien. Il est bon qu'un citoyen qui se croit lésé puisse en avoir le cœur net, qu'il puisse exercer ses droits avec facilité, promptitude, et sans débourser une somme hors de toute proportion. Il est défendu de se faire justice soi-même et chacun a consenti à recourir aux fonctionnaires judiciaires, mais encore faut-il que la chose soit faisable et que les frais, le dérangement et la longueur du temps ne rendent pas le remède pire que le mal. — Quant aux erreurs pouvant résulter d'une marche plus rapide, il ne s'agit pas de bâcler les affaires, mais de les examiner sans retard, aussitôt qu'elles sont présentées, avec tous les soins, toute la maturité et tout le loisir nécessaires. — Quant aux plaideurs, la loi devra prescrire au Tribunal de statuer dans chaque affaire, si l'une des parties — ou toutes les deux — doit être condamnée à l'amende envers l'Etat, pour avoir dérangé le Tribunal mal à propos et si l'une des parties doit être condamnée envers l'autre à des dommages-intérêts pour lui avoir causé les ennuis et les pertes de temps d'un procès. Puisque chacun est censé connaître la loi, celui qui nécessite l'intervention du Tribunal, selon toute apparence agit mal et mérite une punition. — Quant à la protection accordée au débiteur moyennant des frais énormes, qui retombent fréquemment sur le créancier, il vaut mieux donner au Tribunal le pouvoir discrétionnaire d'accorder tels terme et délai que les éléments de la cause et les circonstances lui sembleront justifier.

Qu'est-ce que c'est que le Ministère Public ?

Ce sont des Magistrats plus spécialement chargés de veiller sur l'observation des lois, de préciser, de concert avec les Juges d'instruction, la nature des crimes et délits, de les soumettre au jugement des Tribunaux et de tenir la main à ce que les condamnations soient exécutées. Dans quelques pays le Ministère Public donne son avis, même dans les causes civiles, ce qui est superflu, attendu que dans celles-ci il y a toujours un demandeur et un défendeur et que les lumières du Tribunal suffisent grandement.

Qu'est-ce que c'est que l'avocat ?

C'est l'homme sur lequel tout plaideur compte vraiment pour gagner son procès, tout accusé pour obtenir un acquittement ou une condamnation moins rigoureuse. L'avocat diffère de l'officier ministériel, qui se borne à exposer les faits brièvement et à conclure tranquillement. L'avocat insiste, il y met du feu, il cherche tous les arguments, il emploie toute son éloquence pour faire partager au Tribunal et aux Jurés l'opinion, la conviction de son client. S'il n'y réussit pas, ce n'est pas de sa faute : comme il y a toujours deux parties, l'une des deux succombe nécessairement plus ou moins. L'avocat, utile, indispensable au plaideur, l'est encore davantage à l'accusé, pour tenir tête au Ministère Public, dont la supériorité est écrasante et qui s'élève à des hauteurs où l'accusé ne pourrait le suivre. Aussi, quand il s'agit de crime, la Justice pourvoit d'un Avocat tout accusé qui n'en a pas. En principe, l'Avocat se doit à tout citoyen qui se prétend lésé, à tout criminel qui se dit innocent ; quand on le charge d'une affaire, il y a fait accompli, que le cas soit mauvais ou bon, l'Avocat ne peut que l'accepter tel quel. On ne lui demande pas d'avis sur le passé, mais aide et soulagement dans le présent et l'avenir. Le véritable Avocat, d'une intégrité et d'une indépendance absolues, proverbiales, est considéré partout et sa position est une des premières dans la société.

Qu'est-ce que c'est que le Jury ?

Le Jury est l'extrait, la quintessence de l'opinion publique, recueilli, calme, éclairé par les dépositions des témoins, par les débats, voyant les accusés en face, pouvant demander tous les éclaircissements possibles, délibérer ensuite aussi longtemps que bon lui semble. Les Jurés, pris au hasard dans les milieux les plus différents, constituent une bonne moyenne d'intelligence et de conscience. Plus libres que les Juges, qui sont obligés de motiver, les Jurés n'ont qu'à dire purement et simplement quelle est leur conviction. Ne jugeant pas d'un bout de l'année à l'autre, ils n'ont pris aucun pli ; quand une conviction s'impose à eux, c'est qu'elle devait s'imposer à tout homme de bon sens ; aussi les jugements des Jurés sont-ils généralement ratifiés par les légistes, comme par le public.

En somme, la Justice n'est-elle pas bien mieux organisée qu'autrefois ?

Sans doute. Les épreuves et les jugements de Dieu, la torture et les supplices barbares abolis, l'état horrible des prisons changé du tout au tout, la détention préventive réduite au strict nécessaire, l'emprisonnement pour dettes relégué à l'arrière-plan, la procédure écrite et murée remplacée par la procédure orale et publique, les crimes imaginaires rayés du livre de la loi, l'égalité du traitement et des peines pour tous les accusés et tous les condamnés établie, la justice rendue partout dans la langue du pays, les lois faites avec plus de bon sens et d'équité, arrangées et rédigées avec plus de méthode et de clarté, la corruption des Juges, la vénalité et l'hérédité des fonctions judiciaires disparues, la liberté pleine et entière et la certitude de la défense garanties à chaque accusé, tout cela constitue un progrès réel et notable sur le bon vieux temps.

N'a-t-on pas introduit encore d'autres améliorations?

Dans quelques pays on a institué l'Assistance judiciaire ; le pauvre n'a rien à payer, quoique les complications et la lenteur soient les mêmes. — Il y a les Prud'hommes qui connaissent des contestations entre patrons et ouvriers et rendent d'éminents services. Il y a aussi les Juges de Paix, qui expédient les petits procès assez vivement et avec des frais supportables. Malheureusement leur nombre et leur compétence sont beaucoup trop restreints.

Et les Tribunaux de Commerce?

Il n'y en a que dans bien peu de pays. Là où ils existent, ils ont toujours été bien vus à cause de leur origine politique.

En effet la magistrature bourgeoise, s'établissant à côté de la haute, moyenne et basse justice du Prince et des Seigneurs temporels et spirituels, c'était un bon pas de fait dans la voie de l'émancipation. En joignant à cela le zèle et le dévouement des Juges, la gratuité absolue des fonctions, l'immensité des services rendus pendant plusieurs siècles, on comprend que les Tribunaux de Commerce doivent être très-populaires.

Comment se fait-il alors que cette institution n'est pas adoptée partout?

Elle présente aussi de graves inconvénients. Il est extrêmement nuisible aux intérêts généraux d'un pays, que les sommités du commerce et de l'industrie soient sans cesse arrachées à leurs occupations de haute importance, pour faire un travail que des fonctionnaires, n'ayant pas d'autre souci, ni responsabilité, pourraient faire tout aussi bien. Un pays n'est pas seul au monde. Il est exposé au dedans et au dehors à la concurrence des autres pays; ceux où il n'y a pas de Tribunaux de Commerce, où les Chefs d'établissements ne sont pas distraits de leurs affaires, de leurs combinaisons, souvent délicates, ardues, compliquées, de longue haleine, ces pays ont par là un très-grand avantage sur les autres. Les pays les plus commerçants du globe n'ont pas de Tribunaux de Commerce et n'en ont jamais voulu, quoiqu'ils les connaissent fort bien. Aussi longtemps que c'était une question politique, qu'on y voyait un progrès, une affirmation de droits, il est naturel qu'on y ait tenu, mais comme tout cela est changé aujourd'hui, que la société est organisée sur des bases meilleures, que les exceptions, les priviléges, etc., sont remplacés avantageusement par la liberté et l'égalité, toutes les petites garanties partielles doivent se fondre dans la garantie des institutions fondamentales, basées sur le suffrage universel. On ferait donc bien de renoncer partout aux Tribunaux de Commerce et de laisser toute la Justice aux mains des fonctionnaires judiciaires, assistés d'un Jury dans les cas graves déterminés par la loi.

Les Tribunaux de Commerce ont-ils beaucoup à faire?

Dans toutes les grandes villes ils sont encombrés de causes. Les Juges sont pourtant infatigables. En dehors des audiences qu'ils tiennent d'un bout de l'année à l'autre sans se permettre les moindres vacances, ils instruisent continuellement des affaires, reçoivent chez eux autant de fois qu'il le faut les parties et leurs conseillers pour examiner et discuter leurs prétentions, leurs titres ou preuves, les concilier ou faire un rapport circonstancié au Tribunal. Ils dirigent toutes les opérations en matière de faillite, président à toutes les assemblées, entendent les discussions, tranchent les difficultés, donnent d'innombrables signatures. Malgré toute leur activité, malgré le concours d'excellents auxiliaires, les greffiers, les arbitres, les syndics, ils suffisent à peine à la tâche.

Qu'est-ce que c'est que la faillite?

Quand un commerçant ne peut pas payer ce qu'il doit, qu'il est poursuivi par ses créanciers et que la vente de ce qu'il possède va avoir lieu au profit du plus diligent, la loi ordonne qu'il fasse connaître cette situation au tribunal de commerce, qui alors le déclare immédiatement en faillite. Un commerçant peut aussi être déclaré en faillite malgré lui, soit à la demande d'un ou de plusieurs créanciers, soit à la requête du ministère public, soit d'office. C'est donc une erreur populaire de considérer la faillite comme un méfait et le failli comme indigne d'estime, puisqu'il ne dépend pas d'un commerçant de tomber ou de ne pas tomber en faillite. Pour se prononcer à cet égard il convient d'attendre que le tribunal ait statué. Les Législateurs, ayant observé qu'un commerçant peut devenir insolvable par diverses circonstances absolument indépendantes de sa volonté, ont jugé utile de poser des règles pour cet état de choses, en créant la procédure de la faillite. Premièrement, pour offrir aux débiteurs honnêtes une planche de salut, et pour sauvegarder les intérêts des créanciers. En effet, si la faillite n'existait pas, le débiteur serait dépouillé de tout et resterait en général encore endetté, sans espoir de jamais se libérer après la perte de ses moyens. Si les débiteurs n'avaient que cette triste perspective, il y en aurait beaucoup qui, poussés au désespoir, réaliseraient sous main ce qui leur reste et se sauveraient à l'étranger. A partir de ce moment, le débiteur serait un criminel et les créanciers auraient perdu toute chance d'être payés. Deuxièmement, pour empêcher qu'un seul créancier ne s'empare de tout et que les autres ne trouvent plus rien. Troisièmement, pour que justice soit faite, quand même tous les créanciers, pour des motifs ou d'autres, s'abstiendraient de poursuivre. La faillite remédie, dans la limite du possible, à tous les maux, en arrêtant les poursuites, en provoquant l'examen de la conduite du failli et de sa situation comme actif et comme passif, en réunissant débiteurs et créanciers devant un juge éclairé et impartial, pour chercher une solution acceptable, en garantissant aux créanciers qu'au pis aller tout l'Avoir du débiteur est hors de danger et sera équitablement distribué entre eux tous.

Comment se conduisent les faillites?

Il est naturellement impossible aux Juges de suivre ces affaires de près et en détail, de se rendre compte de tout par eux-mêmes, de surveiller les actes du failli, qui reste généralement en possession et continue, dans l'intérêt de la masse, à faire marcher son établissement. Ce sont les syndics ou curateurs qui sont chargés de tous ces soins sous l'autorité des Juges. Les Tribunaux sont très-circonspects dans le choix des Syndics et n'admettent que des hommes intègres, intelligents, actifs, connaissant le droit et le commerce. Par la pratique, ils acquièrent vite l'expérience spéciale qui leur manquait au début et conduisent les faillites avec toute la célérité, compatible avec un examen approfondi et les égards dus à des intérêts multiples et importants. Leurs émoluments sont peu élevés; sur les sommes qu'ils reçoivent ils ont un fort tribut à payer à l'Etat, ainsi que des frais considérables de tous genres. Chaque faillite nécessite de leur part des travaux compliqués, de nombreux déplacements et pertes de temps, les uns prescrits par le législateur, les autres imposés par les circonstances. Le chiffre de leur rémunération est d'ailleurs fixé par le juge. Cette procédure est très-bonne; il n'y a rien d'essentiel à en retrancher à moins de lui ôter son caractère judiciaire. On pourrait seulement modifier ou supprimer quelques formalités et diminuer l'impôt, qui est excessif.

Le débiteur malheureux est-il suffisamment protégé par la société?

Il ne l'est pas vis-à-vis du propriétaire, qui a des droits à part, des droits exorbitants; en général les propriétaires n'exercent pas ces droits, mais enfin ils les ont. — Le failli est à la merci de ses créanciers, quand il s'agit du concordat et doit souvent passer par des sacrifices et des humiliations pour obtenir quelques voix qui lui manquent pour être remis à la tête de ses affaires, ce qui devrait entièrement dépendre du tribunal. En effet, le Tribunal peut annuler ou confirmer le concordat voté par les créanciers; puisqu'on l'a rendu à ce point indépendant des créanciers, on devrait retirer à ceux-ci toute voix délibérative; ce serait beaucoup plus logique. A ces deux inconséquences vient se joindre une troisième, la loi imposant deux majorités de différents calibres, la majorité simple des créanciers en nombre et la majorité des trois quarts de la somme due, au lieu de s'en tenir simplement à la majorité pour l'un comme pour l'autre des deux éléments. Cette disposition est surtout choquante dans les pays où l'égalité devant le loi est de rigueur. — Quatrième inconséquence. Le failli reconnu honnête homme, contre lequel ne s'élève pas l'ombre d'une charge, ni un soupçon de fraude, qui est replacé à la tête de ses affaires par ses créanciers avec approbation du Tribunal, n'en est pas moins déchu de ses droits politiques. Le Législateur s'est inspiré de vieux préjugés en mettant tous les faillis sur la même ligne, en les déclarant tous indignes à perpétuité ou jusqu'à la réhabilitation légale, ce qui revient à peu près au même. Il faut distinguer entre les honnêtes gens, qui n'ont été que malheureux ou incapables, et les filous, qui ont voulu s'enrichir par le vol. Le vol à la faillite est pourtant bien plus rare qu'on ne pense et constitue réellement l'exception, la règle étant que les commerçants luttent contre la faillite aussi longtemps qu'ils peuvent, même jusqu'au point de se rendre répréhensibles aux yeux de la loi et de nuire aux intérêts de leurs créanciers, justement parce que la loi ne fait pas assez de différence entre les bons et les mauvais. On peut faire faillite sans voler et voler sans faire faillite. Le patriote éclairé, l'homme d'honneur, le négociant loyal, peut tomber en faillite, peut-être parce qu'il n'est pas assez adroit, parce qu'il est trop scrupuleux. Le Législateur ne doit pas le rayer à la légère du rôle des citoyens, mais réserver cette peine aux gens malhonnêtes. Cinquième inconséquence. La loi impose aux commerçants la tenue de plusieurs livres constatant leurs opérations, sans s'inquiéter s'ils sauront les tenir, sans leur indiquer le moyen de les faire tenir convenablement. Cette précaution est pourtant capitale, quand l'immense majorité des commerçants et industriels ne comprend rien à la comptabilité la plus simple, n'est pas en état d'établir la situation la moins compliquée. Les industriels et commerçants ont pour la plupart une comptabilité qui ne contrôle rien, ne renseigne sur rien, parce qu'ils sont trop illettrés pour la rédiger eux-mêmes, ni pour juger si ceux auxquels ils s'adressent pour cela, leur font un travail effectif. En dehors des maisons de premier et de deuxième ordre, nul ne se doute de ce que c'est que la comptabilité, quels grands services elle rend. Beaucoup de maisons marchent de travers, tombent enfin en déconfiture, parce que le patron ne peut se rendre compte combien il y a de coulage, combien lui coûte l'argent qu'il se procure, quel est son chiffre d'affaires et son bénéfice brut et quelle est leur proportion avec les pertes, frais, dépenses, etc., de tout genre. Il arrive ainsi à la ruine sans savoir comment et ruine les autres sans le vouloir, tandis qu'il aurait avisé ou se serait arrêté à temps, s'il avait pu voir clair dans sa position. Il appartient surtout aux tribunaux de Commerce de prendre cette question en main, de faire établir des cours de comptabilité en nombre; le système actuel de commerce et de crédit l'exige, le progrès si désirable du système coopératif et d'association le rend indispensable.

Les Tribunaux de Commerce sont-ils plus expéditifs et meilleur marché que les Tribunaux ordinaires?

Ils le sont bien certainement, mais pas assez. Quand une affaire présente une difficulté quelconque, elle peut durer un temps infini et coûter fort cher; quand elle n'en présente aucune, par exemple quand un débiteur n'a pas l'ombre d'une excuse pour ne pas payer, il peut, sans se présenter, ni se faire représenter devant le Tribunal, trainer les poursuites pendant fort longtemps; cela ne lui occasionne qu'un déboursé insignifiant, tandis qu'il oblige le créancier à des frais énormes. Les lenteurs, complications et frais sont évidemment trop considérables pour des Tribunaux d'exception, créés exprès en vue de la rapidité, de la simplicité et du bon marché. Les Juges consulaires n'y sont pourtant pour rien, puisqu'ils sont extrêmement actifs et ne reçoivent aucune rétribution.

Ne serait-il pas possible d'indemniser les Juges consulaires sans augmenter les frais de justice?

Dans les Tribunaux réguliers, les appointements des Juges sont payés par le Trésor et ne s'ajoutent pas expressément au coût des procès. Si les Juges de Commerce ne reçoivent rien, cela tient à d'autres causes. Les Jûges ordinaires sont nommés par l'Etat sur la preuve d'études spéciales considérables, de façon qu'ils offrent toutes les garanties de savoir et d'aptitude. Pour que des Juges-Commerçants offrent des garanties équivalentes et jouissent d'une autorité égale, il faut qu'ils aient fait leurs preuves par la direction prolongée de grands établissements, qu'ils soient connus et estimés dans un cercle assez vaste; à raison des risques inhérents au commerce, il faut de plus qu'ils possèdent un capital proportionné, qui les mette hors de danger de faillir à leurs engagements, — en un mot il faut qu'ils soient riches et considérés. Pour offrir à de pareils hommes une rémunération en rapport avec le temps aussi long que précieux qu'ils sacrifient, cette rémunération devrait être fort élevée, bien plus élevée que les traitements de Juges réguliers. Le Trésor ne peut faire cette dépense et puisqu'il a le choix, il préfère ne rien donner du tout. Voilà pourquoi les fonctions de Juges Consulaires sont toujours restées gratuites.

La compétence des Tribunaux de commerce n'est-elle pas infiniment trop étendue?

Sans doute. Quand le commerce était encore restreint, on leur a attribué beaucoup de choses, qui même à cette époque auraient dû leur rester étrangères par principe, qui les encombrent aujourd'hui et que le Législateur plus expérimenté et plus sagace doit leur retirer. Ces Tribunaux ne devraient pas connaître des différends entre Patrons et Employés. Il n'y a plus de classes dans la société, mais il y a des positions et des fréquentations, qui engendrent une manière de voir fixe, opiniâtre. Les Tribunaux de commerce, entièrement composés de Patrons, sont forcément suspects aux employés et il est présumable que la plupart des Employés, quand ils ont des contestations avec leurs Patrons, supportent plutôt leur mal en maugréant que d'aller se plaindre à des adversaires naturels. Les Employés ont tort peut-être, de se croire frustrés, sacrifiés, condamnés à l'avance. On peut imaginer qu'ils soient accueillis sans défaveur, écoutés sans parti pris, voire que le Tribunal, pour éviter jusqu'au moindre semblant de partialité, les traite même trop favorablement et leur accorde plus qu'ils n'obtiendraient devant un tribunal ordinaire, mais enfin la garantie est absente, la suspicion légitime, l'appréhension plausible. Quoique les Employés des deux sexes forment un élément de première importance, quoiqu'ils soient fort nombreux, infiniment plus nombreux que leurs Patrons, quoiqu'ils travaillent à des conditions très-variées, pouvant faire naître des difficultés multiples, les documents officiels ne mentionnent guère de procès entre Patrons et Employés, ces documents parlent de tout, excepté de ces procès. La logique, la justice, l'équité commandent, qu'il y ait pour les Employés la même organisation que pour les Ouvriers, savoir les Prud'hommes, qu'Ouvriers et Employés soient soustraits en première instance comme en appel à la juridiction des Tribunaux de Commerce. Ce qui constitue un non-sens encore bien plus choquant, c'est que des Artistes, des Savants et de nombreux Ouvriers soient également justiciables des Tribunaux de Commerce, quoiqu'ils ne fassent aucun commerce, poursuivent des carrières exclusives de commerce, ne connaissent le commerce que de nom. Il est évident que ces personnes devraient avoir des juridictions spéciales, si l'on admet ce système, ou qu'elles devraient être justiciables des Tribunaux ordinaires, mais jamais de Commerçants. Les entreprises auxquelles ces personnes coopèrent, ont un côté commercial, mais ce côté n'est pas le principal, il n'est que l'accessoire. Le Directeur de spectacle, d'exposition, de chemin de fer, l'Editeur de Livres ou de Journaux, ne sont pas de simples marchands. Quand nous achetons un Journal ou un Livre, ce n'est pas pour obtenir une feuille ou une main de papier noirci ne valant plus rien, quand nous achetons un billet de spectacle, d'exposition ou de chemin de fer, ce n'est pas pour obtenir un petit morceau de carton sans valeur. On nous fournit une utilité, un agrément, mais il n'y a aucune transmission de propriété, aucune vente, ni achat, donc aucune commercialité. Pour qu'il y ait commerce, il faut qu'il y ait vente d'objets ou de denrées, dont toute la valeur consiste dans la matière et la façon industrielle, objets ou denrées, que l'acheteur peut complétement user, employer, consommer ou revendre. Pour tout ce qui n'est pas de cette catégorie, il ne saurait être question ni de commerce, ni de juridiction commerciale. L'Artiste ou le Savant, l'Ouvrier ou l'Employé ne se vendent pas, ils ne vendent pas non plus leur talent, leur savoir, ils n'agissent pas en Commerçants, mais en Propriétaires; or le Propriétaire en louant pour usage commercial, n'accepte pas la juridiction commerciale. Les Tribunaux de Commerce, leur nom l'indique, n'ont à s'occuper que de vraies affaires de commerce entre vrais commerçants. Nul autre citoyen ne peut être soumis à cette juridiction exceptionnelle; le droit commun doit toujours l'emporter, quand il y a contestation entre commerçants et non-commerçants.

Comment fera-t-on pour mettre la justice civile et commerciale sur un bon pied?

On fondra les Tribunaux de première instance, les Justices de Paix et les Tribunaux de Commerce, en une seule classe de Tribunaux à un seul Juge. Avec le personnel de Juges dont on dispose, il y aura moyen de créer partout et sans délai de ces Tribunaux en nombre suffisant. Dans les grandes villes, où le temps vaut extrêmement cher, il y aura des Tribunaux sur beaucoup de points et les citoyens ne seront plus obligés d'accourir tous vers un centre, très-éloigné pour le grand nombre, très-encombré et où il faut faire une longue station. On révisera toute la procédure en vue de supprimer les formalités inutiles en général et notamment la tentative de conciliation devant un juge incompétent, l'assistance judiciaire, le concours du Ministère Public, l'opposition non motivée aux jugements par défaut, le référé dilatoire, le retard à l'expédition des jugements et celui causé par la taxe; on prohibera les remises et l'on raccourcira les délais. L'Etat diminuera son impôt et en rendra l'acquittement plus commode et plus facile, en attendant qu'il n'en prélève plus du tout, ni sur ce service public, ni sur aucun autre. Quant aux divers officiers ministriels, on les réduira à deux types et l'on simplifiera leur établissement. Les titulaires actuels dûment expropriés du monopole, tout citoyen sera libre de créer un office, pourvu qu'il connaisse à fond les lois en vigueur, qu'il ait fait un apprentissage pratique, qu'il soit honorable, qu'il dispose d'un petit capital et qu'il ait des répondants solvables. Les titulaires devront accomplir en personne les actes de leur ministère; ils pourront s'associer en nombre raisonnable, autant dans leur intérêt que dans l'intérêt du public. Dans plusieurs pays cette organisation existe depuis longtemps à la satisfaction générale; les autres pays peuvent donc l'introduire sans crainte. Il n'y aura de difficultés qu'au point de vue financier, sommes à verser aux expropriés, dépenses à faire pour les nouvelles installations, déficit à combler dans le revenu de l'Etat, mais ce sacrifice est peu de chose comparativement au bien immense qu'il s'agit de réaliser.

Les Tribunaux à un seul juge offriront-ils assez de garanties aux justiciables?

Sans doute. Connaissant bien la loi et la jurisprudence, ayant fait d'abord un stage ou noviciat pour se former, s'aguerrir, écoutant tout avec le sang-froid et la liberté d'esprit, qui résultent d'un désintéressement absolu, un seul juge comprendra, discernera et décidera aussi sagement que plusieurs. Les parties et leurs conseillers ne manqueront pas de lui faire voir l'affaire sous toutes ses faces. Quand il se présentera un cas vraiment embarrassant, il prendra du temps pour réfléchir, pour chercher. Il y aura d'ailleurs des Tribunaux d'appel, auxquels les intéressés pourront recourir, s'il y a lieu. Dans les pays où la justice est organisée à peu près sur ce pied, tout le monde s'en trouve bien et nul ne désire qu'elle soit plus compliquée.

Comment réorganiser la justice correctionnelle et criminelle?

De la même manière que la justice civile et commerciale, en augmentant le nombre des tribunaux toujours à un seul juge, en les disséminant davantage, pour les mettre plus à portée des plaignants et des témoins, en supprimant toutes les complications inefficaces, tous les rouages superflus. L'action publique sera exercée par le Ministère Public, composé d'un certain nombre de Juges désignés spécialement pour cela, sous le nom de Procureurs de l'Etat ou Juges d'Instruction et dont chacun conduira seul d'un bout à l'autre les affaires qu'il aura commencées. Les Chambres de mise en accusation seront mises de côté faute de raison d'être. Les affaires se débattront à l'audience, entre l'accusateur public et la défense, le Juge ne se mêlant plus d'interroger l'accusé, mais se bornant à écouter et à appliquer la loi. Dans les affaires criminelles, c'est le Jury qui décidera, sans appel, pourvoi ni recours, le Juge fixant la peine ou ordonnant la mise en liberté. Chaque instruction devra se terminer devant le Tribunal et aucun accusé ne sortira plus des mains de la Justice d'une manière équivoque, douteuse, comme par exemple dans plusieurs pays, par une ordonnance de non-lieu : dans chaque affaire il devra y avoir condamnation ou acquittement à titre absolu. Si une faute lourde avait été commise par le Ministère Public, soit au fond, soit dans la forme, la victime pourrait demander des dommages-intérêts; le cas sera très-rare, mais il vaut la peine d'être mentionné dans la loi.

Le système actuel ne présente-t-il pas beaucoup plus de garanties pour l'accusé?

Il n'y a pas de meilleure garantie que la simplicité de l'organisation judiciaire, la rapidité de l'instruction, les mœurs professionnelles et l'honneur du Juge, enfin le Jury et la publicité. Avec tous ces éléments il n'y a rien à craindre, même dans les procès politiques, les seuls où l'impartialité des Juges pourrait être suspectée. La justice est essentiellement hostile à l'arbitraire; ce n'est pas contre la justice que la société moderne a besoin de prendre des précautions, d'édicter des formalités, des complications. Au bon vieux temps, quand le peuple tout entier pliait sous le despotisme, la justice était obligée de plier aussi, mais elle ne manquait pas une occasion de protester, de résister.

L'inamovibilité des Juges n'est-elle pas une garantie de leur indépendance?

L'inamovibilité, c'est-à-dire le droit de conserver sa place, et de ne pas être arbitrairement destitué ou réduit à une position inférieure, est indispensable, non-seulement pour les Juges, mais pour tous les fonctionnaires publics en général.

Elle n'était pourtant qu'un leurre, aussi longtemps que les gouvernants avaient le pouvoir illimité de donner de l'avancement à qui bon leur semblait, sans examens, sans concours. Par ce système les gouvernements avaient le moyen de punir les fonctionnaires intègres et sérieux, de les dégoûter du service, et par contre de récompenser les serviles, les complaisants. Les Juges, comme tous les fonctionnaires, désirent monter en grade, remplir des fonctions supérieures; ce désir est très-naturel, très-légitime, pourvu que le mérite, le savoir et le talent soient prouvés. Rester stationnaire, quand les collègues ne cessaient d'avancer, voilà à quoi aboutissait l'inamovibilité des fonctionnaires judiciaires et militaires, vraiment indépendants; elle constituait sans doute un progrès sur le bon plaisir sans limite aucune, subi par les autres, mais au fond elle ne signifiait pas grand'chose.

Qu'est-ce que c'est que le serment?

C'est l'engagement solennel de dire la vérité, que la justice exige des témoins et parfois des plaideurs, les mettant en prison les uns comme les autres, si on leur prouve ensuite qu'ils ont dit des mensonges. Tout cela est une affaire purement terrestre et il y a de quoi s'étonner qu'on y attache une signification, une portée religieuses, d'autant plus que d'éminents fondateurs de religions ont défendu de la manière la plus explicite, de faire un serment quelconque. Il importe à la justice de réprimer la fraude, le mensonge, qui peuvent l'induire en erreur, mais elle doit se renfermer, à cet égard comme en toutes choses, dans ce qui est rationnel. Que le serment soit donc remplacé par une promesse ou affirmation sur l'honneur et sur la conscience, que les peines soient les mêmes que celles du parjure, mais qu'on n'y mêle plus rien de religieux, qui n'est à sa place qu'entre les mains des prêtres et dans les temples respectifs.

Qu'est-ce que c'est que la grâce, le droit de faire grâce?

C'est un restant de ces vieux abus inventés par les Chefs d'Etat pour augmenter leur prestige et pour jeter de la poudre aux yeux. D'après ce prétendu droit ils pouvaient annuler l'effet des jugements rendus par les Tribunaux, en réduire la portée ou changer la nature, le tout selon leur bon plaisir. Une société bien organisée ne saurait admettre un système pareil. Les Tribunaux sont avec le Jury seuls capables, seuls mis en demeure, seuls autorisés, seuls compétents pour connaître des crimes, pour déclarer l'existence et le degré de la culpabilité et pour fixer, d'après la loi, l'espèce et la durée du châtiment. Cela fait, le coupable n'a plus qu'à subir la peine prononcée contre lui. Le gouvernement n'est pas chargé de suivre les procès criminels ou autres, il ne doit même pas perdre son temps à cela, mais s'occuper de ce qui le regarde, comme la Justice reste dans son domaine et ne se mêle pas de gouverner. Le gouvernement a le droit, comme tous les citoyens, de saisir la justice, mais il n'a pas le droit de l'arrêter, de la contrecarrer, il n'a ni aptitude, ni qualité pour intervenir soit avant, soit après la condamnation, pour apprécier, aggraver, adoucir, changer ou annuler la peine. Le pouvoir législatif crée la loi, mais il n'a pas à l'appliquer, de même que la justice l'applique, sans pouvoir la créer. Sortir de là, c'est se jeter en plein dans la confusion la plus déplorable. Le Jury et le Tribunal doivent savoir, que ce qu'ils vont déclarer et prononcer sera fatal, qu'il n'existe même pas d'autorité qui puisse y changer quelque chose. S'ils pensent que la peine peut être adoucie et qu'elle le sera probablement, ils seront souvent trop sévères ; que cet adoucissement ne vienne pas, le condamné sera lésé. Si le dispensateur des grâces peut s'imaginer à tort ou à raison que les Juges ont compté sur lui pour adoucir, il se croira obligé de le faire quand même et le châtiment ne sera plus en rapport avec le méfait. Des condamnés peuvent avoir de puissantes protections que d'autres condamnés n'ont pas ; il sera donc sollicité avec succès pour les uns, sans succès ou pas du tout pour les autres. Enfin le système est plein d'inégalités, de doutes et de complications, qu'il est temps d'extirper dans chaque société qui se respecte, où tous sont égaux devant la loi. La commutation n'est justifiée que lorsqu'une peine, reconnue trop sévère, est remplacée par une autre ; les condamnés qui subissent la peine en question doivent profiter du changement. Ce cas ne peut être que très-rare, un grand nombre de punitions étant beaucoup trop légères. Des crimes contre la personne, mutilations graves, blessures mettant la vie en danger, des crimes contre la propriété, fraudes colossales, manœuvres perverses, ruinant les victimes de fond en comble, n'entraînent qu'un emprisonnement de courte durée. Le Législateur aura donc à ordonner qu'à l'avenir les jugements seront bien définitifs, et qu'ils devront être exécutés à la lettre et sans retouche. Les condamnés sont toujours à plaindre sans doute, mais leurs victimes le sont encore davantage. Le pire n'est pas d'être condamné, le plus grand des maux est d'être coupable. Le Législateur peut d'ailleurs autoriser le Jury à admettre des circonstances atténuantes de plusieurs degrés, afin qu'il puisse exactement rendre sa pensée et ne soit pas placé dan: l'alternative, ou d'acquitter ou de faire infliger une peine qu'il trouve trop forte.

Les Tribunaux militaires ne jugent-ils pas sans Jury?

La société n'admettant, pour juger les crimes, que des Tribunaux composés de Juges et de Jurés, et les membres d'un conseil de guerre n'étant ni l'un ni l'autre dans le sens exact du mot, il y a là un changement radical à faire. En temps de paix les crimes seront jugés à la requête du Ministère Public par un Tribunal ordinaire. La chose sera facile dans la société moderne, tout le monde étant ou ayant été au service, appréciant sainement les faits et connaissant les lois qui s'y rapportent. Les anciens conseils de guerre ont pu faire l'affaire dans le temps, mais ils sont incompatibles avec le système du service obligatoire universel. L'armée n'est plus une caste à part et ne saurait plus être soumise à une Juridiction exceptionnelle. Comme transition les Tribunaux Militaires seront composés d'un vrai Juge d'une part et de Jurés exclusivement militaires en activité d'autre part.

Le traitement des coupables est-il bien compris et bien réglé?

Loin de là. Il est absolument dépourvu de logique et de bon sens et n'atteint aucun des résultats utiles qu'on se propose, l'intimidation et l'amélioration des méchants. On met les malfaiteurs dans des prisons, où chacun d'eux s'abrutit dans la sujétion, prend la société, l'ordre, le travail en haine, où ils achèvent de se pervertir les uns les autres, où ils complotent évasion, nouveaux méfaits. Quand ils ont fait leur temps, on les remet en liberté, quoiqu'on sache qu'ils sont pires qu'avant, qu'ils vont sûrement et forcément recommencer le même train de vie, se vautrer dans le vice et le crime. Le malfaiteur est donc tour à tour libre, faisant tout le mal qu'il peut à la société, et en prison, habillé, nourri et logé aux frais de la société. Il n'y a pas de raison pour que ce jeu ne dure pas toute la vie d'un homme, à moins qu'il ne dépasse les bornes et ne se fasse supprimer. Ce système est tout bonnement idiot et il faut se dépêcher d'en prendre un autre, un meilleur, qui est tout trouvé. Dès qu'un homme cesse de demander son pain quotidien au travail, dès qu'il brave la morale et la loi, il devient un poison pour le corps social, qui doit le rejeter immédiatement en droit et en fait, sans lui laisser le temps de se corrompre davantage, d'en corrompre d'autres. Une couple de jugements prouve qu'on a affaire à une personne malhonnête, qui ne peut ni ne veut se conduire. Il ne suffit pas alors de la mettre en lieu sûr, à l'ombre, en prison enfin, il faut que les sociétés se procurent, coûte que coûte, un lieu de déportation, un pays inhabité, sur lequel elles puissent évacuer successivement leur rebut, leurs mauvais éléments, aussi longtemps qu'il y en a, qu'il s'en forme dans une certaine proportion, qu'on n'a pu en tarir la source. Dans ce nouveau pays on organisera une nouvelle société sur des bases indiquées par les expériences déjà faites dans ce sens et qui ont pleinement réussi. Il y a de la place, les déportés ne seront pas à l'étroit, chaçun pourra y prendre son essor, se développer, se préparer un avenir passable, un sort digne d'envie, comparativement à celui qu'il avait dans l'ancien monde. Au fond l'être humain est bon, il n'est jamais que perverti par le mauvais exemple, le mauvais entourage, le milieu corrompu, le manque d'entraînement énergique vers le bien. Voilà donc le remède auquel les sociétés doivent avoir recours dans leur intérêt et dans l'intérêt de l'humanité. Il en coûtera d'abord une grosse somme, il en coûtera encore annuellement pendant un temps, mais le fardeau diminuera, il disparaîtra tout à fait, au bout d'un quart de siècle il n'en sera plus question; la colonie pénitentiaire sera devenue une colonie florissante, tandis qu'avec l'ancien système on ne saurait prévoir la fin des maux.

Il y a pourtant des coupables qui ont mérité une punition exemplaire?

Autrefois la société exerçait sur les grands criminels toutes sortes de cruautés pour les châtier, mais surtout pour effrayer les autres. Voyant que cela n'avançait à rien, que les mêmes crimes ne s'en commettaient pas moins, on a renoncé à ce système barbare. La privation de la liberté, peine afflictive, à laquelle s'ajoute dans de certains cas la privation des droits du citoyen, peine infamante, voilà à quoi se borne en général l'action de la société, action tout à fait inefficace. L'éloignement irrévocable de tout ce qui ne vaut rien, la déportation perpétuelle, est le seul moyen de donner satisfaction à tous les intérêts. Arrivés à destination, les malfaiteurs endurcis et dangereux, comme il en existe encore, devront être enfermés pendant un certain nombre d'années, pour être moralisés, éclairés, pour réfléchir au tort qu'ils ont fait aux autres citoyens, combien ils ont mal travaillé à leur propre point de vue, pour se convaincre qu'en cessant d'être honnête, on se met au-dessous du niveau le plus bas, que malgré le succès et les biens mal acquis, on n'est plus qu'un être méprisable, même à ses propres yeux, indigne de toucher la main au plus malheureux du monde ordinaire. Ce n'est qu'après avoir passé par cette épreuve, qu'ils pourront rentrer dans la circulation et mener l'existence de ceux qui ont été déportés en temps utile, quand ils commençaient seulement à se gâter, mais qui n'ont pas eu de peine à revenir à la raison.

La peine de mort doit-elle être abolie?

La peine de mort, un des grands moyens des anciens Chefs, doit disparaître le plus tôt possible avec les mauvais éléments que nous a légués le passé. En attendant, elle doit être mise au même rang que la plus forte peine édictée dans chaque pays. Le Tribunal aura le pouvoir discrétionnaire de prononcer l'une ou l'autre peine, quand le Jury aura déclaré le plus haut degré de culpabilité. Le Tribunal se basera sur les antécédents du malfaiteur, sa situation au début de la vie, l'éducation qu'il a reçue, le milieu dans lequel il a grandi, les entraînements qu'il a subis, la longueur de sa sinistre carrière, la perversité, la férocité dont il a fait preuve. L'application de la peine de mort deviendra de plus en plus rare, mais il est bon que le glaive menace tous les criminels endurcis, incorrigibles, dangereux.

La Société ne doit-elle pas exiger des coupables le remboursement des frais auxquels ils ont donné lieu?

Sans aucun doute. Ceux qui en ont les moyens doivent payer tous les frais qu'ont pu occasionner leur arrestation et leur détention préventive, la recherche des preuves, le temps employé par le Tribunal et enfin l'exécution du jugement quel qu'il soit. Rien n'engage à imposer cette charge aux membres honnêtes de la société, si on peut la faire supporter aux méchants. Il sera aussi facile d'établir le compte de cette dépense, que de savoir si un coupable est opulent.

Toute personne appelée devant la Justice peut-elle se faire représenter?

Non-seulement elle le peut, mais devant plusieurs juridictions elle y est obligée de par la loi. Cependant on dénie ce droit à ceux qui sont accusés d'un crime; de ceux-ci l'on exige qu'ils soient présents eux-mêmes. Cette exigence provient de ce que la torture était autrefois un élément capital, la base, la clef, de la procédure criminelle. La présence de l'accusé était donc indispensable. Aujourd'hui il n'y a plus de torture, l'accusé avoue ou n'avoue pas, le Jury et le Tribunal n'apprécient pas moins. L'accusé doit donc être admis à se faire représenter, comme tout plaideur quelconque; on ne peut trouver mauvais qu'il veuille éviter la détention préventive ou savoir de quelle peine il est frappé avant d'aller la subir. La défense est libre ou elle ne l'est pas. L'accusé, qu'il faut bien distinguer du condamné, doit avoir la faculté de se défendre comme il l'entend, pourvu qu'il fasse connaître un fondé de pouvoir et qu'il reste en communication avec celui-ci. Hormis la confrontation, ressource insignifiante, la justice ne perd aucun de ses moyens par l'absence de l'accusé. La police continue ses recherches, l'instruction suit son cours, les interrogatoires sont transmis à l'accusé, qui y répond par écrit, le jour de l'audience l'accusation et la défense se combattent et le jugement est rendu comme d'habitude. Ce système n'est donc pas impraticable, ni incompatible avec la procédure orale; il vaut mieux en tout cas que le système des jugements par contumace, qui est bien plus défectueux encore et qui oblige à recommencer, dès que l'arrestation de l'accusé est opérée bon gré mal gré. Le système de laisser l'accusé se défendre même de loin, est seul rationnel.

Qu'est-ce que c'est qu'un dénonciateur, un délateur?

Celui qui informe la Justice ou la Police des méfaits projetés ou commis. Autrefois la délation ou dénonciation était très-mal vue, parce qu'elle se faisait notamment pour le compte et en faveur de mauvais gouvernements et qu'elle concernait des actes patriotiques, méritoires, approuvés par l'opinion publique. Dans un Etat bien ordonné de semblables dénonciations ne peuvent pas se produire, mais dans le meilleur Etat il se tramera encore longtemps des crimes contre la société, les personnes et les propriétés. Ceux qui viendraient à apprendre d'une manière ou d'une autre l'existence d'un crime passé, présent ou futur, doivent sans hésitation le porter à la connaissance des magistrats ou des intéressés. Se taire serait souverainement illogique. Les citoyens veulent la répression des méfaits, à preuve qu'ils entretiennent une Justice et une Police. Il ne faut donc pas laisser ces deux organes, que les citoyens paient en vue d'un résultat utile, perdre leur temps à des recherches fatigantes et vaines, quand on peut les leur éviter, prolonger l'impunité du malfaiteur, lui donner le temps et l'enhardir à commettre de nouveaux crimes. Il serait surtout impardonnable de laisser condamner un innocent, quand on connait le coupable. Qu'on fasse la communication ouvertement, dans la conscience qu'on remplit un devoir public, qu'on la fasse en secret pour s'épargner des ennuis et des dérangements, peu importe, mais qu'on la fasse de suite là où il faut et comme il faut, sans réticence, ni plus ni moins que si l'on était placé comme témoin devant un Tribunal et obligé de dire la vérité, toute la vérité, rien que la vérité. Ce sera rendre service même au malfaiteur, arrêté plus tôt sur la pente fatale, moins endurci et plus facile à ramener au bien, qu'il ne le sera plus tard.

LA POLICE

A-t-on besoin d'une Police ?

Sans aucun doute. Il faut non-seulement veiller à l'ordre et à la sécurité de la voie publique, mais découvrir les méfaits qui peuvent se commettre partout et en rechercher les auteurs. Aussi longtemps qu'il restera quelque chose de l'ancien régime, il y aura des filous, des voleurs, des assassins, des vicieux, des ambitieux, qui s'attaqueront soit aux membres de la société, soit à la société elle-même. Sans police, on ne pourrait ni manger, ni boire, ni dormir tranquille, ni faire ses affaires tranquillement.

Pourquoi cette institution si utile, si nécessaire, est-elle déconsidérée, décriée, criblée de sobriquets injurieux ?

C'est son passé qui lui vaut ça. Dans la plupart des pays, la police a commis autrefois des actes qui, s'ils étaient en rapport avec les lois alors en vigueur, n'en étaient pas moins réprouvés par la conscience publique. Etant aux ordres du gouvernement, la police a dû opérer l'arrestation, se livrer à l'espionnage et violer le domicile d'hommes estimables et populaires, entraver les réunions publiques, molester la presse. C'étaient pourtant les autorités constituées qui ordonnaient ces choses-là, et ce n'était pas l'affaire de la police de juger si l'on faisait bien ou mal, du moment que le peuple le supportait. L'action de la Police était du reste secondée et complétée par l'Armée et la Justice, par l'Armée qui prêtait main-forte, par la Justice qui condamnait. C'est donc à tort qu'on en veut particulièrement à la Police, quand c'est la faute à tout le monde si le gouvernement ne vaut rien, si, pour se maintenir, il abuse de la Police, de l'Armée et de la Justice. C'étaient les hauts fonctionnaires, les grands dignitaires de l'Etat, qui dirigeaient de loin, hors de tout désa-

8.

grément et hors de vue : ce que le peuple voyait, c'était la Police, instrument et censée complice, faisant le sale ouvrage. La force militaire, qui opérait avec la Police, ne s'attirait aucune part de l'opprobre, parce que, à l'exception des officiers, on ne la croyait pas à la hauteur d'apprécier ce qu'elle faisait, ou parce qu'on admettait que l'obéissance du militaire devait être absolue, ou enfin parce que le militaire était couvert par sa popularité. Quant à la Justice, qui intervenait ensuite pour condamner des hommes qui, aux yeux du peuple, n'étaient aucunement des coupables, mais des champions de la bonne cause, on n'était pas positivement content d'elle, mais, à raison de son honorabilité, on ne l'a pas attaquée et sa considération n'a pas été compromise aussi fortement qu'on aurait pu le craindre. On sentait d'ailleurs qu'elle appliquait la loi, qui n'est pas son œuvre, loi nécessaire au repos public, mais qui, par des circonstances fatales, frappait de bons citoyens en protégeant de mauvais gouvernements. Tout l'odieux est donc exclusivement retombé sur la Police, quoiqu'il n'y ait pas de sa faute et qu'au surplus l'agent de police doive obéissance à ses supérieurs tout comme un autre fonctionnaire ou un militaire.

Une fois dans la Police, il faut sans doute marcher, mais on ne force personne à y entrer ?

Non, mais c'est une carrière comme une autre, surtout pour un ancien militaire qui, pendant un long séjour sous les drapeaux, a désappris son état, qui n'aime plus que l'obéissance passive et qui retrouve dans cette profession plusieurs de ses habitudes, souvent même des camarades. Beaucoup de ces hommes préféreraient peut-être entrer dans quelque autre branche des services publics, mais quand toutes les autres places sont prises, tandis qu'il y en a de vacantes dans la Police, il faut bien accepter celles-ci, l'autorité ne voulant, ni ne pouvant en donner d'autres. Il y a d'ailleurs un mérite réel à être un bon agent de police. Il lui faut autant d'abnégation, de dévouement, de courage, qu'à un militaire. Il fait obscurément, sans gloire, sans grande paie ni grande perspective, un métier, toujours pénible, souvent dangereux. La Police et l'Armée sont toutes les deux constamment sur le qui-vive, mais il n'arrive qu'à de longs intervalles que l'honneur, les intérêts majeurs, la sécurité de la Patrie, nécessitent l'action de l'Armée, tandis que les malfaiteurs de tout genre font une guerre sans trêve ni merci à la société et à ses membres. Par conséquent, les fonctionnaires de police sont des fonctionnaires comme tous les autres, des citoyens comme tous les autres. L'appréhension, l'indisposition, qui ont pu exister à leur égard, n'ont plus le sens commun. Ce ne sont pas les honnêtes gens, mais uniquement les malfaiteurs, qui puissent nourrir de mauvais sentiments envers la Police.

Ne reproche-t-on pas aux agents de police leur état d'oisiveté ?

Cette oisiveté est beaucoup plus apparente que réelle; le maintien de l'ordre et de la sécurité à l'intérieur leur incombe entièrement, l'Armée ne devant leur venir en aide que dans les cas exceptionnels. Leur besogne n'est pas mince, il faut qu'ils soient partout, jour et nuit sur pied, prêts à répondre à tous les appels qui peuvent leur être adressés pour les causes les plus diverses.

Doit-on se soumettre aux injonctions de l'agent de police ?

Naturellement. Il est le porte-voix de l'autorité constituée, qui lui donne ses instructions générales et particulières. Ce qu'il dit n'émane pas de lui, c'est une consigne qu'il ne lui appartient pas d'apprécier. Si la chose était illégale ou vexatoire, le public ne pourrait pas s'en prendre à lui, mais porter plainte à qui de droit.

L'Agent de Police doit-il être armé?

Pendant le jour, c'est inutile. Le respect de la loi doit être assez grand, pour que l'uniforme ou les insignes de ses représentants suffisent. La résistance est nécessairement punie avec sévérité ; si elle ne l'était pas, les agents seraient obligés d'avoir des armes et d'en faire fréquemment usage, la société serait obligée d'entretenir un nombre d'agents beaucoup plus considérable, afin qu'ils puissent être en force sur tous les points. Pendant le jour les agents de police exercent leur ministère sans difficulté. — La nuit, ce n'est pas la même chose. Les malfaiteurs opèrent volontiers pendant la nuit, l'obscurité les enhardit, la voie publique est déserte. L'agent, pouvant se trouver subitement en face des malfaiteurs, sans pouvoir requérir aide ni secours, devrait donc être muni d'une arme, pour le mettre à même de se dégager, de tenir à distance, d'imposer, de frapper au besoin. Dans les grandes villes où il y a plus de malintentionnés qu'ailleurs, les tournées de nuit devraient toujours être faites par plusieurs agents ensemble. Il y a des pays où les agents de police stationnent dans les rues des grandes villes à peu de distance les uns des autres afin de pouvoir se faire des signaux et se secourir mutuellement; de cette façon ils exercent une surveillance de tous les instants et vraiment efficace et il est bien plus facile de les trouver ou de les appeler, que lorsqu'ils font des tournées continuelles et que le public ne connait pas leur itinéraire.

Un fonctionnaire de police n'a-t-il pas besoin de beaucoup de connaissances?

Sans doute. Il peut être appelé à intervenir dans une foule de circonstances, à donner son avis dans les cas les plus variés. Il est donc urgent qu'il ait non-seulement une bonne tête, mais encore une instruction très-étendue. C'est une vraie lacune qu'il n'existe nulle part une école spéciale, où ces fonctionnaires puissent acquérir une instruction théorique et pratique en rapport avec leur état. Il importe de combler cette lacune aussi bien pour la police des villes, que pour la police rurale, qui, l'une et l'autre, et surtout la dernière, quand elles posséderont différents éléments qui leur manquent, rendront bien plus de services qu'elles n'en rendent actuellement.

Ne pourrait-on pas se passer de police secrète?

Non. Beaucoup de crimes sont commis avec réflexion, précaution, adresse et intelligence, en vue d'assurer le plus longtemps possible la non-découverte du fait et des acteurs; ces derniers se sauvent, se cachent et une fois arrêtés, nient leur culpabilité. Il faut donc que des agents, dont rien ne trahit le métier, puissent rechercher et suivre discrètement tous les indices, souvent très-vagues, qui révèlent les circonstances et les motifs du crime, en découvrir les auteurs, les observer, les arrêter, ce qui n'est pas toujours sans danger, enfin réunir les preuves nécessaires à la Justice. Tout cela n'est pas l'affaire du premier venu et il faut un corps d'agents spéciaux, expérimentés, intelligents, actifs et hardis. Si la police apparente empêche beaucoup de crimes en se montrant partout, la police secrète en empêche également un grand nombre par le seul fait de son existence. Déjà la peur, quand ils pensent aux chasseurs aussi exercés qu'invisibles, qui se mettraient sans délai à leur poursuite, doit détourner de plus d'une tentative criminelle, non-seulement les malfaiteurs, mais encore les gens d'une honnêteté relative, qui commettraient volontiers un crime profitable. La police secrète empêche encore pas mal de crimes, ses agents déguisés étant toujours dehors, en train de surveiller, fréquentant les endroits suspects, pour surprendre les projets qui se forment, s'affilier au complot pour en savoir plus long. A la même occasion ils peuvent opérer ou préparer l'arrestation de coupables échappés jusqu'alors et qui méditent de nouveaux coups.

L'ENSEIGNEMENT

Quels sont les fonctionnaires de l'enseignement?

Les Instituteurs et Institutrices et les Professeurs de toutes les Ecoles publiques.

Ont-ils autant d'importance que les autres fonctionnaires?

Evidemment. L'instruction nous donne les connaissances qui nous sont utiles, indispensables; elle développe et fortifie l'intelligence et le raisonnement. Si l'humanité a été dans le triste état, dont elle sort à peine, c'est parce que la masse était plongée dans l'ignorance, qu'elle était à la merci d'un très petit nombre d'individus instruits, malins, qui s'entendaient entre eux et faisaient accroire à la masse tout ce qu'ils jugeaient à propos.

Les maitres d'école sont-ils considérés et rémunérés comme ils le méritent?

Il s'en faut de beaucoup. Leur position n'est plus aussi misérable qu'autrefois, mais il faut qu'elle soit encore améliorée sous tous les rapports.

Quand l'enseignement a-t-il commencé à prendre de l'extension?

Après l'invention de l'Imprimerie et de la fabrication du papier en grand. Ce n'est qu'à partir de là qu'on a pu établir le matériel nécessaire à peu près en quantité suffisante. Avant cette époque maitres et élèves étaient forcément en très petit nombre et l'on ne songeait pas à la masse. Il y a tout au plus cent ans qu'on entrevoit la possibilité d'instruire le grand nombre. Avec un peu de bonne volonté on aurait sans doute pu organiser un système d'enseignement de vive voix, mais les chefs n'avaient aucun intérêt à cela; ils n'ont usé de ce procédé que pour apprendre aux hommes ce qui convenait au point de vue de la domination.

Quel est le vrai moyen de répandre l'instruction?

De la rendre absolument obligatoire pour tous les enfants.

Mais si un père de famille ne veut pas envoyer ses enfants à l'école?

Celui qui s'y refuserait ne pourrait être qu'une mauvaise tête ou un homme qui n'a pas reçu d'instruction lui-même et qui n'en comprend pas l'importance. Du moment que l'instruction est déclarée obligatoire par la loi, chacun n'a qu'à s'incliner. L'autorité paternelle est très-respectable, mais elle a des limites. Les droits de l'enfant, du futur citoyen, sont non moins respectables. La société elle-même a des droits, entre autres celui de veiller à sa propre sécurité et conservation. Si elle laisse grandir dans son sein de nombreux enfants sans leur donner l'instruction, ces enfants, devenus des hommes, seront un danger réel et permanent. Si la société a ensuite à se plaindre d'eux, ils pourront à leur tour lui reprocher son incurie de ne pas les avoir éclairés, incurie sans excuse, quand il est possible de donner l'instruction, tout se réduisant à une question d'argent et les sociétés trouvant de l'argent pour les dépenses les plus inutiles.

Est-ce que ce n'est pas l'affaire des parents de payer pour l'instruction de leurs enfants?

Tous ne sont pas en état de faire cette dépense, malgré leur bonne volonté. Pour ne pas blesser ceux-ci par des recherches sur leurs moyens, pour ne pas les forcer à faire des déclarations qui pourraient les humilier, les contrarier, pour enlever d'autre part tout prétexte aux mauvais citoyens, en un mot, pour faire tomber toutes les oppositions ou difficultés, il faut que la société paie les frais de l'instruction de tous les enfants sur le produit des impôts. Comme la plupart des citoyens ne savent pas comment ni combien ils paient, il leur semblera, en ne payant rien à part pour l'instruction, qu'elle est gratuite. Ce serait une bonne mystification, car il faut bien que les maîtres d'école soient payés, de même que les locaux et leur agencement, le matériel et tous les accessoires. Le fait est que tout le monde paie l'impôt sous une forme ou sous une autre et qu'avec le total de l'impôt on fait face au total de la dépense. D'après ce système ceux qui n'ont pas d'enfants paient comme ceux qui en ont, mais il est évident que dans cette affaire tous ont le même intérêt. D'ailleurs ceux qui n'ont pas d'enfants se consoleront en songeant que les pères et mères ont à part l'école une foule de soucis et de peines, et ont un mérite vis-à-vis de la société que les autres n'ont pas.

La dépense ne sera-t-elle pas considérable?

Elle ne sera pas aussi élevée qu'on pourrait le craindre de prime-abord, parce que tout n'est plus à faire. Dans les pays tant soit peu civilisés, il existe déjà des écoles pour la moitié des enfants environ : il n'y a donc plus à en pourvoir que l'autre moitié. Ce qui reste à faire coûtera bien moins que ce qui est fait. Cette dépense est d'ailleurs productive. Les enfants, jusqu'à présent négligés, sont notamment ceux destinés à l'industrie et à l'agriculture. Quand ils auront reçu de l'instruction, ils arriveront à l'apprentissage dans des conditions bien supérieures. A la ville comme aux champs, ils deviendront des travailleurs bien plus actifs, plus stables, plus intelligents. Là, comme sous les drapeaux, ils comprendront vite et sans peine et seront animés d'un tout autre esprit ; ils mettront beaucoup moins de temps à faire leur apprentissage militaire, et seront rendus bien plus tôt aux travaux productifs. Le niveau moral, montant avec le niveau intellectuel, le vice, le crime diminueront et la société réalisera des économies aussi bien sur l'assistance que sur la répression, moyens coûteux et aussi tristes pour ceux qui en sont l'objet que pour la société qui est forcée d'y avoir recours. Tous les enfants, riches et pauvres, ayant reçu la même instruction en commun, se retrouvant plus tard sous les drapeaux et y achevant leur éducation, seront pénétrés des mêmes notions saines et rationnelles. Tous éclairés, tous capables de juger, ils verront les uns dans les autres,— sous quelque forme qu'ils exercent leurs talents, — des êtres ni supérieurs, ni inférieurs, mais des concitoyens, dans les autres peuples, non des ennemis forcés, mais des hommes comme eux, avec lesquels il est facile de s'entendre. Il ne sera donc plus possible d'exciter les hommes les uns contre les autres, de les égarer, de les entrainer à des folies, à des éclats. Les citoyens ne prendront plus des vessies pour des lanternes, on ne pourra plus leur monter l'imagination avec des mots vides de sens. L'instruction est donc une affaire de la plus haute utilité, qui mérite bien qu'on fasse un sacrifice pour elle, sacrifice plus apparent que réel. Il est vrai que ses bienfaits ne se feront sentir que plus tard, qu'il faut l'implanter avant de pouvoir en récolter les fruits. Comme c'est l'avenir qui en profitera, on peut lui renvoyer la plus grosse part de la dépense, c'est-à-dire emprunter la somme que coûtera l'installation de l'enseignement général. Même s'il en était autrement, si l'on ne devait pas se rattraper de cette dépense par des économies et des profits énormes, encore faudrait-il la faire : la dignité de l'homme ne comporte pas l'ignorance, l'abrutissement, le genre humain ne peut pas rester indéfiniment au-dessous de son rang dans la création, il lui est imposé d'apprendre, de s'élever, de devenir meilleur. Ce devoir ne serait pas accompli, si le perfectionnement se bornait à un certain nombre d'individus : il faut que les peuples y arrivent en entier. Il y a encore un autre motif pour s'occuper immédiatement de l'instruction. L'ancien système de gouverner les peuples est connu maintenant, il est percé à jour, sa nullité est démontrée, les peuples commencent à s'en dégoûter les uns après les autres. Les citoyens ne veulent plus être conduits comme des moutons, ils veulent apprécier, donner leur avis. Il s'agit donc de les y rendre aptes le plus promptement possible et non pas de les irriter par une résistance vexatoire. L'instruction universelle est la meilleure garantie qu'on puisse offrir aux peuples, qu'à l'avenir ils seront non-seulement consultés pour la forme, mais qu'ils pourront juger, se prononcer en connaissance de cause. Ils prendront patience et attendront encore, en voyant que ce n'est qu'une question de temps, qu'à une époque peu éloignée, tous les membres de la société coopèreront activement à tout ce qui se fera, et que cela vaut mieux que de recourir à la violence, au bouleversement.

Qui doit se charger de l'instruction ?

L'Etat. L'instruction est une affaire nationale, le premier élément de l'unité, de la prospérité, de la grandeur du pays. Le maître d'école doit savoir qu'il est fonctionnaire national, inférieur à nul autre, que l'Etat veille sur lui et le soutient, qu'il ne dépend que de l'Etat, que sa position n'est nullement précaire, qu'elle est solide et assurée, et qu'elle ne peut et ne doit que s'améliorer. Le maître d'école doit être posé de façon à ne pas subir les petites influences, les petites pressions locales, il ne doit avoir de compte à rendre qu'à l'Etat.

En quoi le maître d'école se distingue-t-il des autres fonctionnaires ?

Tandis que les autres fonctionnaires ont affaire aux grandes personnes, ayant plus ou moins d'expérience, le maître d'école agit sur des enfants sans défense, qui ne peuvent se rendre compte si on les guide bien ou mal. Les parents sont hors d'état de surveiller la marche de l'instruction, ils sont absorbés par leurs occupations et manquent des lumières nécessaires, d'autant plus que pendant longtemps encore, chaque génération sera en progrès sur celle qui la précède. Il faut donc que les maîtres d'école soient des hommes sûrs, formés exprès dans des établissements spéciaux, où ils auront à séjourner longtemps, pour qu'on puisse observer leurs dispositions, leur tempérament, leur caractère, leurs principes, avant de leur confier une mission importante et délicate entre toutes.

Que deviendront ceux qu'on trouvera occupés à enseigner, quand on fera ce changement radical ?

On sera obligé d'en conserver un grand nombre, parce qu'on n'aura pas assez de personnel nouveau pour tous les emplois. Plutôt que d'attendre, il vaut mieux se servir des éléments qu'on a. Les titulaires qui ne sortent pas des établissements de l'Etat, devront passer un examen, à la suite duquel ils seront classés et continueront leur carrière dans leur nouvelle qualité de fonctionnaires. Ceux qui seront reconnus impropres, seront casés dans un autre service ou pensionnés s'ils sont vieux.

Alors il n'y aura plus d'écoles libres du tout?

De même qu'il n'existe dans un état qu'un seul système politique, administratif, militaire, judiciaire, il ne doit y exister qu'un seul système scolaire qui englobe tout et tous, maîtres et élèves, et en dehors duquel il n'existe plus rien. Une organisation a besoin d'unité, de fixité, si elle doit donner des résultats sérieux; cette unité, cette fixité, on ne peut les obtenir que de l'Etat et non des communes, encore moins de l'initiative privée. L'Etat seul peut se rendre un compte exact de ce qu'il faut de personnel et des établissements nécessaires pour le former ; il doit pouvoir lui assurer l'avancement, la récompense, les honneurs. L'Etat seul peut savoir ce qu'il faut de locaux, de matériel, d'entretien pour les écoles. L'Etat seul enfin, ayant une vue d'ensemble, peut faire un bon programme pour l'enseignement général, déterminer la nature de l'instruction et la somme qu'il est possible de garantir à chaque enfant, sans distinction.

N'y a-t-il pas quelque chose d'exorbitant à ce que l'Etat s'empare de l'enseignement d'une manière exclusive, absolue ?

Ce qui était exorbitant, c'était l'ancien système de l'ignorance universelle, de la servitude morale et matérielle, faisant de la société un monde renversé. Ce qui serait aussi exorbitant, ce serait de traîner encore pendant des siècles, dans un état de semi-barbarie, quand on a les moyens d'en sortir promptement, facilement, et de conjurer pour de bon le danger de bouleversements politiques et sociaux. Instruire les enfants, leur enseigner ce que tout être humain a besoin de savoir, il n'y a là rien que de très-naturel, de très-juste, de très-raisonnable, et la manière la plus efficace pour y arriver doit être adoptée. Les peuples ont été systématiquement abrutis, aveuglés, il faut donc s'y prendre systématiquement pour les instruire, les éclairer. Chaque village doit être pourvu d'une école, de tous les points du territoire les enfants doivent pouvoir se rendre à l'école aisément, en toute saison, par tous les temps. Tous les enfants auront le même enseignement suivant un programme arrêté par la plus haute autorité du pays, une inspection sérieuse sera établie, pour s'assurer que les enfants profitent réellement, l'obligation d'envoyer les enfants à l'école, sera aussi rigoureuse que celle de leur donner du pain. Ceux qui trouvent quelque chose d'exorbitant dans cet arrangement, ne peuvent être que des ignorants, ou des gens intéressés à tirer parti de l'ignorance des autres.

Jusqu'à quel âge les enfants doivent-ils aller à l'école ?

Pour que l'instruction soit suffisante, pour qu'elle soit bien fixée dans l'esprit, les enfants devront aller à l'école jusqu'à l'âge de quatorze ans. Pour que l'intelligence et le jugement aient acquis assez d'étendue et de solidité, ce n'est que vers l'âge de dix ans que l'enseignement proprement dit peut commencer. Jusque-là on doit se borner à expliquer aux enfants ce qui les environne, ce qui frappe leur attention. L'enfant est animé du désir d'apprendre, il ne tarit pas de questions; la faculté de raisonner existe de très-bonne heure, mais elle ne va pas au-delà de ce qui est visible, palpable. Les choses qui intéressent l'enfant sont nombreuses, et en le mettant successivement en contact avec beaucoup, on peut lui donner une foule de notions très-utiles, qu'il recevra avec le plus vif plaisir. On l'amènera ainsi à demander lui-même à apprendre à lire et à écrire. Son raisonnement se heurtera alors dans plusieurs pays à des obstacles sérieux, à l'absence de toute logique, soit dans l'orthographe, soit dans la prononciation, aux exceptions qui émaillent toutes les règles. Ce sera le moment de lui insinuer, que les langues et bien d'autres choses encore, ont été formées, organisées, bien, bien lentement, sans aucun plan, qu'on s'en contente comme elles sont, qu'on travaille à les améliorer. L'enfant est donc entré dans le domaine du livre, son esprit est cultivé et pendant qu'il vaincra les difficultés de la grammaire, on pourra lui enseigner la géographie et l'histoire, en commençant par celles de son village ou de sa ville et en agrandissant le cercle peu à peu. Avant cette époque et avant de l'avoir longuement préparé, l'on ne saurait parler à un enfant de Siècles, d'Empires, d'Hémisphères, de centaines et de milliers de lieues, de boules immenses roulant dans l'espace, mots creux pour lui, idées au-dessus de son horizon. En les imposant à son esprit, à sa mémoire, on le fatigue, on l'ennuie, on détériore ses facultés, il ne pense plus, ne discerne plus, il accepte également les énormités et les niaiseries, son cerveau s'engourdit, se rétrécit et il faudra de longues années de frottement de la vie active pour lui rendre sa trempe naturelle, Astreindre l'enfant à des exercices arides, l'obliger sans cesse à apprendre par cœur, lui bourrer la tête de faits et de dates sans nombre, sans cohésion, voilà ce que dans beaucoup de pays on appelle donner de l'instruction, tandis qu'on n'instruit pas du tout, mais qu'on plonge l'esprit dans un ahurissement, une confusion indescriptibles, dont il a toutes les peines du monde à sortir plus tard. On devrait pourtant comprendre qu'à l'école il s'agit d'enfants, que la petite morale, la petite logique, la petite intelligence, de l'enfant ne comportent qu'un enseignement à leur taille et qui ne doit grandir qu'avec elle.

Ne devra-t-on plus rien faire pour les enfants quand ils auront passé l'âge de quatorze ans ?

Ils possèdent en sortant de l'école des connaissances assez étendues, leur raisonnement est assez mûr, pour qu'ils cherchent tout seuls à apprendre davantage, à se perfectionner sans cesse. Si on leur donne les facilités nécessaires, si l'on institue des Cours, des Conférences partout, si l'on crée des Musées, des Bibliothèques sur un grand nombre de points, ils ne manqueront pas d'en profiter. D'ailleurs ils ne seront pas complétement livrés à tous les hasards. Leurs patrons d'apprentissage, de concert avec leurs parents ou tuteurs, veilleront sur eux, et les guideront sur la route du bien. Les jeunes sont bons, loyaux, francs, honnêtes, ils sont dévoués, généreux et même fiers. Ce n'est que plus tard, en voyant que ces belles qualités leur nuisent de tous les côtés, en apprenant à connaître le monde et après avoir été dupés, trompés plus d'une fois, qu'ils changent, qu'ils prennent de faux plis, qu'ils suivent des exemples et des conseils pernicieux et qu'ils glissent enfin sur la pente fatale du doute, de la tergiversation, de la capitulation de conscience. Il y a néanmoins un progrès sensible, par conséquent un espoir sérieux, d'arriver par l'instruction à la moralisation générale. Les jeunes gens verront de plus en plus que le caractère, l'honnêteté, la moralité sont appréciés, qu'ils sont en honneur, que sans eux le savoir, le talent, le succès ne signifient pas grand'chose, que chaque pas en dehors du droit chemin est une faute capitale, dont on ne peut mesurer les conséquences. Ils comprendront que la vérité, la morale, la justice sont unes, qu'il s'agisse de grands ou de petits faits, de grands ou de petits personnages, d'Etats ou de particuliers, d'amis ou d'ennemis et qu'en s'écartant de ce principe immuable, on tombe dans le faux, l'équivoque, l'absurde.

A quelle époque faut-il donner aux enfants l'enseignement religieux ?

Après leur sortie de l'école, quand leur intelligence a été fortifiée et développée suffisamment pour saisir des allégories aussi hautes, des démonstrations aussi mystérieuses, des conceptions aussi extraordinaires. Le donner plus tôt, quand l'esprit est encore hors d'état d'en comprendre ni le sens, ni les expressions, ce n'est pas leur enseigner quelque chose, c'est leur faire répéter machinalement des mots et des phrases, c'est semer sur un terrain impossible. Aucun fondateur de religion n'a donné lui-même, ni prescrit à ses disciples de donner cet enseignement à l'enfance : ils étaient beaucoup trop raisonnables pour cela. S'ils ont eu des conversations avec des enfants, on peut tenir pour certain que l'entretien a roulé sur des sujets simples, naturels. L'enseignement religieux sera donc le mieux placé à cette époque de la vie où l'esprit et le corps marchent vers une transformation, où des sensations nouvelles commencent à se produire. Cette période est critique, elle pèse d'un poids considérable sur tout le reste de la vie ; on ne saurait donc l'entourer de trop de sollicitude. L'Etat ne pouvant plus intervenir avec ses règles générales et obligatoires, c'est l'affaire des parents, tuteurs, de tous ceux qui ont charge d'enfants, de redoubler d'attention, de soin, de créer le plus possible d'influences salutaires, de s'entendre avec les patrons d'apprentissage pour que l'enseignement religieux, le cours de morale religieuse, ne soient pas négligés.

Ne faut-il pas s'occuper aussi du développement physique de l'enfant ?

Il faut s'en occuper beaucoup au contraire. Il est très-important que la population soit saine et robuste. La première chose à faire, c'est de créer des écoles spacieuses, bien éclairées, bien aérées, bien agencées. Les locaux où l'on recevra les tout jeunes enfants, pour lesquels il n'est question que d'instruction orale, ne doivent ressembler en rien à ceux où sera donné l'enseignement proprement dit. C'est surtout dans les villes, où les logements du grand nombre sont étroits, où les rues sont encombrées, qu'il faut se procurer des locaux pour les enfants, que les parents ne peuvent pas garder chez eux, ni laisser courir et jouer sur la voie publique, comme à la campagne. A ces améliorations il convient de joindre l'introduction de la gymnastique. Elle doit être enseignée dès que les élèves commencent à travailler assis ; la jeunesse des deux sexes doit être stimulée et encouragée à pratiquer la gymnastique le plus possible dans les années qui suivent la sortie de l'école. La gymnastique assouplit et fortifie, elle répand dans toutes les parties du corps la sève trop abondante et en empêche la stagnation sur un point quelconque, elle procure un passe-temps et une fatigue utiles et agréables et remplace avantageusement des plaisirs plus ou moins malsains, en un mot son influence est aussi salutaire sur l'esprit que sur le corps. Il faut naturellement qu'on surveille ces exercices, auxquels la jeunesse se livrera assez volontiers, mais qui, par la possibilité des accidents, causent de l'inquiétude à beaucoup de parents.

L'enseignement supérieur devra-t-il être donné également aux frais de la nation?

Sans aucun doute. L'Etat doit imposer et garantir d'une part un minimum d'instruction, il doit faciliter d'autre part au plus grand nombre possible d'atteindre le maximum. Il devra créer des écoles supérieures sur plusieurs points du territoire, rien ne devra être exigé, ni pour l'enseignement, ni pour l'usage des livres, instruments, etc. Tous les jeunes gens ne peuvent pas faire de hautes études scientifiques ou artistiques. Pour les faire il faut d'une part avoir des moyens d'existence, que l'Etat ne peut pas fournir à ceux qui en sont dépourvus. D'autre part le Commerce, l'Industrie, l'Agriculture, la Navigation, en un mot la production et l'échange, réclament le grand nombre pour une masse de travaux qui n'exigent pas une instruction supérieure. L'Etat doit veiller avec soin à la vulgarisation de toutes les connaissances acquises, il ne doit entraver personne qui veut les acquérir, il ne doit rien faire pour exclure les jeunes gens pauvres. Le talent, le génie, la vocation, ne sont nullement le monopole de la richesse; il y a de fortes têtes partout, qui ne profitent pas à la société ou tournent mal, uniquement faute d'instruction.

Est-ce que tout enseignement, quel qu'il soit, doit émaner de l'Etat?

Ce que l'Etat doit prendre en main, c'est d'abord l'instruction universelle et fondamentale de l'enfance, ensuite l'instruction de ses fonctionnaires de tout ordre, finalement l'organisation des hautes études scientifiques et artistiques. En dehors de cela il y a une infinité de choses, dont l'État ne peut s'occuper. Il prendra donc pour règle de laisser enseigner ce qu'il n'enseigne pas lui-même. Tout enseignement étant néanmoins chose grave, conférant au maître une certaine influence, les enseignants pouvant être appelés à instruire des enfants ou autres gens faciles à tromper, il importe de prévenir les abus qui peuvent naître de tout cela. Chacun qui propose d'enseigner quoi que ce soit, devra donc se présenter avant tout à l'autorité compétente pour donner des éclaircissements sur sa spécialité, démontrer qu'il a les aptitudes et connaissances nécessaires, déclarer où, quand, et comment il enseignera, fournir sur sa personne, son passé, son honorabilité, sa moralité, des renseignements satisfaisants.

Ne pourrait-on pas donner encore un peu d'instruction aux grandes personnes qui n'en ont pas du tout?

C'est de la plus haute importance. En supposant que dès aujourd'hui tous les enfants fréquentent l'école, que dès aujourd'hui les jeunes soldats ignorants reçoivent une bonne instruction sous les drapeaux, il n'en reste pas moins un très-grand nombre de citoyens qui ont reçu une instruction tout à fait insuffisante ou qui n'ont reçu aucune instruction. Ces personnes en ont pourtant grand besoin, non-seulement pour leurs affaires privées, mais aussi en raison de leur influence toujours croissante sur les affaires publiques. Ces deux côtés de la question intéressent également l'Etat. Il est donc indispensable de fournir à ces personnes, qui constituent encore aujourd'hui la grande majorité du peuple, tous les moyens, toutes les occasions possibles, d'acquérir les connaissances qui leur manquent. On devra établir partout des Cours publics et gratuits, afin que chacun soit à même de les suivre dans son quartier ou voisinage, sans trop de dérangement, et surtout sans être astreint à des formalités quelconques. Ces Cours doivent être tenus quand même, fussent-ils quelquefois peu fréquentés : il importe que chacun sache qu'ils existent, il importe qu'ils entrent dans les mœurs. On enseignera la lecture, l'écriture, le calcul, la grammaire, aux personnes qui ont encore le courage de les entreprendre : on enseignera principalement la comptabilité, les différentes variétés de droit, l'économie dite politique, la géographie, l'histoire, sans préjudice d'autres branches de connaissances, selon les moyens dont on dispose d'une part et selon les besoins de chaque localité d'autre part, le tout dans un langage clair, compréhensible, dépouillé d'artifice. Les locaux utilisables pendant la soirée, ne manquent pas, le personnel pour tenir ces cours se trouve partout à un degré ou à un autre : dans les villages il y aura en tout cas le maître d'école. La plus grande difficulté consistera comme toujours dans la question d'argent, à raison des émoluments, qu'on devra bailler au personnel enseignant, des livres et cartes, du papier et des fournitures de bureau en grandes quantités, dont on aura besoin. Une Nation sérieuse ne reculera pas devant cette dépense. Il est de son devoir et de son intérêt, il y va de sa dignité d'éclairer encore tardivement, et certes imparfaitement, mais enfin le mieux qu'elle peut, ceux de ses membres, qui ont été négligés dans leur jeunesse, qui n'ont pas joui des avantages offerts à l'enfance actuelle. Un citoyen, trop fier pour accepter quelque chose de n'importe qui, pourra sans scrupule accepter l'instruction, que la société lui offre dans l'intérêt général. En apprenant les faits qui se sont passés au cours des temps, en apprenant leur enchaînement logique, en apprenant les principes qui gouvernent toutes choses, grandes et petites, le citoyen apprendra à penser, à raisonner. Il se convaincra qu'il ne doit se proposer aucun but sans avoir examiné s'il est bon et juste, élevé et noble, ou s'il est tout le contraire ; quelles en seront les conséquences en cas d'insuccès, quelles seront-elles en cas de réussite. En se posant régulièrement ces questions, en mettant de la bonne volonté et de la franchise à les résoudre, en y conformant leur conduite générale, les citoyens s'épargneront souvent des anxiétés, des remords. Ils parviendront à appliquer les mêmes règles à la direction de toutes les sociétés dont ils sont membres. Jusqu'à présent les populations ne contiennent pas seulement cinq pour cent, c'est-à-dire un vingtième de

9.

gens instruits : tout le reste ne sait rien ou presque rien, ne possède sur les choses les plus essentielles que des notions vagues, embrouillées. Toutes les civilisations du passé ont été aussi fausses que précaires : elles ne s'étendaient pas aux peuples, mais se bornaient à quelques individus, elles avaient été créées et imposées par des Dominateurs, des Conquérants, dont la descendance vivait sans améliorer, ni innover, le plus longtemps possible sur la réputation du grand-père ou de l'aïeul. La civilisation moderne sera tout autre quand l'instruction universelle aura éclairé la masse, quand elle aura détruit les erreurs, les superstitions, dont nous avons hérité et dont nous sommes affligés tous à un degré quelconque. La civilisation solide et vraie s'étendra au peuple entier et ne périra plus comme ses devancières ; elle ne se prétendra pas immuable, mais se perfectionnera sans cesse. Heureux les peuples qui sont entrés dans cette voie et qui donnent le bon exemple aux autres ! Qu'ils ne regardent pas à quelques millions quand il s'agit de l'enseignement, base de toute grandeur, de toute civilisation, de tout progrès.

LA RELIGION

Les Prêtres sont-ils des fonctionnaires publics?

Ils le sont au moins par un côté, celui des appointements. Toutes les personnes qui reçoivent des appointements fixes d'une caisse publique pour exercer des fonctions régulières, formelles, déterminées, sont des fonctionnaires.

Cet arrangement existe-t-il partout?

Non. S'il y a des Etats où le Trésor paie la dépense occasionnée par la Religion, il y en a d'autres, où les citoyens se pourvoient directement d'Eglises et de Prêtres.

Cela ne revient-il pas au même, puisque l'argent sort toujours de la poche des citoyens?

Jusqu'à un certain point. Dans le premier cas, tous sont tenus de contribuer; dans le second cas l'on ne s'oblige à donner que si on veut bien.

N'y a-t-il pas encore d'autres moyens de couvrir ces frais?

Jadis, quand l'obscurité était profonde et universelle, tout le monde, grands et petits, Princes et particuliers, états et communes, familles et sociétés, comblaient les Prêtres de dons, de donations, de dotations de tout genre, en argent, en objets de valeur, en biens meubles et immeubles, en revenus. Le but, avoué ou non, des donateurs était d'obtenir, par l'entremise des Prêtres, la protection ou les faveurs particulières du ciel, santé et longue vie, la richesse, le succès, la pluie ou le beau temps, ou bien de s'affranchir des tourments de l'enfer, de s'assurer des places dans le paradis. Les Clergés recevaient donc bien au-delà de ce qu'il leur fallait pour vivre et pour se procurer les locaux et le matériel nécessaires et comme l'obscurité a duré longtemps et qu'ils n'ont cessé de recevoir de tous les côtés à la fois, sans jamais rendre ni partager, ils ont pu accumuler des richesses énormes, incalculables.

Quel usage ont-ils fait de l'excédant?

Ils ont gardé le capital et dépensé seulement les intérêts ou produits, les employant de manières très-diverses. En partie ils en ont fait l'excellent usage de fonder des hospices, des hôpitaux et autres établissements utiles, ainsi que de construire des édifices religieux superbes et de les orner avec une splendeur éblouissante, ce qui était une bonne affaire pour plusieurs arts et industries; ils ont aussi fait l'aumône sur une échelle assez vaste. Par contre ils ont dilapidé, gaspillé des sommes immenses. Les Chefs et tous les haut gradés ont mené une vie de luxe, de somptuosité, de plaisirs des sens, de jouissances matérielles. Ils ont laissé s'enrôler sous la bannière religieuse d'innombrables sujets des deux sexes, dont une partie faisaient de la propagande sous une forme ou sous une autre, dont la plupart, sous prétexte de vie contemplative, se livraient en commun à l'oisiveté et à tous les vices qu'elle engendre.

Comment cette situation a-t-elle été modifiée?

En devenant assez éclairé pour saisir la gravité du mal, on le devenait également pour trouver un remède ; les gouvernements ont repris aux Clergés les immenses propriétés, que ceux-ci, incapables de remplir le but réel des donateurs, possédaient sans cause ou sur une fausse cause et dont l'exploitation n'était en aucun cas leur affaire. Les Chefs spirituels n'ont pu contester l'urgence de cette réforme, ni lui opposer des raisons sérieuses; elle a été effectuée presque partout et là où elle ne l'est pas encore, elle le sera bientôt. De nos jours on n'admet plus que deux systèmes : soit paiement des frais de religion par les caisses publiques, soit association de simples citoyens, achetant des terrains, faisant bâtir et garnir des églises et prenant des prêtres à l'année. Le progrès des lumières conduira les prêtres à ne plus se charger d'aucuns capitaux, ni pour les employer, ni pour les distribuer, le public à ne plus leur en offrir.

Lequel des deux systèmes vaut le mieux, action de l'Etat ou action des citoyens?

Chacun des deux a du bon. En assimilant les prêtres aux fonctionnaires publics, le Législateur affranchit les citoyens de tout souci à leur égard ; l'administration veille à ce que tout marche régulièrement et de la manière convenue. En adoptant le système de la cotisation volontaire, la majorité évite le reproche de forcer la minorité à cette contribution, qui semble jurer avec la liberté de conscience. Quant aux prêtres, ils ont plutôt intérêt, dans la situation actuelle, à traiter avec des associations particulières; ils sont mieux rétribués et jouissent d'une considération plus grande. On peut s'en convaincre dans les pays qui ont adopté ce système en tout ou en partie et qui sont justement ceux où les pratiques religieuses sont suivies avec le plus de zèle, où les prescriptions religieuses sont observées avec le plus de soin, où les religions sont le plus en honneur.

Qui doit nommer aux fonctions cléricales dans les Etats, où elles sont rétribuées par le Trésor Public?

Dans les Etats bien ordonnés, où le Chef de l'Exécutif est positivement responsable, il faut comme de juste que toutes les nominations émanent de lui, soit directement quand il s'agit de postes élevés, soit par délégation de pouvoir pour la généralité des emplois. Cette règle s'applique aux fonctions cléricales comme à toutes les autres. Il est non moins évident, que le Chef de l'Exécutif ne peut nommer indistinctement qui bon lui semble, mais qu'il doit choisir parmi les candidats dûment qualifiés et qui ont passé leur examen devant les examinateurs spéciaux.

Les fonctionnaires cléricaux sont-ils absolument limités à leurs fonctions?

De même que personne ne peut exercer les fonctions cléricales hormis les hommes spéciaux, dûment préparés, examinés et nommés, ceux-ci doivent rester dans leur rôle et ne se mêler que de ce qui concerne leur ministère. Jadis les Clergés sont intervenus dans les affaires civiles, politiques, sociales, pesant sur l'organisation, le règlement, la direction de toutes choses; les prêtres ont commandé les soldats, gouverné, administré, jugé, tenu école, Dieu sait comme. C'était dans les mœurs du temps, mœurs en grande partie leur ouvrage, mais l'Etat moderne, l'Etat sérieux où l'ordre règne, ne peut tolérer une confusion semblable. Les Clergés eux-mêmes en ont souffert. La violation des principes se venge toujours; on ne doit pas se mettre au-dessus d'eux comme les prêtres l'ont fait jusqu'à une époque récente, malgré la réprobation et la haine qu'ils attiraient sur leurs personnes et leur profession. Dans leur propre intérêt ils auraient dû s'abstenir de toute participation visible dans les affaires de ce monde, en laisser tout le côté extérieur à leur allié, le Chef Temporel, conseiller ce dernier, convenir avec lui en toute circonstance de ce qu'on allait faire de part et d'autre, mais dans le plus profond secret et sans jamais en avoir l'air.

Les Chefs temporels et les Chefs spirituels ont-ils toujours fait bon ménage ensemble?

Pour se partager la direction du genre humain, ils avaient naturellement combiné leur action et celle de leurs subordonnés. En théorie ils s'entendaient assez bien, mais dans la pratique ils ont eu souvent des difficultés, chacun voulant accaparer la plus grosse part des honneurs et des profits. Ni les Chefs spirituels, ni les Chefs temporels n'ayant un mandat quelconque, soit de Dieu soit du Peuple, ils étaient les uns comme les autres sans droit : toute la question entre eux était une question de fait, c'est-à-dire de ruse ou de force. Les Chefs spirituels, soutenant qu'ils étaient les représentants immédiats du Ciel et en rapports plus directs avec Dieu que les Chefs temporels, ont toujours essayé de se mettre au-dessus de ceux-ci, mais les Chefs temporels, qui savaient à quoi s'en tenir à cet égard, ont toujours résisté de leur mieux, quand il s'agissait de leur intérêt étroit; ils faisaient plutôt une concession, un sacrifice, au détriment de leur pays, de leurs sujets. Au fur et à mesure que les ténèbres ont diminué, le Chef temporel a gagné du terrain sur son associé exigeant. Il y a déjà quelque temps que les Chefs spirituels ne prétendent plus nommer ou destituer les Chefs temporels, les mettre en pénitence, recevoir d'eux des marques de soumission, se servir d'eux comme instruments de persécution ou de propagande, les pousser à des guerres de religion. Les Clergés n'ont plus de ces exigences, auxquelles les Chefs temporels ne voudraient plus satisfaire, parce qu'elles leur sont à charge, la religion ne pouvant plus rien pour eux, son appui étant plutôt un embarras. Le pouvoir temporel et le pouvoir spirituel deviennent de plus en plus incapables de se servir ou de se desservir mutuellement : le Peuple a placé entre les deux son pouvoir à lui, l'Assemblée Nationale, qui les sépare, assignant à chacun la place qu'il doit occuper, les obligeant à vivre en paix et à se conformer aux lois, faites pour eux comme pour tout le monde.

Les Clergés en général n'ont-ils pas employé leur pouvoir et leur influence au profit du genre humain?

Il s'en faut de beaucoup. Si tous les fondateurs de religions ont eu en vue d'améliorer l'état de choses qui existait de leur temps, leurs successeurs n'ont pas imité ce bel exemple. Quand un génie hors ligne avait ébauché une théorie, quand il l'avait mise en circulation et qu'elle avait fait un certain chemin, il s'est toujours trouvé des hommes expérimentés, clairvoyants, résolus, pour s'emparer de l'idée, pour la compléter, en faire un système et s'en proclamer les Chefs. Jusque-là rien que de naturel, de légitime, une idée tombée dans le domaine public appartenant à tout le monde et méritant d'être utilisée, répandue, si elle est bonne. Chaque religion a sans doute constitué un progrès dans le pays et à l'époque de son apparition, seulement les Chefs successifs ne l'ont pas maintenue à cette hauteur et n'ont travaillé qu'à étendre leur domination, à augmenter leur richesse et leur puissance. Au lieu d'éclairer le peuple, de prendre fait et cause pour le peuple, les prêtres lui ont prêché la résignation à la misère et à la servitude, lui promettant des récompenses, des dommages-intérêts dans l'autre monde, s'il se laissait malmener comme il faut dans celui-ci. Ils n'accusaient pas la mauvaise organisation politique et sociale, ayant d'ailleurs aidé à l'établir et en profitant dans une large mesure, mais rejetaient la faute sur Dieu, qui, à les en croire, aurait toujours eu des desseins et des procédés fort singuliers, soi-disant obscurs, impénétrables. Les Clergés n'ont guère apporté de remèdes aux maux soufferts par l'humanité; si l'on avait compté sur eux pour des améliorations majeures, on aurait attendu longtemps, on attendrait encore. Si la science et la philosophie n'avaient pas marché, le genre humain serait encore dans un triste état. Pourtant les Clergés avaient bien ce qu'il fallait pour faire le bien. Leurs membres, depuis le premier jusqu'au dernier, jouissaient d'une influence colossale dans les affaires publiques et privées, ordinaires et extraordinaires; isolément ou par les corporations de tout genre qu'ils avaient formées, ils pénétraient partout, apprenaient tout. Le droit de réunion a toujours existé à leur profit : de tout temps les Clergés ont eu pleine liberté de parler à la foule, qui venait les écouter avec le plus profond respect, aussi bien à jour fixe, que dans toutes les occasions, qu'ils voulaient bien lui offrir : avantage inappréciable, surtout avant l'invention de l'imprimerie. Malgré tous ces moyens, que tous les Clergés ont eus pendant tous les siècles et dans tous les pays, ils n'ont rien fait, rien tenté, pour éclairer les peuples, pour avancer les affaires du genre humain, qui ne demandait pas mieux que de se laisser instruire par eux. La richesse et le pouvoir ont été le principal souci des Clergés, toujours ligués avec les riches et les puissants de la terre. L'esclavage et la polygamie, inventés par ceux-ci, ont toujours été, sont encore, approuvés, justifiés, par la plupart des religions, quoiqu'ils soient ce qu'il y a de plus immoral, de plus dégradant, de plus contraire à l'ordonnance de Dieu. Sur toute la surface du globe et à toutes les époques ont régné les vices et les abus les plus monstrueux, auxquels les serviteurs de Dieu ont concouru ou assisté avec béatitude ou qu'ils n'ont combattus que mollement, pour la forme ou pas du tout. Bien au contraire, les Clergés eux-mêmes ont introduit des coutumes horribles, diaboliques, les sacrifices humains. Ces sacrifices étaient de deux genres, ceux déclarés carrément comme tels et ceux nommés actes de foi, les victimes étant immolées parce qu'elles manquaient de zèle pour les exercices religieux en vigueur. Des deux genres de sacrifices le moins infernal était évidemment le genre franc et net. On traitait les victimes en victimes, non en malfaiteurs, on les immolait sans hypocrisie, on les tuait simplement en une fois. Dans l'autre sacrifice la mort était précédée d'un long et cruel emprisonnement, pendant lequel des tortures atroces étaient répétées sur les victimes, qu'à la fin on brûlait mortes ou vivantes, pour empêcher la résurrection en réduisant leurs corps en cendres — le tout à la plus grande gloire de Dieu. Nul ne saurait dire combien d'êtres humains des deux sexes, de tout âge, de toute condition, mais tous innocents de vrais délits ou crimes, ont péri dans ces sacrifices. Chez plusieurs peuples déjà avancés en civilisation, où l'on a pu en faire un calcul très-incomplet, ils se chiffrent par millions, tant brûlés que tués de toutes sortes de manières, ou morts de faim et de froid après avoir été dépouillés de tout ce qu'ils avaient, pourchassés et chassés de leur pays. On s'explique difficilement que les Prêtres aient pu concevoir des idées pareilles. Il est possible que de certains aient eu l'imagination troublée, fourvoyée, par l'excès des jouissances, que de certains se soient mis, par des privations et des souffrances volontaires, dans un état morbide, rabique, extatique, où ils étaient insensibles à la douleur et à la mort pour eux-mêmes et pour les autres. Il est possible encore, qu'ils aient voulu délibérément et de sang-froid confondre la raison 'rapper les peuples de terreur, pour les maintenir dans la sujétion, dans la superstition, dans la croyance que les prêtres devaient être les agents de Dieu, puisque Dieu semblait approuver leurs agissements par son silence et sa non-intervention. L'hypothèse que les Clergés ont agi par calcul, explique le rôle joué par les ignobles Chefs d'Etat, qui sans être les dupes des Clergés, n'ont pas empêché leurs crimes de lèse-humanité, de lèse-nation et leur ont au contraire prêté main-forte, parce qu'ils avaient un intérêt égal à l'abrutissement des peuples. Toutes les religions qui ont pratiqué les sacrifices humains, les ont abandonués sans dire pourquoi, de façon qu'on ignore ce qu'elles en pensent aujourd'hui, si elles les déclarent l'œuvre de fous et de scélérats, ou si elles les ont quittés à contre-cœur, si elles n'en usent plus, parce que la civilisation les a rendus impossibles. Il résulte de tout cela que les Clergés, loin d'avoir voulu le progrès comme les fondateurs de religions, loin d'avoir employé leur très-grande influence et leurs très-grands moyens au profit du peuple, n'ont travaillé que pour eux-mêmes, dans ce qu'ils croyaient leur intérêt et qu'ils ont nui considérablement aux peuples, à l'humanité.

L'irritation contre les Clergés et les institutions religieuses n'a-t-elle pas été maintes fois si grande, qu'on a voulu les anéantir tout à fait ?

Nullement. Ce sont les religions entre elles qui ont voulu s'anéantir. Dans nombre de pays et à mainte époque les préposés des diverses religions ont ameuté les populations ignorantes et superstitieuses les unes contre les autres. — Des religions ont été opprimées à leur début par des religions implantées et qui étaient protégées par le Chef temporel. — Des religions anciennes plus ou moins caduques ont été écrasées par de nouvelles religions, aussitôt que celles-ci avaient acquis du poids et du crédit auprès des autorités et de la multitude. Ces événements forment la plus grosse part des persécutions dont les religions se plaignent, mais ces persécutions n'émanaient pas d'hommes ordinaires, ni d'idées anti-religieuses : elles avaient pour auteurs et fauteurs des Clergés. Ceux-ci ont également causé les autres attaques et persécutions endurées par les religions. Plusieurs Clergés ont opprimé le peuple, bravé les autorités et les lois du pays. Quelquefois aussi tout le personnel d'une religion, chefs et subalternes, était devenu tellement corrompu, jetait un tel discrédit sur cette religion, la pratiquait tellement mal et menait sous le manteau de la religion une vie tellement répréhensible, que les populations outrées, n'y tenant plus, se sont soulevées en masse et qu'on a eu de la peine à les calmer par des réformes, des promesses, des diversions. Il est encore arrivé, comme exception rare et dans des temps troublés, que des prêtres ont été assaillis, des temples détruits ou profanés, sans motif direct, les Clergés ainsi molestés n'ayant donné lieu dans ce moment à aucune plainte, mais ils avaient commis antérieurement des violences mille fois pires. — La religion, quoique mal comprise, a toujours été entourée de respect ; les institutions religieuses n'ont jamais été en danger, sauf par les rivalités, les excès et les erreurs des Clergés. L'habitude des services divins est profondément enracinée; pour beaucoup de gens elle est une seconde nature. Même ceux qu'on n'y voit qu'à de longs intervalles, dans des circonstances extraordinaires, désirent leur maintien, autant pour en profiter à l'occasion, qu'à cause des enfants, qu'on fait passer par tous les exercices religieux qui les concernent selon la religion de leurs parents. Dans tous les pays du monde l'immense majorité est de cet avis, le petit nombre par la foi aveugle, les autres par imitation, routine, acquit de conscience et enfin par raison, la bonté de Dieu méritant au moins quelques démonstrations de gratitude. Il y aura donc toujours des cérémonies publiques en l'honneur du Très-Haut. Le Législateur décide rationnellement que tous les citoyens, y compris les indifférents, voire les quelques hostiles, doivent contribuer aux frais des principaux cultes, mais le Chef temporel ne force plus personne, par le fer et le feu, à en prendre sa part, encore bien moins à suivre un enseignement, des préceptes religieux.

N'y a-t-il pas des religions, qui entravent encore de nos jours l'action du Législateur?

Si, en défendant de rompre les liens du mariage, quoique le Législateur ait reconnu, que l'existence en commun peut quelquefois devenir insupportable et qu'alors, pour éviter de plus grands malheurs, des crimes, il vaut mieux rendre la liberté aux époux. Ceux-ci peuvent être séparés de par la loi, mais cette séparation est viciée par la Religion. Les époux sont mis dans une position archi-fausse, dans un état absurde, qui a pour tous les deux les effets les plus déplorables, qui empêche l'un et l'autre de contracter une nouvelle union, sans doute mieux assortie, vu l'expérience gagnée à l'école de l'adversité; qui empêche de fonder deux nouvelles familles régulières, où les enfants existants trouveraient dans plus d'un cas un refuge. La religion ne tire aucun profit de son système et on ne s'explique pas qu'elle l'ait implanté. Comme la religion consacre toutes les unions sans le moindre examen, s'il y a des éléments de bonheur ou non et qu'elle s'en rapporte à l'appréciation des intéressés, elle doit les croire également quand ils déclarent en pleine connaissance de cause, qu'il n'y a que des éléments de discorde et de haine. Comme la religion s'en rapporte au Législateur pour déterminer les conditions du mariage, elle doit s'en rapporter à lui, pour déterminer celles de la dissolution. Mais c'est en admettant que le mariage est dissous par la mort de l'un des conjoints que la religion se montre vraiment inconséquente. Toutes les religions affirment que leur action s'étend à l'autre monde et se fait sentir surtout dans l'autre monde, que c'est dans l'autre monde que nous acquerrons la preuve de leur efficacité, de leur divinité. S'il en est ainsi, les religions ne doivent remarier ni veufs, ni veuves, ayant déjà lié chacune de ces personnes à tout jamais avec une force divine, indestructible. La séparation temporaire, résultant de ce que l'un des époux meurt avant l'autre, ne signifie rien au point de vue religieux, notre existence en ce bas monde étant en vérité trop peu de chose à côté de la vie éternelle. Une religion ne peut pas soutenir que pour toutes sortes d'affaires elle embrasse l'éternité, mais que pour le mariage il y a exception, que pour le mariage son effet est limité à la vie terrestre et n'engage à rien au delà, que les conjoints redeviennent étrangers l'un à l'autre, qu'ils ne se souviendront pas de s'être appartenus ou qu'ils ne se rencontreront pas, ne se redemanderont pas. En remariant des veufs et des veuves, les religions s'exposent même à bénir des parjures, le cas n'étant pas rare que l'époux survivant jure à l'autre de ne pas contracter de nouvelle alliance. Le système en question renferme évidemment plusieurs contradictions et il importe de le remplacer. Ou les religions doivent admettre qu'elles ont tout autant de pouvoir pour consacrer un mariage que pour le dissoudre et que la dissolution prononcée par elles opère en ce monde et ci-après : dans ce cas elles pourront créer une cérémonie pour le divorce comme elles en ont créé une pour le mariage, laquelle cérémonie sera obligatoire sur leur terrain pour toutes les dissolutions, qu'elles aient lieu par la loi ou par la mort, et faute de laquelle on ne pourra obtenir la célébration religieuse d'un nouveau mariage. Ou les religions doivent admettre que le mariage est un contrat purement humain, qu'elles bénissent parce qu'il est moral, utile, salutaire, parce qu'une certaine solennité convient à un acte de cette importance, mais enfin que c'est un contrat humain, qui doit être régi par la loi humaine. En effet la société seule a le droit, le devoir et les moyens de déterminer, quelles sont les unions qui peuvent être contractées ou dissoutes, de fixer les délais et les formalités convenables, de préciser les obligations qui en résultent, d'établir et d'appliquer une sanction pénale. Comme la société a son Législateur et ses fonctionnaires civils, administratifs et judiciaires, tout autre organe n'est plus que secondaire. Le Législateur n'empêche pas les religions d'ajouter du lustre à la célébration des mariages, mais il ne saurait tolérer que des religions imposent leur intervention, ni leurs doctrines. Le législateur entend que chacun reste libre en matière de croyances et de pratiques religieuses ; il ne force personne à suivre sa religion, encore bien moins à en suivre une autre. Comme les grands Etats actuels renferment des citoyens de diverses religions, dont la plupart approuvent le divorce, le Législateur ne peut sous aucun prétexte l'interdire aux adhérents de celles-ci et comme il ne peut avoir deux poids et deux mesures, il doit l'accorder à tout le monde. La crainte de l'abus n'est pas justifiée; nul ne recourt légèrement à ce remède extrême. Le divorce existe dans un grand nombre de pays où, sagement réglé par la loi, il ne cause pas plus de perturbation que n'en cause ailleurs la séparation de corps, qui en a tous les mauvais côtés sans aucun des bons. Les Chefs religieux, en déclarant le mariage indissoluble ont fait une grave erreur, comme ils en ont fait bien d'autres, que le Législateur actuel a redressées. Les Chefs religieux d'autrefois, quand ils faisaient des lois, agissaient tout simplement en Législateurs, mais ils n'avaient pas et ne pouvaient avoir les lumières et l'expérience qu'on a aujourd'hui. Leurs lois pouvaient être bonnes pour l'époque et le milieu auxquels elles étaient destinées; si dans le nombre il y en a qui soient encore bonnes maintenant, le Législateur moderne les conservera, non à cause de leur origine religieuse, mais à cause de leur mérite propre. Ce ne sont pas les théories contradictoires des religions, c'est la raison, la justice, la morale qui doivent guider le Législateur et former la base unique des lois, au profit de tous les habitants du pays sans distinction de croyances. Le Législateur moderne ne doit pas suivre les errements de ses devanciers, il ne doit pas souffrir davantage qu'un élément étranger, fût-ce une religion, vienne se mettre en travers ou jeter la défaveur sur ce que lui, Législateur dûment qualifié, a reconnu et proclamé juste, honnête, utile.

Les religions ne conservent-elles pas des institutions très-nuisibles à la société?

De certaines religions en conservent de très-fâcheuses, entre autres les ordres et couvents, les associations internationales, les missions. Pendant les siècles d'ignorance et de barbarie les ordres et les couvents ont pu avoir une utilité relative, mais heureusement ils sont devenus inutiles. Des sociétés internationales religieuses, ayant des ramifications et des agences de tous les côtés, n'ont aucune raison d'être; on se demande à quoi elles travaillent. Les missionnaires étaient soutenus autrefois par des armées et des flottes : les habitants des pays conquis devaient se convertir en masse, au moins extérieurement, sous peine d'être massacrés. Plusieurs cultes ont pris ainsi une extension aussi rapide que superficielle, tandis que sur d'autres points du globe de vastes régions ont été complétement dépeuplées, parce que les habitants résistaient à la conversion. Encore aujourd'hui les missionnaires attirent sur leurs nationaux des haines terribles, qui leur font en temps ordinaire un tort énorme dans leur commerce et leur industrie et dégénèrent fréquemment en sévices graves sur leurs personnes et en destruction totale de leurs établissements. Plus d'une fois la mère-patrie a été obligée de les protéger par les armes, de se lancer dans des expéditions lointaines et coûteuses, qu'elle n'aurait pas entreprises, qu'elle ne désirait pas. Que des hommes ardents, pleins de leur foi, veuillent porter la bonne parole à des sauvages, à des cannibales,rien de mieux, mais qu'ils n'aillent pas dans des pays civilisés, avec lesquels le leur entretient des rapports officiels, où leurs compatriotes ont des intérêts considérables et surtout qu'ils ne prétendent à aucun secours de leur gouvernement. Toutes ces combinaisons, ordres et couvents, sociétés internationales, missions, sont intolérables. A l'avenir il ne doit plus exister dans chaque religion qu'un clergé régulier.

Le Célibat des Prêtres n'est-il pas également un abus ?

Sans aucun doute. C'est même le plus gros de tous ceux qui se tiennent encore debout. Inventé par les païens de l'antiquité, le célibat des prêtres était imposé par plusieurs de leurs religions. Il avait disparu avec celles-ci et l'on n'y pensait plus, lorsqu'un Chef spirituel l'a remis sur le tapis il y a sept à huit siècles. Ce Chef avait un plan : il voulait enlever aux prêtres tout sentiment national, patriotique ou civique, les détacher de leur prince et de leur pays, il voulait en faire ses hommes à lui, qui devaient suivre ses inspirations, favoriser ses desseins, se placer à son point de vue, faire bande à part au milieu du peuple. On comprend aisément que cette vieille nouveauté ait été fort mal accueillie par les prêtres : elle n'émanait pas du fondateur de la religion, le besoin ne s'en faisait pas sentir, rien ne la justifiait, la religion pouvait très-bien s'en passer, à preuve qu'elle avait marché pendant des siècles sans qu'il en ait été question. Les Prêtres de cette époque étaient mariés et ne pouvaient se résoudre à quitter femmes et enfants. Ce système n'a pu être implanté qu'avec beaucoup de peine et très à la longue par l'opiniâtreté des Chefs spirituels successifs, par l'aveuglement, la stupidité, la faiblesse des Chefs temporels, auxquels leur devoir aussi bien que leur intérêt commandaient d'y résister absolument et par tous les moyens. Abandonnés par leurs Princes, n'ayant rien à espérer des peuples ignorants, abrutis, les Prêtres ont dû se soumettre et renoncer au mariage. Comme ils ne pouvaient pas faire eux-mêmes leur cuisine, ni se livrer aux mille petits travaux d'une ménagère, ils ont toujours eu le droit de vivre avec des femmes, mais ces femmes, au lieu d'être des épouses, ne devaient être que des domestiques, des servantes. Cet arrangement a pu se maintenir dans beaucoup de pays; dans beaucoup d'autres il a été aboli : les prêtres, encouragés par les Princes et les peuples, ont repris leur liberté et se marient comme tout le monde, comme cela s'était pratiqué anciennement. Le célibat est condamné par la religion même, qui sert de base à celle qui le commande ; il ne fait partie intégrante d'aucune religion, il est contraire à l'ordonnance divine, aucun Chef de religion n'a le droit de l'imposer à ses subordonnés. Il n'est pas bon que l'homme soit seul, notamment quand il est dans la force de l'âge, qu'il mange bien, boit bien, qu'il jouit d'un bien-être raisonnable san aucun travail fatigant. Des hommes comme les prêtres, formés par une instruction supérieure, menant une vie calme, douce, exempte de soucis, de peines, sont éminemment propres à fonder des familles; ils font d'excellents maris, ils trouvent d'excellents partis, comme on peut le voir partout, des religions très-répandues n'exigeant pas le célibat de leurs nombreux préposés de tous grades. Qu'on fasse donc entrer les prêtres en ligne, au plus grand profit d'eux-mêmes, de la religion, de la famille, de la société, de la morale.

Pourtant le Législateur ne peut pas forcer les prêtres à se marier?

Non, mais il ne doit pas non plus les en empêcher, ni tolérer qu'ils soient empêchés. Prêtre ou non, tout homme est libre de se marier; c'est un droit naturel, fondamental, dont aucune promesse, aucun vœu ne saurait le frustrer, un droit en parfait accord avec l'ordre public et les bonnes mœurs. La renonciation permanente à ce droit ne peut être légalement imposée à personne, ni stipulée dans aucun contrat, en faveur d'aucune corporation, d'aucune institution. La société ne doit pas souffrir qu'un prêtre soit troublé dans l'exercice de ses fonctions parce qu'il se marie après avoir pris l'engagement de rester garçon. Comme dans plusieurs pays le célibat a servi de base pour la fixation des appointements, il faut réparer cette injustice tout au moins pour ce que l'on appelle le bas clergé. Il faut faire deux catégories: conserver les appointements actuels aux prêtres qui restent célibataires, en attribuer de supérieurs à ceux qui se marient. Cette mesure est commandée par le bon sens et l'équité; si on ne la prenait pas, beaucoup de prêtres seraient obligés de s'abstenir, quoique pleins de bonne volonté, à cause des charges de la famille et ne voulant pas exclusivement rechercher des mariages d'argent. Les Législateurs et les Chefs d'Etat doivent faire le nécessaire à ce sujet; il faut en même temps, pour le repos des consciences, qu'ils agissent auprès du Chef spirituel, qui maintient le célibat, afin qu'il le supprime: comme c'est un de ses prédécesseurs qui l'a établi, il a qualité pour le mettre à néant. Les pères et mères de famille doivent se remuer pour obtenir cette réforme désirable ; ils organiseront un pétitionnement général au Chef de religion et persisteront jusqu'à réussite. Aucun scrupule ne peut les arrêter, la chose qu'ils sollicitent étant primordiale, honnête et convenable. Le Chef spirituel se défendra un peu, il fera quelques difficultés, mais plutôt pour la forme : il ne peut sans façon abolir une ordonnance déjà ancienne, déclarée de haute valeur et considérée comme telle pendant des siècles. Mais en se voyant sollicité de tous les côtés, il cèdera à la prière universelle, d'autant plus que les raisons et les circonstances, qui avaient déterminé ses prédécesseurs, n'existent plus, que le système en question n'a jamais donné, ne donnera jamais le fameux résultat, que son auteur avait eu en vue. Les Prêtres que ce changement concerne, l'accueilleront avec autant de joie, qu'ils avaient accueilli le changement contraire avec dépit et chagrin ; ils quitteront volontiers une situation gênante, équivoque, pleine d'inconvénients, pour rentrer dans le droit commun, d'où leurs Chefs les avaient fait sortir par erreur.

Les religions ont-elles beaucoup varié dans leurs doctrines ?

Toutes ont varié considérablement. Elles ont d'abord mis beaucoup de temps à se former, à préciser leurs théories. Quelques-unes prétendent y être parvenues à une époque déjà éloignée, déclinant la compétence de qui que ce soit pour introduire des changements à partir de là. D'autres n'ont pas encore arrêté à l'heure qu'il est la liste de leurs articles de foi ou dogmes. Chaque religion, une fois installée, a duré un grand nombre de siècles, pendant lesquels les Chefs de la plupart ont modifié, perfectionné, retranché, surtout ajouté, aussi souvent qu'ils l'ont jugé à propos. Ce sont les fondateurs et leur entourage qui seraient étonnés de voir les religions dans leur état présent, revues, corrigées, augmentées, altérées, à tel point qu'ils auraient de la peine à les reconnaître.

Qui a inventé les symboles, emblèmes, costumes, imageries, sonneries et autres accessoires avec lesquels on a embelli et enrichi les principales églises ?

Il serait difficile de le dire, ces choses-là se transmettant de temps immémorial. Les inventeurs primitifs, qui en ont conçu l'idée rudimentaire, ont dû vivre à des époques archi-reculées. On sait qu'un assortiment considérable a déjà existé il y a des milliers d'années. Les religions subséquentes n'ont eu qu'à choisir dans ce fonds et s'approprier ce qui leur convenait, soit en conservant l'ancienne signification, soit en transformant, en adaptant à la théorie projetée.

S'il n'y avait qu'à copier, les fondateurs auraient pu organiser tout cela eux-mêmes?

Rien ne leur eût été plus facile; ils auraient pu donner au moins des instructions pour les temps à venir. Chacun d'eux connaissait bien ce qui s'était fait jusqu'alors, sans compter qu'ils ont eu certes assez d'esprit pour imaginer quelque chose d'original. Pourtant ce ne sont pas les fondateurs qui ont introduit les cérémonies de leurs cultes respectifs, soit parce qu'ils ont jugé le moment inopportun, leur religion encore faible et peu goûtée, ne pouvant rien se permettre en présence de religions implantées et protégées, soit parce qu'ils ont jugé les cérémonies inutiles, superflues et qu'ils les ont désapprouvées. D'après le plus éminent des fondateurs de religions, il faut le moins possible de cérémonies, de formalités, voire de gestes et de paroles. Aussi nous conseille-t-il avec force de rester chez nous pour prier Dieu, de nous adresser directement à Dieu, en toute simplicité, isolément, sans aucun apparat.

Il faut pourtant bien quelques signes extérieurs, quelques manifestations visibles?

Sans aucun doute. On peut prier chez soi, se recueillir pieusement chez soi, mais cela ne doit pas empêcher de se réunir au dehors, de faire des démonstrations collectives. Plusieurs religions ont combiné de fort belles cérémonies publiques, ce dont on ne peut que les louer. En mettant à contribution l'Art architectural et décoratif, la Sculpture, la Peinture, la Musique, le Chant, l'Industrie, l'Horticulture, en perfectionnant sans cesse, elles ont réalisé un ensemble superbe, des effets propres à attirer la foule, à frapper les imaginations, à exciter le sentiment religieux. Cette pompe est vaine et nous ne pouvons rien faire qui soit utile ou profitable à Dieu, ni espérer qu'il attache beaucoup d'importance à nos démonstrations, mais il ne saurait déplaire à Dieu que nous lui montrions ainsi notre gratitude, pourvu que nous n'agissions pas par égoïsme, crainte, hypocrisie, ostentation, routine, frivolité, superstition. C'est à cela que l'éminent fondateur a fait allusion quand il a parlé des pratiques de son temps, mais il n'a pas voulu critiquer ni blâmer ce qui est sincère, honnête. Nous *devons* manifester notre reconnaissance à Dieu de sa grande bonté pour nous, non d'une bonté partiale pour tel peuple ou individu par opposition à tels autres, mais de sa bonté infinie pour tout le genre humain, de l'avoir créé et doué comme il a fait, de le conserver et de le traiter comme il fait toujours. C'est la raison qui nous y conduit : sans la raison il n'y aurait pas de religions. Les animaux, étant dépourvus de raison, n'ont jamais pu organiser une religion. La raison est la mère, la cause première de tous les cultes, quoiqu'ils la renient depuis longtemps, qu'ils se prétendent en guerre avec elle, qu'ils s'appuient sur un tout autre principe. Néanmoins les religions appellent la raison en aide quand leur argument le comporte ; elles voudraient l'avoir à leur disposition pour s'en servir comme bon leur semble.

Sur quoi toutes les religions sont-elles basées ?

Toutes celles qu'on connait s'appuient sur des révélations que Dieu aurait faites à des hommes de confiance et sur des miracles qu'il aurait opérés dans plusieurs pays et dans différentes circonstances.

Que sait-on de positif à cet égard ?

Rien du tout. Les premières histoires qui relatent ces choses-là et qui ont servi de type à toutes les autres, ont été composées dans des langages barbares, on ne sait quand ni par qui et transmises verbalement de générations en générations pendant des milliers d'années. Des récits confus, incohérents, ont été ajoutés de temps en temps aux noyaux primitifs, dont plus d'un a sans doute été remplacé, ou tellement travesti, qu'un beau jour il n'était plus le même du tout. Quand pour la première fois ces histoires, forcément variées selon les pays, ont été fixées par écrit dans des langages encore informes, à des époques inconnues, d'une manière imparfaite et peu durable, par des gens ignorants, qui ne savaient mesurer ni le temps, ni l'espace, l'œuvre ne pouvait être qu'un assemblage de contes embrouillés, décousus. Les premières rédactions ne sont d'ailleurs pas venues jusqu'à nous : d'autres écrivains les ont traduites, refaites, habillées et arrangées encore plus d'une fois. Ceux qui, beaucoup plus tard encore, ont établi ou fait établir les textes qui servent maintenant, étaient déjà des Chefs reconnus; ils avaient l'habitude de parler sur un ton qui n'admettait ni doute, ni réplique; ils étaient habiles, intelligents, autant qu'on peut l'être en l'absence de toute notion scientifique, ils avaient eu le temps d'observer et de réfléchir, ils étaient crus sur parole par des peuplades naïves et stupides, façonnées à la sujétion et à la superstition. Des temps et des milieux semblables appelaient les révélations. Toutes les religions se faisaient non-seulement passer pour révélées, toutes auraient voulu se dire révélées dès l'origine du monde, se dire la condition, peut-être la cause, de la création du monde et du genre humain, destinées à durer aussi longtemps qu'eux, plus longtemps même. Plusieurs religions très-anciennes ont réussi à prendre cette position, quoiqu'elles n'aient pensé à cela que longtemps après leur fondation, quand elles étaient déjà répandues; leurs adhérents croient qu'elles ont été fondées par Dieu, que les Chefs sont toujours et quand même les successeurs de Dieu, que les institutions et cérémonies émanent de Dieu et que la longue durée de leur existence en est la preuve irrécusable. Des religions de plus fraîche date, ne pouvant plus s'adjuger une origine aussi antique, ont adopté en bloc les révélations d'une de ces religions qui remontent jusqu'au « commencement. » Pourtant ces nouvelles religions, au lieu de respecter leur mère, l'ont méprisée et persécutée à outrance et l'oppprimeraient encore aujourd'hui, si le pouvoir temporel n'y avait pas mis ordre. Ce qu'il y a de plus positif en fait de révélations, c'est qu'elles sont nées dans des temps et des milieux de profonde ignorance, d'une ignorance telle qu'on ne peut presque plus se la figurer de nos jours; il n'est donc pas étonnant qu'elles soient ce qu'elles sont.

Et les miracles?

Dieu a créé l'Univers, miracle permanent, certain, palpable et visible pour tous les individus, toutes les races, tous les âges. Si les religions parlent d'autres miracles, instantanés, pour ainsi dire clandestins, qui auraient eu lieu par-ci, par-là, ce ne peut être pour en faire honneur à Dieu, ces miracles n'étant que de l'enfantillage, des bagatelles, à côté de l'Univers : ils étaient donc sans objet et l'on cherche vainement le motif pour lequel Dieu les aurait opérés. Dieu ne veut pas que nous y croyions, puisqu'il nous a donné la raison qui nous en détourne, puisqu'il nous a donné tout ce qu'il faut pour étudier le grand miracle de l'Univers dans sa splendeur éclatante, inaltérable, toujours nouvelle. L'argument que Dieu est assez puissant pour avoir pu faire lesdits miracles, tombe à faux, nul ne contestant la toute-puissance de Dieu. Qui peut le plus, peut le moins. Celui qui a créé l'Univers, pouvait faire toutes sortes de miracles, mais rien ne dit qu'il l'ait voulu, tout démontre qu'il ne l'a pas voulu. C'est vers l'étude et l'admiration de l'Univers que les clergés auraient dû pousser les hommes, au lieu de les maintenir dans la superstition et de persécuter, de brûler les savants, parce qu'en découvrant les lois de la nature, ils contrariaient des théories religieuses. C'est sur le miracle de l'Univers que les religions devraient s'appuyer et non sur de petits miracles ténébreux, dont aucun ne s'est jamais produit au grand jour, ouvertement, sous les yeux d'un public éclairé, mais toujours dans une solitude relative, devant un nombre restreint de témoins ignorants ou intéressés, enfin suspects. Dans leur légèreté et leur nonchalance, qui faisaient bien le compte des religions et que celles-ci encourageaient, les hommes se sont tellement accoutumés au spectacle de l'Univers, qu'il leur a paru fort ordinaire, fort commun, tandis que les miracles rapportés par les religions leur causaient le plus vif étonnement. L'Univers ne ressemble en rien à ces miracles de fantaisie, inventés à un moment donné, annoncés d'abord à petit bruit, avec discrétion, affirmés avec une assurance croissante au fur et à mesure qu'on en était plus éloigné. L'univers est toujours présent, il ne se dérobe pas à l'examen, à l'investigation, à la discussion : au contraire, plus nous l'étudions, plus nous découvrons de merveilles, de sujets d'admiration. Il n'y a que le seul défaut de ne prouver en faveur d'aucune religion spéciale, d'aucun culte particulier, mais d'attester simplement la bonté, la sagesse et la puissance de Dieu.

En somme que devons-nous penser des révélations et des miracles ?

Qu'ils ont été imaginés par ceux qui les ont fait connaître. Les grands esprits, qui ont fondé ou consolidé les religions, ont dû recourir à de pieuses fraudes, parce qu'ils n'avaient pas d'autres moyens de se faire écouter, le grand nombre étant tellement abruti et corrompu à la fois, qu'on ne pouvait agir sur lui par le raisonnement. Pour introduire des principes meilleurs ou pour assurer l'observation de lois, sans lesquelles une société ne peut vivre, il fallait prétexter des ordres formels de Dieu, menacer de la colère de Dieu, il fallait même faire croire que l'intervention de Dieu se manifestait déjà. Pour ne citer qu'un exemple : Si l'auteur des Dix Commandements avait écrit et publié son morceau avec simplicité, avec modestie, comme émanant de lui seul, il n'aurait obtenu aucun succès. Mais cet homme remarquable avait de l'expérience, il avait voyagé longtemps, étudié beaucoup, il connaissait son monde. Aussi a-t-il su prendre les mesures voulues. S'étant renseigné exactement et en secret sur un volcan alors en travail, phénomène inconnu dans le pays d'où son petit peuple venait d'émigrer, il les a menés dans cette direction et les a fait camper à quelque distance. Une fois là, il les a avertis que Dieu l'appelait sur cette montagne au milieu du feu et des détonations pour lui dicter des lois, mais qu'il était défendu de le suivre sous peine de mort. Après diverses allées et venues, après y avoir séjourné plusieurs fois non sans danger, tantôt seul, tantôt en compagnie d'hommes choisis par lui, il en a effectivement rapporté une petite collection de lois et de maximes assez sages. Ces lois n'avaient du reste rien de nouveau ; on les connaissait de temps immémorial, mais il était urgent de les raffermir, de les faire observer, but louable qui a été pleinement atteint. Plusieurs Chefs ont usé et abusé de ce moyen, quelques-uns pour le bien, la plupart en vue d'établir ou de maintenir leur domination. Le résultat a été funeste au genre humain, en le fourvoyant sur toute la ligne, en lui causant des souffrances indescriptibles, en le tenant plongé dans un abrutissement, une sottise, une insanité, dont il a toutes les peines du monde à sortir, dont aucune de ses fractions aujourd'hui en vie ne sortira comme il faut. Les premiers fondateurs de systèmes ont eu un tort immense d'employer ce moyen : les hommes de leur époque n'étaient pas si profondément pervertis, qu'il eût été impossible d'en venir à bout par la raison, par des appels réitérés à leurs bons sentiments: Les fondateurs subséquents sont beaucoup moins coupables ; ils trouvaient une voie tracée, un usage adopté, qu'il fallait suivre, si on voulait réussir. Encore faut-il observer que nous ne savons rien de sérieux sur l'enseignement et les actes personnels des véritables fondateurs de religions, même du plus nouveau, que tout ce qui les concerne a été fixé, rédigé, mis en ordre après leur départ, à loisir, par des tiers, leurs successeurs très-indirects, de façon que nous ignorons ce qu'ils ont dit et fait au juste et jusqu'à quel point ils ont fait usage du surnaturel. Les Chefs spirituels ordinaires, qui ont dirigé des religions établies, et joui pendant des siècles d'une haute autorité, auraient dû restreindre graduellement la portée des révélations, reléguer les miracles à l'arrière-plan, expliquer que tout cela ne doit être pris qu'au figuré, mais c'est précisément ce qu'ils n'ont pas fait. Ils s'obstinent toujours et quand même dans les vieilles théories contraires à l'évidence et à la raison, théories dignes de peuplades sauvages, comme elles étaient toutes autrefois, comme il en existe encore aujourd'hui loin des pays civilisés et qui, réduites au seul témoignage de leurs sens, privées de toute culture, peuvent y croire faute de mieux.

N'est-il pas au moins admissible que Dieu nous ait donné quelques explications sur la Création, sur l'Univers, etc. ?

On se demande en vain pourquoi Dieu nous y aurait initiés. S'il avait eu un motif, à nous inconnu, de satisfaire notre curiosité, il ne se serait pas adressé à quelques ignorants hors d'état de comprendre, hors d'état de transmettre ces informations ni à leurs contemporains, ni à la postérité.

Les religions insinuent que Dieu nous aurait fourni ces renseignements d'une manière aussi obscure, aussi équivoque, pour éprouver notre bonne volonté, notre obéissance à y croire sur la simple affirmation de ses serviteurs. Cet argument ne serait pas trop mauvais, si les serviteurs de Dieu justifiaient eux-mêmes d'une qualité officielle, d'un caractère authentique; mais il n'en est rien : ce qui nous les désigne comme agents de Dieu est aussi équivoque, aussi obscur que ce qu'ils nous présentent comme venant de lui. Croire aux miracles et aux révélations parce qu'ils nous sont affirmés par les Prêtres; croire les Prêtres, parce qu'ils nous affirment les miracles et les révélations, cela s'appelle tourner dans un cercle vicieux. Le témoignage des Prêtres n'a plus de valeur, attendu qu'ils savent tout par ouï-dire. Enfin il y a une vérité qui lève tous les doutes, qui s'impose à tous les esprits, prévenus ou non : Si Dieu nous avait fourni des renseignements, ces renseignements seraient exacts, la science les aurait confirmés de point en point. Or c'est tout le contraire qui est arrivé. L'époque de la Création n'est pas à beaucoup près celle fixée par les Clergés, la forme de la terre est absolument différente de ce qu'ils ont dit, toutes les informations géologiques, géographiques, astronomiques et autres, que nous trouvons dans les livres de religion, sont erronées : ces informations n'émanent donc pas de Dieu, qui n'a pas voulu nous tromper, nous enseigner des erreurs. Si Dieu avait voulu apprendre aux hommes comment il a créé l'Univers, ou il aurait d'abord transformé en savants les ignorants d'autrefois, ou il aurait attendu l'avénement de la science moderne, il l'expliquerait aux savants actuels, qui ont des connaissances théoriques et pratiques, des formules universelles, des instruments de précision, toutes choses indispensables, qui manquaient aux époques où les religions ont été créées, et qu'on possède aujourd'hui, non à la suite de révélations et de miracles, mais à force d'études, de recherches patientes. Les révélations proviennent en partie d'observations très-imparfaites, en partie elles sont des conjectures d'hommes ignorants : les découvertes de la science, voilà les vraies révélations. Elles se bornent nécessairement à l'*Univers créé*, qu'il faut distinguer de la *Création*. La Création est et demeure un mystère pour nous, mystère impénétrable, devant lequel nous devons nous incliner, dont la connaissance ne nous donnerait aucun avantage pratique et réel. Quant à l'Univers créé, à sa composition, son mécanisme et tout ce qui s'ensuit, nous avons un intérêt direct et sérieux à les connaître, c'est donc notre affaire de les étudier. En nous donnant les facultés qu'il faut pour cela, Dieu nous faisait la grande, l'unique révélation, non en paroles, mais en fait, révélation successive et permanente, qui n'est pas près d'être terminée. Elle doit nous suffire. Dieu ne nous en fera pas d'autre, il n'a rien de particulier à nous dire sur ce chapitre. Le genre humain peut se féliciter, que ce ne soient pas les Clergés qui aient fait les découvertes scientifiques, qui aient trouvé les lois de la chimie, de la physique, de la mécanique; s'ils avaient seulement inventé la poudre, le télescope, le télégraphe, c'est alors qu'ils auraient pu abuser de la crédulité des autres, asseoir leur propre domination et s'adjuger le monopole des jouissances. On en a vu l'exemple dans quelques états de l'antiquité, où les Prêtres, pour avoir coordonné quelques notions superficielles, quelques remarques élémentaires sur la nature, ont pu former une classe supérieure et mystifier les nations pendant des siècles.

N'y aurait-il pas tout de même au fond des religions quelque chose, qui nous échappe et nous dépasse ?

Nous sommes renseignés à cet égard par les différents Chefs spirituels, dont chacun déclare que toutes les religions, hormis la sienne, sont indignes, fausses, tout au moins inefficaces, que Dieu n'en fait aucun cas, que Dieu est même irrité contre elles et traite leurs adhérents fort mal dans l'autre monde. Comme toutes les religions font cette déclaration, elles se neutralisent réciproquement toutes. Nul ne saurait contester la force probante, la validité absolue de cette déclaration, puisqu'elle émane de Chefs de religion, d'hommes initiés, qui ont fait des études longues, spéciales, profondes, sur cette matière, qui savent ce que c'est, qui sont les juges les plus compétents qu'on puisse imaginer. Cette déclaration, qui n'a jamais varié, est faite de leur propre mouvement, librement, sans pression, ni contrainte :

nous devons donc la tenir pour sincère. Elle est d'ailleurs confirmée par le raisonnement. Si une religion quelconque était divine, elle serait convaincante par elle-même, éclatante, universelle, qualités qui ne se rencontrent pas du tout dans les religions connues. Si Dieu avait créé une religion, il l'aurait créée de telle façon que tout le genre humain en eût profité ; il n'aurait pas favorisé une époque, un peuple, un pays, laissant les autres de côté; il ne voudrait pas qu'une seule espèce de fidèles, sans mérite particulier, eût les plus grandes facilités de faire son salut, tandis que tout le reste, l'immense majorité du genre humain professant toutes les religions sauf une, ne distingue pas quelle est la religion privilégiée, ne la connaît pas, n'en a pas entendu parler, ou ne peut plus l'apprendre, parce que dans tous les pays les enfants sont élevés dans la religion de leurs parents. En effet chacun de nous appartient à une religion, parce qu'il est né de parents qui la professaient et la lui ont inculquée dès son enfance, mais non parce qu'il en a reconnu la divinité spécifique. De deux choses l'une : ou Dieu a donné au genre humain une religion indiscutable, douée d'un prestige irrésistible, ou il ne lui a pas donné de religion du tout, laissant aux êtres humains la latitude d'inventer des religions, de persévérer dans celles qu'ils avaient reçues, de les modifier, de passer à d'autres, même de n'en professer ni suivre aucune, de rester toute la vie dans le doute. C'est évidemment à ce dernier système, au système du libre arbitre, de la libre-pensée que Dieu a donné la préférence; le système contraire ne supporte pas l'examen et ne peut convenir qu'à des personnes dépourvues d'instruction, ne sachant littéralement rien de ce qui s'est passé sur la terre. Aucun des anciens directeurs de religions ne s'est douté qu'il y aurait un monde comme le nôtre, un monde où tous deviennent éclairés, où il y a des écoles, des livres, des journaux pour tous, où tous influent d'une manière régulière et permanente sur le sort des nations. Les anciens directeurs ont pensé que le monde resterait toujours ce qu'il était de leur temps, stupide, abruti, courbé sous le joug. C'est là-dessus qu'ils avaient compté pour établir leurs systèmes dits éternels. Dans leur imprévoyance humaine ils n'ont pas prévu que cet état de choses prendrait fin; ils ne se sont même pas aperçus comment ce changement a commencé et progressé, ni de l'inefficacité des moyens avec lesquels ils ont voulu l'empêcher. L'histoire des diverses religions prouve clairement, qu'elles n'ont rien de divin, c'est-à-dire d'immuable, d'éternel, de sublime : beaucoup de religions n'existent plus, quoiqu'elles aient été puissantes, glorieuses, florissantes, acceptées par des millions d'individus et pendant des siècles comme vraies, célestes. Beaucoup de religions existent encore : on n'a qu'à lire comment chacune d'elles a débuté, comment elle s'est répandue, comment elle a agi pendant qu'elle dominait et comment elle a fini par déchoir. Il n'y a donc rien dans les religions qui nous échappe ou nous dépasse, à moins que nous ne l'y mettions nous-mêmes, en nous persuadant que les erreurs et les fictions plaisent seules à Dieu, que la réalité, la raison, la science, la philosophie, sont l'œuvre du Diable. Au lieu de dépasser le genre humain, c'est au contraire le genre humain qui dépasse les religions attardées.

A quoi bon rechercher, si les religions sont d'origine divine, si elles sont révélées ou non?

Il importe de le tirer au clair, autant au point de vue de la religion, qu'au point de vue du peuple. Quant aux religions, elles ont une raison d'être suffisante en dehors de l'origine divine, en dehors des révélations et des miracles. Ces théories, qui autrefois leur étaient utiles, ne leur servent plus à rien, leur nuisent au contraire, leur nuiront de plus en plus. Les religions ont donc intérêt à abandonner ces théories, s'avouant avec franchise, qu'elles ont été bonnes dans un temps, qu'elles sont incompatibles avec l'état présent et futur de la civilisation et que le moment es venu de les remplacer par un principe solide et vrai. Quant au peuple, attendu qu'il ne peut ni ne veut plus se laisser guider comme un aveugle, attendu qu'il exerce dès à présent une très-grande influence, il a besoin d'être éclairé sous tous les rapports sans exception, autrement son influence aurait des résultats déplorables, funestes pour lui-même. Le peuple ne croit plus que les religions soient d'origine divine, que tout ce qu'elles ont dit et fait leur ait été inspiré

Dieu. L'idée que les religions l'ont trompé, indispose le peuple contre elles et l'indisposera encore bien davantage, si elles persistent. Dans ce cas la défaveur, le discrédit, pourraient s'étendre des choses contestables, instituées ou enseignées par les religions, à tout ce que les religions ont patronné ou recommandé. Or le cercle en est très-vaste, les religions ayant voulu se mêler de tout, pénétrer dans toutes les organisations, dans toutes les législations, voire dans toutes les coutumes générales ou locales, tantôt pour s'appuyer sur ce qui était bon, tantôt pour profiter du mauvais, tantôt pour rendre service au Chef temporel, tantôt pour se donner de l'importance ou pour faire acte d'autorité. Pendant les époques de confusion et de ténèbres, où les religions ont dominé, elles se prétendaient la base de la société, de l'ordre, de la morale, de la vertu, de la fidélité conjugale, de la piété filiale, de l'amour du prochain, elles touchaient à tout, gouvernement, administration, relations internationales, droit et justice, instruction, jours de repos et de fêtes ordinaires et extraordinaires, alimentation, hygiène, propreté, il y en a même plusieurs, qui imposent une petite opération chirurgicale. Il est essentiel de faire comprendre au peuple que ces choses-là émanent ou de la raison ou du sentiment, ou des deux à la fois, qu'elles sont indépendantes de la religion, comme la religion est indépendante d'elles, que ce qui est du côté moral est de tous les pays et se ressemble dans tous les pays, que ce qui regarde le côté matériel diffère d'un pays à l'autre, selon le climat et le sol, selon le tempérament des habitants et leurs progrès en économie politique et manière de vivre. Pour régler toutes ces affaires tant morales que matérielles, on ne compte plus aujourd'hui sur des génies, citant des paroles textuelles de Dieu, invoquant des ordres formels de Dieu, bref sur des fondateurs de religions ; ceux qui s'occupent aujourd'hui de ces questions s'appellent Philosophes. Moralistes, Savants, Législateurs. Ceux qui font les lois positives et obligatoires, ont pour cela un mandat régulier du peuple ; il suffit que ces lois soient basées sur la raison, d'autant plus que celle-ci émane de Dieu bien plus directement que la religion, qui ne repose que sur la raison, Si après un intervalle de douze à treize siècles, âge de la plus jeune des grandes religions, un fondateur de religion venait encore parmi nous, il indiquerait d'autres théories que celles formulées par les fondateurs antiques ou qui leur sont attribuées. Il n'empiéterait pas sur le terrain de la politique, du socialisme, de la science, mais renfermerait la religion dans ses limites naturelles, savoir qu'elle n'a d'autre origine que l'amour et la vénération de Dieu, d'autre objet que la manifestation de notre gratitude envers Dieu. A coup sûr il ne se dirait pas le délégué de Dieu, capable de représenter et d'engager Dieu, de recevoir des cadeaux pour lui avec la prétention de l'influencer. La découverte que les religions n'ont rien de divin n'est pas nouvelle du reste ; elle accompagnait les découvertes de tout genre faites depuis quatre à cinq cents ans sur l'Univers en général et la Terre et ses habitants en particulier. Quand on était persuadé que les religions sont complétement dans le faux, on a compris qu'elles n'étaient pas en communication avec Dieu ; en les examinant de près, on s'est assuré qu'elles ne contiennent que des éléments humains, c'est-à-dire variables, perfectibles. Ces vérités, constatées d'abord par quelques hommes, n'ont pu se répandre que lentement, parce que tous les Clergés leur étaient hostiles, leur faisaient une opposition acharnée, les dénigraient, leur enlevaient le peu de moyens qu'elles avaient de se faire connaître. Néanmoins les vérités ont triomphé : tous ceux qui savent et qui pensent en sont pénétrés et à la longue tout le genre humain y passera, les prêtres comme les autres. Les grands esprits, auteurs et propagateurs de théories qui leur semblaient vraies ou qu'il fallait de leur temps, seraient les premiers à se moquer de nous, en nous y voyant croire encore, quand nous savons qu'elles sont fausses, quand il nous est *prouvé* qu'il y a eu erreur, *indiqué* d'où l'erreur provenait et quand il n'y a aucun motif de persévérer dans l'erreur.

Est-il même explicable que de simples hommes, débiles, chétifs, mortels, aient osé se dire les lieutenants, les organes de Dieu, les chefs commissionnés par Dieu pour gouverner le genre humain ?

Cette prétention ne peut s'expliquer que par l'extrême ignorance de ceux qui l'ont mise en avant. Les premiers prêtres, qui ont eu cette idée, n'avaient aucune notion de l'Univers; ils ne connaissaient qu'une faible étendue de pays, ce qu'on appellerait aujourd'hui une région, une province; ils croyaient ce petit espace seul habité le centre du monde, la résidence d'un Dieu ne s'occupant que de l'entretenir et de le régenter; ils ne se doutaient pas de ce que peut être la création et la conservation même d'un monde aussi restreint. Dans ces conditions, ne voyant en Dieu qu'une puissance peu remarquable, ils ont pu imaginer, vis-à-vis d'individus encore plus ignorants, de se poser en représentants, en favoris de Dieu, qui leur donnait des rendez-vous, qui conversait et correspondait avec eux. Plus tard, quand on a connu une assez grande partie de la terre, encore plus tard quand on avait découvert de nouveaux continents, enfin, quand l'immensité de l'Univers nous est apparue, quand nous avons pu nous former une idée plus vraie de la puissance de Dieu, les chefs de religion auraient dû renoncer à leurs prétentions ridicules. Mais leur orgueil avait eu le temps de grandir pendant que ces événements s'accomplissaient; l'habitude de se dire les directeurs du monde, n'importe sa taille, avait pu s'enraciner dans leur esprit et comme ils avaient observé que Dieu ne leur donnait aucun démenti, ils ont persisté sans vergogne dans leur usurpation. Si nous parvenions à aborder les lunes, les soleils, les étoiles, à ouvrir des relations avec leurs habitants, certaines de nos religions essaieraient sans doute de s'emparer d'eux spirituellement, de se les rendre tributaires. En attendant les prêtres ne combattent plus les sciences, on en voit même briller parmi les savants, mais ils prétendent que les vérités scientifiques avec toutes leurs conséquences ne signifient rien, qu'elles n'empêchent pas les théories religieuses d'être valables, dignes de foi, que c'est à celles-ci que tout le reste doit se subordonner, que ce sont toujours les prêtres qui enseignent la bonne vérité, la vraie, la divine. Les Clergés entendent conserver une position dominante, un caractère sacré, ils affirment qu'en recevant quelqu'un dans leur corporation, ils lui communiquent une parcelle de divinité, une fraction de pouvoir céleste. Mais les Clergés parlent tout seuls, ils se citent eux-mêmes, témoignent pour eux-mêmes : ils ne montrent pas trace d'un accord avec Dieu, d'un lien qui les attache à Dieu autrement que l'humanité en général. Les Prêtres, aussi bien les plus haut gradés que ceux de la dignité la plus humble, sont constitués au physique et au moral comme tous les autres hommes ; ils ne sont capables de rien de plus, de rien de moins. Dieu ne leur a assigné aucun rôle à part dans l'Univers, dont le plan immuable était fait, qui a existé et marché fort longtemps avant l'apparition du premier prêtre, du premier clergé. Si les Prêtres ont accepté et perpétué beaucoup d'erreurs, par contre ils n'ont su découvrir ni pressentir les grandes vérités morales et matérielles, que des hommes ordinaires ont découvertes et découvrent encore. Les Prêtres ne sont inspirés, doués, nourris, logés et entretenus, ni commissionnés par Dieu d'une manière spécifique, par des procédés surnaturels. Dieu ne les a chargés de rien, ni temporairement, ni en permanence, parce qu'il n'avait aucun motif de le faire. Les Clergés n'agissent donc pas pour le compte ou par ordre de Dieu : ils agissent pour le compte et par ordre du genre humain.

Que doit-on penser de ceux qui nient Dieu ?

Les hommes ont différentes manières de se représenter Dieu, mais aucun ne nie Dieu, quoique nul être humain ne l'ait vu : nous avons dans son Œuvre la preuve irrécusable de son existence. Si nous ne pouvons nous figurer ni le Créateur, ni le procédé de la Création, c'est parce qu'une telle notion est étrangère à notre essence d'êtres créés, parce que nous ne pouvons que reproduire, découvrir, transformer, combiner, mais non créer. Nous sommes des êtres limités et temporaires : nous ne pouvons réaliser l'idée de la *durée*, ni de *l'étendue sans aucun terme*, de ce qui ne commence pas et ne finit pas. Tout homme sensé doit admettre qu'un Etre primordial, contenant les éléments primordiaux de l'Univers, a donné des formes à la matière, assigné des places aux corps formés, soumis ces corps à des lois de mouvement, d'action, de production et de reproduction, qu'ensuite il a muni ces corps d'habitants, qui sont, en ce qui concerne la Terre, les uns doués de raison et de sentiment, les autres seulement d'instincts. Nous ignorons de quelle manière tout cela a été fait, ne l'ayant ni vu ni appris, mais nous ne pouvons douter du fait. On ne peut supposer que le premier homme se soit créé lui-même, que le premier animal se soit créé lui-même, que les premiers végétaux et minéraux se soient créés eux-mêmes. Toutes les explications qu'on a essayé de nous fournir, sont inacceptables ; celles des prêtres, copiées les unes sur les autres, ne sont que des mots vides de sens et n'expliquent rien. D'autres hommes prétendent que la matière, dont ils se gardent bien d'expliquer l'origine, a suffi à tout, qu'après s'être créée et déclarée en permanence, elle a eu l'idée de se subdiviser extérieurement en variétés innombrables animées et non animées, de faire des lois et de les mettre en vigueur, sans oublier la sanction pénale. Mais une matière semblable pense, observe, prévoit, elle a de l'esprit, beaucoup d'esprit, c'est même l'esprit qui est la partie dominante et dirigeante, la matière, la partie dominée, dirigée, à moins que les mots esprit et matière ne signifient la même chose, ou que la matière ne soit l'esprit et l'esprit la matière. Ceux en petit nombre qui raisonnent ainsi se donnent eux-mêmes un démenti : en raisonnant ils démontrent qu'ils ne sont pas de la matière. Ce sont les Clergés qui ont fait naître l'athéisme en agissant au nom de Dieu aussi mal qu'ils ont agi dans le passé. Les Savants ne nient pas Dieu, ils nient seulement un Dieu à la façon des Clergés, un Dieu qui aurait plongé le genre humain dans la désolation à propos de bagatelles, qui nous aurait enseigné l'erreur après nous avoir donné toutes les facultés pour connaître la vérité, qui interviendrait sans cesse dans les affaires humaines, mais d'une manière si capricieuse ou si maladroite, que tout marche continuellement de travers, qui aurait si mal organisé les sociétés, qu'il a fallu tout changer d'un bout à l'autre et que les sociétés marchent dès à présent et marcheront toujours d'après des principes opposés à ceux qui, au dire des Prêtres, émanent de Dieu. Voilà le Dieu que les savants nient, que tous les hommes de bon sens nient et nieront avec une énergie toujours croissante, au fur et à mesure qu'ils ne seront plus fourvoyés, enfoncés dans la superstition dès leur naissance. Les savants nous révèlent un Dieu plus grand, majestueux, puissant, que celui que de pauvres ignorants ont pu imaginer et dépeindre à des peuplades naïves. On ne peut imputer à ce vrai Dieu aucune des singularités, des contradictions, des injustices, des actes de cruauté, que les religions mettent à la charge de leurs Dieux uniques ou multiples. Les savants et les philosophes nous représentent Dieu comme essentiellement bon et juste, logique et compréhensible, en tant que nous avons besoin de le comprendre ici-bas. La science et la raison, loin de nous faire douter de Dieu ou de nous faire nier Dieu nous poussent à l'admiration et à la vénération de Dieu, avec une force autrement irrésistible que tous les miracles et toutes les révélations ensemble.

Pourquoi Dieu ne nous a-t-il pas rendus plus aptes à le comprendre ?

Il ne nous appartient pas d'en juger. C'est lui qui nous a créés et comblés de bontés : *nous* n'avons jamais rien fait, ni ne pourrons jamais rien faire pour lui. Par conséquent tout ce que Dieu a fait et tel qu'il l'a fait, nous devons le tenir pour bien fait. D'ailleurs nous sommes doués de facultés considérables dont nous commençons à peine à faire un bon usage, de façon que nous ne savons pas encore jusqu'où elles peuvent aller. Le genre humain n'a vraiment pas à se plaindre ; c'est bien de sa faute si pendant des milliers d'années il a croupi dans la sottise, l'ignorance, la superstition. Dieu aurait *pu* nous donner des facultés plus élevées et plus étendues, mais nous les aurons probablement dans un autre monde, dans une autre vie qui fait suite à notre vie actuelle.

Nous est-il permis de faire des réflexions sur Dieu et son Œuvre ?

Rien ne nous empêche de nous livrer à toutes les méditations, à tous les raisonnements sur Dieu, à toutes les études, à toutes les recherches sur l'Univers, de pousser jusqu'à l'extrême frontière de la perspicacité, pourvu que ce soit modestement, respectueusement, en vue de nous instruire, de nous perfectionner et non pour critiquer, pour juger avec autant d'incompétence que de témérité.

Quel peut bien être le but dans lequel nous avons été créés nous-mêmes et tout l'Univers?

Il n'est pas admissible que ce soit uniquement pour utiliser la place ou pour faire passer le temps. On ne peut pas croire que le genre humain ait été créé à seule fin d'occuper la Terre, ou que la Terre et encore moins tout l'Univers n'existent qu'à cause du genre humain. Nous ne pouvons nous former une opinion, ne sachant en quoi consiste l'Univers, ne connaissant même pas la Terre, ni le genre humain, à fond. Si nous connaissions du reste la Terre aussi bien que nous la connaissons mal, nous ne serions pas très-avancés : la Terre est un échantillon beaucoup trop petit, pour juger du Grand Tout. Nous avons encore fort à faire pour approfondir ces deux éléments, notre habitation et notre espèce, avant de songer à d'autres conquêtes. Ce que nous voyons et comprenons, c'est que Dieu veut que l'Univers existe et dure, que le Genre Humain s'améliore sans cesse, qu'il développe son intelligence dans toutes les directions. Il le faudra bien, car un jour la terre sera tellement peuplée qu'il n'y aura plus de place pour les nouveaux arrivants. Cette époque est encore fort loin et le genre humain a des siècles et des siècles devant lui pour s'y préparer. Les découvertes et les inventions faites en quelques siècles seulement, avec des moyens épars et faibles, et les résultats surprenants qu'ils ont donnés, justifient les plus hautes espérances. Nous atteindrons peut-être, pour prix d'efforts soutenus, collectifs, des résultats de plus en plus merveilleux et qui nous ouvriront des horizons inimaginables jusqu'à présent.

Quels sont les plus fermes soutiens des religions d'ancienne date?

Chez les peuples arriérés elles reposent toujours sur l'ignorance et la superstition. Chez quelques peuples plus avancés il y a plusieurs religions en présence, qui se fortifient et se stimulent réciproquement par la rivalité, la haine. Chez d'autres peuples éclairés les religions sont soutenues avec le plus d'ardeur par les femmes, quoique elles n'aient jamais rien fait pour les femmes, au contraire. Les femmes aiment les cérémonies religieuses, les seules que dans beaucoup d'endroits elles aient occasion de voir et qui sont jusqu'à présent les seules cérémonies publiques, où l'on tienne compte des femmes, où les femmes soient traitées sur le pied d'une égalité au moins apparente avec les hommes. Elles assistent volontiers à ces cérémonies, qui leur plaisent, qui les distraient, qui leur fournissent une occasion de se parer, de s'assembler, qui leur procurent le plaisir de parer leurs enfants et de les y conduire, plusieurs de ces cérémonies étant créées spécialement pour les enfants. Comme les femmes croient que les cérémonies religieuses et les erreurs religieuses sont inséparables, comme elles craignent à tort, que ces cérémonies n'auraient plus lieu, si les erreurs étaient mises de côté, elles font leur possible pour maintenir le tout. Dans ce but les femmes essaient d'attirer les hommes vers les cérémonies religieuses, les leur vantent et leur imposent, quand l'occasion se présente, l'observation des préceptes religieux. Par suite de leur instruction superficielle, les femmes ne comprennent pas grand'chose aux religions, ni aux cérémonies : elles comprennent vaguement qu'il y a quelque chose à faire, vérité inconstestable. C'est sur les enfants que les femmes agissent avec le plus d'énergie : chacune selon sa religion introduit dans l'esprit et les habitudes de ses enfants, dès le plus bas âge, toutes sortes d'expressions et de signes, de phrases et de gestes, que les enfants répètent machinalement, avec un ennui et une contrariété visibles, les entremêlant d'autres signes et phrases, qui prouvent que leur petit esprit n'y prend aucune part, qu'il est occupé ailleurs. Les pauvres petits êtres n'y comprennent rien, ils n'y peuvent trouver le moindre sens, l'idée de Dieu étant absolument au-dessus de leur horizon. Ce procédé ne peut avoir que des résultats fâcheux ; c'est le premier pas pour engourdir nos facultés, pour nous habituer à parler, à agir sans penser. Quant aux religions, ce procédé indispose les enfants contre elles et les leur rend désagréables, tout au moins indifférentes, à preuve que les jeunes hommes n'ont guère de religon et ne voient dans les cérémonies et les préceptes d'un culte que des formalités stériles et ennuyeuses. Pourtant ces choses et autres, qu'on nous inculque par surprise, quand nous sommes trop jeunes pour les apprécier et que nous laissons de côté vers l'âge de raison ou que nous ne pratiquons plus que par exception, restent adhérer confusément toute la vie, elles nous hantent, elles obscurcissent notre jugement. Sur nos vieux jours elles redeviennent vivaces, comme tous les souvenirs d'enfance et finissent quelquefois par exercer un véritable empire sur nous, après avoir été négligées pendant tout le cours de notre existence. L'approche inévitable de la mort y est sans doute pour beaucoup et dans l'incertitude absolue sur ce qui nous attend ensuite, nous retournons aux religions, nous disant que cela nous fera peut-être du bien, et nous acceptons volontiers les consolations et les promesses que les religions distribuent avec une assurance imperturbable. Les religions actuelles perdront successivement tous ces appuis, dont les bases, la superstition et l'ignorance, ne sont plus guère solides. En participant aux bienfaits de l'instruction et du progrès, les femmes ne s'intéresseront plus aux religions anciennes, dont elles n'ont jamais eu à se louer ; elles comprendront avec nous que ces religions doivent changer absolument de principe.

L'âme est-elle immortelle?

Le bon sens nous le dit assez clairement. De leur côté les religions affirment l'existence d'un monde invisible, mais n'en savent pas plus long, aucun de leurs préposés n'ayant passé par là. Une vie future, s'écoulant dans un autre monde, fait bien leur affaire dans celui-ci. Toutes les religions ont adopté ce système qui les met à l'aise sous tous les rapports, qui les dispense de faire leurs preuves ici-bas. En faisant accroire que le monde futur leur a été révélé par Dieu, les religions ont pu faire accroire qu'elles y sont pour quelque chose, qu'elles influent sur le traitement qui nous attend après la mort. Chaque religion vante la félicité dont nous jouirons, si nous avons suivi ses préceptes, la torture que nous subirons, si nous les avons négligés, si nous en avons suivi d'autres. Ce qui doit nous surprendre, c'est que les religions soient si avares de renseignements à cet égard, malgré la liberté qu'elles ont, d'en fournir à leur guise, n'ayant pas de démenti à craindre. Les religions n'en font que des descriptions très-maigres, très-incomplètes, notamment en ce qui concerne les jouissances, tandis que les douleurs sont mieux détaillées, mais les unes et les autres généralement corporelles, quoiqu'il s'agisse de l'âme, non du corps. Plusieurs religions affirment que nous sommes poussière et que nous retournons en poussière : de fait notre corps est absorbé par la matière animée ou inanimée qui l'environne, il se transforme, se déplace indéfiniment avec elle; quant à la vie future, notre corps n'y joue aucun rôle. Les religions commettent une autre erreur en nous présentant les punitions et les récompenses comme éternelles, ce qui serait hors de proportion avec la courte durée de notre vie terrestre, pendant laquelle nous avons pu les mériter. Il n'est guère admissible que toute l'éternité se passe à nous récompenser ou à nous punir; les actes humains en général ne comportent une telle ampleur ni dans un sens ni dans un autre. Tout cela n'émane pas de Dieu, ni d'aucun grand fondateur de religion, mais dénote bien la naïveté de pauvres hommes, qui ne pouvaient pas plus concevoir l'Univers, sa création, composition, étendue, que se faire une idée de l'éternité, ni de la justice et de la bonté de Dieu. Les religions ne fournissent aux philosophes, aux gens instruits aucun argument solide en faveur de l'immortalité, au contraire. Leurs théories étaient en rapport avec l'état de crédulité et d'ignorance qui a existé autrefois, mais nullement avec un monde civilisé, où chacun apprend à lire et à écrire, où la science constate les faits, découvre les vérités, que l'imprimerie porte à la connaissance de tous. Si nous n'ajoutons plus foi aux révélations sur l'immortalité, nous n'avons pas à le regretter, puisque la raison est là pour nous rassurer. Nous pouvons conclure de la bonté de Dieu, bonté incontestable, évidente, que tout ne se borne pas à notre courte existence terrestre, que Dieu ne nous laisserait pas entrevoir quelque chose au delà s'il n'y avait rien, que Dieu ne nous aurait pas doués comme nous le sommes, si nous avions la même destinée que les animaux. Nous pouvons encore croire à une vie future, parce que notre seule vie actuelle ne serait pas motivée, qu'on se demanderait en vain pourquoi d'innombrables générations vivent et meurent, s'il ne devait s'ensuivre aucun autre résultat que celui que nous voyons. Dieu nous laisse entièrement libres de conclure, il ne nous a implanté aucune idée fixe : nous avons le choix entre les deux théories : que nous revivrons dans un monde meilleur ou que tout est fini quand nous fermerons les yeux. En effet s'il y a des motifs de croire à l'immortalité de l'âme il y en a aussi qui pourraient en faire douter. L'âme a l'air de se détériorer à la longue; elle perd son élasticité, sa vigueur et tombe enfin dans l'état de nullité connu sous le nom d'enfance. — Les divagations qui précèdent l'agonie semblent indiquer que l'âme se détraque tout comme le corps. — Au cours ordinaire de la vie l'âme peut contracter des maladies, des infirmités, dont quelques-unes sont passagères, dont quelques autres persistent, malgré toutes les facilités qu'on offre à l'âme de revenir à son état normal. — Si nous devions penser que l'âme elle-même est sujette à se corrompre, nous devrions la croire périssable, mais il y a une forte présomption que ces désordres se bornent au corps, dont l'organe principal, qui communique avec l'âme, est seul endommagé, tandis que l'âme reste ce qu'elle est. Le doute résultant de ces observations est léger et n'ébranle en aucune façon la certitude morale que nous avons d'autre part. Entre deux théories, dont l'une est désolante, l'autre consolante, il est tout naturel de choisir la meilleure. Nous pouvons donc raisonnablement espérer que notre vie aura une suite, que notre âme poursuivra sa carrière; nous devons l'y préparer en l'améliorant sans cesse, en la débarrassant des éléments impurs qui l'ont envahie et qui la souillent et la ternissent.

L'heure de notre mort est-elle fixée d'avance?

On a pu le croire dans les temps de l'ignorance, de la superstition, des ténèbres universelles. Aujourd'hui l'on sait que l'insalubrité des habitations, une nourriture insuffisante ou mauvaise, des travaux malsains abrégent la vie, que les chagrins et les soucis minent la santé, que nous pouvons arriver à une fin inattendue par notre propre incurie, imprudence, témérité, férocité, ou par celles des autres. Dans tous ces cas nous ne mourons pas sur commande, Dieu n'avait rien décidé à cet égard, Dieu ne prend pas des décisions spéciales pour chacun des douze à quinze cents millions d'êtres humains toujours présents sur la terre, sans compter les innombrables individus de la même classe, qui sont peut-être domiciliés ailleurs. En ce qui concerne la terre, nous voyons qu'il y a des conditions d'existence générales pour toute la famille humaine, conditions qui au fond sont les mêmes de temps immémorial, nous constatons qu'au fond il n'y a rien de particulier chez les divers groupes ou peuples. Nous n'avons donc qu'à prendre nos mesures en conséquence. Par de meilleurs arrangements hygiéniques, plus de prévoyance, une conduite plus sage, la prohibition de la violence en grand et en petit, on peut éviter la plupart des décès prématurés ou subits et se maintenir jusqu'à une fin naturelle, arrivant par le dessèchement et le dépérissement de nos organes en général. Il n'est pas encore établi quelle serait la durée normale de notre vie, abritée contre toutes les influences nuisibles, favorisée par toutes les influences salutaires; il est évident qu'elle peut être prolongée bien au delà de ses limites actuelles. Notre fin pourrait bien n'être obligatoire et régulière qu'à l'époque de l'extrême vieillesse, quand nous sommes tombés en enfance, de sorte que nous mourrions aussi inconscients que nous naissons. Dans plusieurs endroits la moyenne de la vie a été augmentée, résultat fort désirable quoi qu'on dise. Chaque âge a ses plaisirs comme il a ses peines ; pendant la vieillesse nous pouvons avoir encore plus d'un sujet de contentement, de satisfaction, malgré les infirmités et les ennuis, qui du reste sont réductibles dans une forte proportion.

Peut-on croire que Dieu récompense le bien et qu'il punit le mal ?

On doit certainement croire à une organisation divine, générale et fondamentale. Les hommes, hélas ! en très-petit nombre, qui ont fait le bien dans une intention vraiment pure et sans aucune arrière-pensée, recevront sans doute une récompense. Ceux qui ont fait le mal pour telle cause que ce soit, seront frappés d'un châtiment fatal, inévitable. Récompenses et châtiments, qu'ils soient directs, immédiats, ou non, sont aussi certains que proportionnés. Comme la nature physique punit les péchés commis contre elle, la nature morale agit de même sans intervention spécifique de Dieu. Les notions qu'il y a des actes qui portent bonheur, d'autres qui portent malheur, qu'un bienfait n'est jamais perdu, qu'on est toujours puni par où l'on a péché, doivent être vraies, quoique obscures, insaisissables, ou plutôt nous semblant telles, faute de prendre la peine d'observer, de réfléchir suffisamment. Si l'action divine opérait sans délai et ostensiblement après chaque fait humain, pour le récompenser ou le châtier, elle serait en désaccord avec le plan général. Si chaque action, soit bonne, soit mauvaise, avait à l'instant la suite qu'elle comporte, il ne resterait aucune place pour le mérite, la vertu : par un calcul très facile chacun s'empresserait de faire de bonnes actions, le plus borné ne voudrait pas en faire de mauvaises. Ce qui n'est pas douteux, c'est que l'âme des vrais bienfaiteurs ou simplement des vrais justes éprouve un bien-être, qu'elle est imprégnée d'un bonheur qui à eux seuls et en dehors de tout autre avantage, constituent une récompense de premier ordre. L'âme du méchant, qui n'a pas encore commis de mauvaises actions, qui a simplement hérité de mauvaises dispositions, reçu de mauvaises impressions, est troublée, fourvoyée, énervée, néanmoins il est capable de réagir, de lutter avec succès contre ses mauvais penchants et son mérite sera d'autant plus grand qu'il aura vaincu des difficultés plus sérieuses. — L'âme du coupable est rongée, empestée par le remords, la peur du châtiment sous une forme et à une époque indéterminées, d'afflictions toujours imminentes, de la mort et des tourments de l'enfer. Le coupable cherche à se convaincre, que tout cela n'est pas près d'arriver, qu'il a le temps, que la vie éternelle est une chimère, ou qu'il pourra se faire blanchir par la religion ; le coupable perd la lucidité d'esprit, base du libre arbitre, il ne sait plus se gouverner, il voudrait s'étourdir, mais quoi qu'il fasse, il est malheureux, tant qu'il n'entre pas dans la voie du repentir actif, de la réparation. Ces vérités incontestables démontrent la réalité de l'action divine, action qui ne saurait être qu'infaillible. L'action divine, se comprenant par la raison et pouvant s'observer, aurait suffi, si le genre humain avait cultivé la raison, s'il avait observé. Comme il a fait tout le contraire, on a dû établir des lois et des peines pour empêcher les hommes de se spolier mutuellement, de commettre les pires excès, de s'entre-dévorer. Si les premiers Chefs qui ont établi une justice humaine n'ont pu faire mieux, ils ont fait une œuvre indispensable, mais leurs successeurs ont tout gâté ;

ils ont fait à leur profit les lois les plus arbitraires et les plus abusives, ils ont inventé des crimes qui ne sont pas des crimes, des traitements horribles pour les accusés comme pour les condamnés, pour les crimes tant réels qu'imaginaires; plus tard ils ont entassé complications sur complications dans les lois, afin de les rendre embrouillées, capables d'être interprétées de toutes les façons, inaccessibles au bon sens brut ou raffiné. Ces lois oppressives pour le grand nombre, n'étaient donc plus un bienfait, elles l'étaient d'autant moins qu'elles détruisaient la notion de la justice divine, qui était confondue avec la justice humaine, principe archi-faux. Il est aussi peu admissible que la justice divine s'en rapporte purement et simplement à la justice humaine, qu'il est difficile de croire que la justice divine côtoie, rectifie ou complète la justice humaine, que celle-ci soit un rouage de la justice divine, un des moyens, une des formes de châtiment employés par Dieu. Dans les pays civilisés on commence à comprendre cela. Le Législateur n'est plus comme autrefois un amalgame politico-religieux, soi-disant inspiré, mais un être moral, s'éclairant, discutant, sans aucun mystère, travaillant pour un pays et une époque et ne prétendant pas faire une œuvre pour tous les hommes et tous les siècles à venir. Les lois étant basées sur des principes rationnels, toutes leurs dispositions motivées, il est possible qu'un jour tous les habitants d'un pays connaissent et comprennent les leurs, qu'un jour les lois de tous les pays civilisés soient les mêmes au fond et dans la forme. Les lois actuelles n'exigent plus de chacun qu'un minimum d'honnêteté. Les punitions ne consistent plus dans l'anéantissement du coupable; on l'empêche de nuire et l'on cherche à lui en ôter l'envie. Cette tendance est la bonne. La justice humaine, réduite à ces proportions, cesse d'empiéter sur le terrain de la justice divine. Cette dernière seule suffira plus tard, quand les hommes seront devenus plus raisonnables et plus clairvoyants. Aujourd'hui notre intelligence est encore obscurcie et pour que nous ne succombions pas à des tentations variées, il nous faut quelque chose de matériel, qui nous menace carrément, dont l'effet soit visible, public, dont nous ne puissions dissimuler la cause. Avec le temps chacun sera convaincu, que le mal engendre forcément le mal, que le tort qu'on se fait par toute mauvaise action est autrement grand que l'avantage qu'elle promet, qu'aucune malice ni habileté, capables de tromper les hommes, ne sauraient tromper la justice divine, entraver l'opération d'une loi immuable et universelle établie par Dieu.

Faut-il aimer son prochain?

L'Univers tout entier et par conséquent la terre et le genre humain émanant de Dieu, chaque homme doit voir dans tout autre homme non pas un indifférent, un individu qui ne le regarde pas, encore bien moins un ennemi, mais un membre de la grande famille, un être présent sur la terre au même titre que tous ceux de son espèce, en vertu des mêmes lois et ordonnances générales de Dieu. Conclure de là que tout homme doive, ou simplement qu'il puisse, aimer tout autre homme autant qu'il s'aime lui-même, se sacrifier pour le premier venu, partager sans restriction son avoir avec ceux qui n'ont rien, supporter tout de n'importe qui, rendre même le bien pour le mal, serait un non-sens, une hallucination. Cette théorie est attribuée à des fondateurs de religion et les prêtres la conservent, la propagent. Une théorie semblable, si elle était mise en pratique, saperait les bases de la société, de la famille, de la propriété, qui ne pourraient que s'écrouler, entraînant la religion dans leur chute. Il est aussi singulier de voir les Clergés, qui sont plutôt les alliés des riches, persévérer dans cette doctrine, que de voir les riches qui courent ainsi un danger continuel et qui sont fort maltraités par de certaines religions, favoriser ces mêmes religions. Les Clergés, c'est une justice à leur rendre, n'ont jamais pris cette doctrine au sérieux et ne l'imposent pas, mais ils pourraient le faire à un moment donné, ce qui les mettrait d'accord avec les communistes. Les Clergés auraient dû abolir depuis longtemps cette théorie, qui est née d'une ignorance absolue des bons principes et qui ne sert qu'à troubler les esprits. Fort heureusement Dieu nous a donné la raison pour nous préserver de cette absurdité; il est moins que jamais à craindre que nous y arrivions, mais c'est déjà trop qu'on en parle, qu'une erreur aussi grossière soit enseignée, qu'elle fausse les idées et tienne la place de notions saines. Aucun homme ne peut aimer tous les hommes, mais nous pouvons, nous devons ressentir de la bienveillance plutôt que de la malveillance pour tous les membres de la famille humaine, nous pouvons être bons, serviables, obligeants, compatissants. A notre époque les circonstances nous en font un devoir; plus que ses devancières elle est une époque de renouvellement, de modification. Le plus difficile est fait, nous sommes sortis du plus épais des ténèbres, il est admis que la misère et l'ignorance du grand nombre peuvent être remplacées par l'aisance et l'instruction. Mais pour fonder cet état de choses avec une rapidité satisfaisante il faut renoncer également aux vieilles formules d'amour et aux vieilles formules de haine, il faut que les hommes, tant riches que pauvres, vivent ensemble sans s'aimer ni se haïr de parti pris. Les déshérités ne doivent pas en vouloir aux riches uniquement parce qu'ils sont riches et ne veulent pas se laisser dépouiller. Par contre les riches ne doivent pas trouver mauvais que les pauvres cherchent à améliorer leur sort, qu'ils visent pour eux ou pour leurs enfants à l'instruction, au bien-être, à des positions sociales. Les riches ne doivent pas rêver qu'ils conserveront tous les genres de supériorité jusqu'à leur descendance la plus éloignée, que d'ailleurs ils ne verront pas, qui ne leur dit rien, qui est incertaine et pour laquelle ils ne doivent pas faire d'efforts, entraver la société qui lutte avec des difficultés assez grandes. Les hommes en masse n'ont donc aucun motif, aucun besoin de s'aimer; il suffit qu'ils s'entendent amicalement sur les progrès qu'on peut réaliser au fur et à mesure.

Au résumé quelle est la position du genre humain vis-à-vis de Dieu?

Dieu nous a créés et nous a placés dans un séjour délicieux, où il a accumulé tous les plaisirs qui soient en rapport avec nos organes, séjour plein de merveilles, dont les unes doivent nous frapper d'emblée, tandis que d'autres semblent cachées pour nous laisser la joie et le mérite de les découvrir. Il a disséminé par-ci par-là quelques difficultés, quelques dangers, pour nous tenir en éveil, pour nous exercer et pour que nous ayons la satisfaction d'en venir à bout. Il nous a donné la raison et le sentiment avec la liberté d'en user et d'en abuser sans autre frein qu'une voix intime et confidentielle, indépendante de notre volonté, mais non impérative, qui nous avertit quand nous faisons bien ou mal. Il a fait de chacun de nous un maître, une petite puissance souveraine avec des droits égaux pour tous, avec une force capable de tout, sauf de troubler l'ordre de l'Univers. Il nous réserve des sujets d'admiration sans nombre aussi bien dans ce monde et dans notre état actuel, qu'après une transformation, dont nous connaîtrons plus tard le fin mot. De notre côté nous ne pouvons rien faire pour Dieu, nous ne pouvons rendre aucun service à Dieu, il n'a pas, il n'aura jamais besoin de nous, il n'exige rien en échange des bienfaits, dont il nous comble sans condition. Tant mieux pour nous si nous profitons de ses bienfaits, tant pis si nous créons sottement aux autres et à nous-mêmes des maux de toute sorte et nous rendons la vie dure, insupportable : rien dans les conditions normales de notre existence ne nous y oblige. Si Dieu n'a jamais mis, ne met et ne mettra jamais aucune entrave à nos dérèglements grands et petits, c'est pour nous laisser faire dans la plénitude du libre arbitre, c'est pour que nous nous formions par la réflexion et l'étude, sans préjudice de la responsabilité qui pèse sur nous. Dieu n'a pas voulu que nous nous reposions paresseusement sur lui, ou, ce qui revient au même, sur des bergers, pour être conduits et traités comme des animaux bons à apprivoiser, à dresser et à s'en servir. Si Dieu nous avait guidés ou fait guider, s'il nous avait donné un rôle passif, s'il nous avait épargné tous les maux en s'interposant aussi souvent qu'il l'aurait fallu, le genre humain n'aurait rien appris, il serait encore sans la moindre expérience, il n'aurait aucune idée des calamités qu'on s'attire aussi bien par l'inertie, la mollesse, que par la violence, la turpitude, le vice, le crime. Si Dieu avait donné la préférence à ce système, il n'aurait pas eu besoin de nous douer du sentiment et de la raison : l'instinct aurait été préférable, l'instinct seul aurait fait notre affaire. Tout démontre que le genre humain a des destinées plus hautes. Ayant toujours été muni des mêmes facultés, l'Univers moral et matériel ayant toujours été ouvert et disponible, le genre humain ne peut s'en prendre qu'à lui-même d'avoir pataugé si longtemps, d'avoir assez méconnu Dieu pour le croire tel qu'on nous l'a dépeint, représenté par de chétifs mortels comme on nous l'a dit. Une erreur aussi fondamentale, un principe aussi faux ont dû égarer le genre humain, ils n'ont pu que l'égarer et ils l'ont égaré en effet à un point inimaginable. Enfin le charme est rompu, le voile est déchiré, l'intelligence quitte la prison et les chaînes, l'horizon n'a plus de limites que celles tracées par le Créateur ; il ne manque plus qu'une chose, que les intermédiaires entre Dieu et le genre humain ouvrent les yeux, qu'ils acceptent l'évidence, qu'ils prennent leur vraie qualité.

En avouant qu'elles ont été complétement dans l'erreur, les religions ne risqueraient-elles pas de perdre tout prestige?

Les religions n'ont pas fait une erreur complète, puisqu'elles affirment qu'il y a un Dieu, qu'il existe des rapports entre Dieu et le genre humain, que le genre humain doit de la reconnaissance à Dieu et qu'il doit lui exprimer sa reconnaissance hautement et souvent : sur tous ces points les religions sont dans le vrai, elles sont d'accord avec la raison et le sentiment. L'erreur consiste à se croire établies par Dieu, investies d'un mandat de Dieu, autorisées à faire parler et agir Dieu, et en partant de là, de vouloir dominer le genre humain, lui faire la loi, enchaîner la pensée, le libre arbitre. Les religions se composent réellement de trois parties : la première qui renferme leur principe, l'idée de Dieu ; la deuxième les superstitions, variant à l'infini ; la troisième, l'immixtion dans les affaires de ce monde. C'est de la première partie que les religions tirent le prestige vrai, durable, universel ; c'est grâce à la première partie que les deux autres, qui ne donnent qu'un prestige faux, temporaire, local, ont pu naître et grandir. Les religions ont le devoir sacré d'anéantir les superstitions qu'elles ont créées ou adoptées et de se retirer des affaires terrestres, qu'elles entravent, qu'elles troublent. Les Chefs spirituels et les Clergés ont une conscience : ils doivent rentrer en eux-mêmes, réfléchir à l'immense responsabilité qu'ils encourent en mettant la foi en opposition avec la science et la raison, en jetant la discorde parmi les hommes, en retardant le progrès, le tout sans but, sans profit pour leur religion, sans nécessité. Pourtant les religions ne sauraient faire abruptement et avec éclat l'aveu de leur erreur. En général il est beau, il est noble, quand on s'est trompé, d'en convenir avec franchise, mais dans ce cas particulier il faut user de précaution. Le genre humain n'est pas assez éclairé, pour une grosse fraction de chaque peuple les superstitions et les religions sont encore inséparables, pour beaucoup de gens les superstitions sont ce qui les charme le plus dans les religions, beaucoup de gens, s'ils devaient quitter les superstitions, quitteraient également ce que les religions ont de bon. En faisant tout à coup une profession de foi nouvelle, condamnant les superstitions à droite et à gauche, les religions causeraient une perturbation terrible, qui peut et qui doit être évitée. Quand les religions ont cessé les excitations aux guerres, invasions et persécutions religieuses, quand elles ont renoncé aux sacrifices humains et à une foule d'autres abus, auxquels on ne pense plus, elles n'ont pas prévenu, elles n'ont pas fait de communication à la multitude. Il faut qu'elles agissent de même aujourd'hui, qu'elles procèdent graduellement, sans bruit, qu'elles opèrent les changements extérieurs un à un, qu'elles parlent de moins en moins des superstitions et que celles-ci tombent enfin dans l'oubli. Les gens instruits sont les seuls qui doivent saisir la portée de ce plan sage et humanitaire. Ils ne sont ennemis ni des prêtres, ni des religions, mais simplement d'une domination funeste et de superstitions déplorables ; ils en donneront la preuve par une attitude respectueuse envers les religions et une assistance régulière à leurs cérémonies, aussitôt qu'ils auront compris que les religions sont entrées dans la bonne voie. Les religions verront leur prestige, qui est affaibli, ébranlé, qui se détériore de pays en pays, se consolider, se fortifier, devenir inattaquable, comme leur principe, l'idée de Dieu, la gratitude envers Dieu et l'ardeur de l'exprimer, qui au lieu de rester superficielles, indécises, tièdes, seront dorénavant profondes, convaincues, sincères. Plus nous allons, plus le grand nombre a lieu d'être reconnaissant et de manifester sa reconnaissance à Dieu. Le grand nombre ne végète plus comme autrefois, misérable, abruti, ne pouvant éprouver aucune satisfaction d'être sur la terre, aucun amour pour un Dieu, qui lui avait fait un sort aussi triste. Le grand nombre vit, il se sent, il s'aperçoit que Dieu ne l'a pas condamné à la misère, à l'abrutissement, à la servitude, à la souffrance, qu'au contrairò Dieu lui a donné tout ce qu'il faut pour se rendre prospère, éclairé, libre, heureux. Le grand nombre aimera Dieu, il exprimera son amour et sa reconnaissance tout naturellement, il les exprimera avec d'autant plus d'énergie qu'il saura mieux ce qu'il fait. Que les religions ne craignent donc pas le progrès, la lumière, qui ne les menacent pas du tout, qui ne menacent que ce qui leur est inutile et nuisible, ce qui les met dans un faux jour, les prêtres et les fidèles dans une fausse position. Que les Chefs attitrés préparent et facilitent une réorganisation, dont leurs devanciers auraient dû s'occuper il y a longtemps, qui est nécessaire, inévitable, qui se fera avec eux, sans eux ou contre eux. Les Chefs qui entreprendront cette tâche pendant qu'il y a encore du mérite à le faire, non-seulement ne perdront pas le prestige qui leur reste, mais ils seront classés d'un commun accord parmi les bienfaiteurs de l'humanité, ils seront vénérés à l'égal des plus grands génies, des fondateurs de religions même.

Quelle est la marche à suivre pour effectuer cette réorganisation?

Les Chefs et Directeurs de religions réviseront leurs systèmes; ils sépareront la bonne graine de l'ivraie, ce qui est essentiel, moral, spirituel et nous élève à Dieu, de ce qui est superficiel, factice, arbitraire. Ils formuleront ensuite des instructions confidentielles pour les Clergés, indiquant le but qu'on se propose, fournissant, quant à la situation des prêtres, aux cérémonies, à l'enseignement, les interprétations et commentaires qui devront remplacer à la longue ceux en usage. Ils enjoindront aux Clergés, toujours confidentiellement, d'accepter le principe de la société moderne, il les dispenseront de croire ou de faire ce qui est contraire à ce principe et aux principes du bon sens en général. Les Prêtres pourront ainsi continuer l'exercice de leur ministère et agir peu à peu en hommes et en citoyens. — Le Législateur déclarera les Prêtres Fonctionnaires de l'Etat avec tous les droits et tous les devoirs attachés à cette qualité. Si une religion était répandue dans plusieurs pays et qu'elle eût besoin d'un régulateur suprême, les différents Législateurs l'y autoriseraient. — Les Edifices consacrés aux cultes seront entretenus et régis comme les autres édifices publics et leur contenu. Toutefois le Législateur n'empêchera pas les associations particulières de se substituer à l'Etat quant aux Prêtres et aux Edifices, pourvu qu'elles offrent des garanties de solvabilité et de durée, et pourvu que des cultes inusités ou nouveaux soient d'abord reconnus, que leurs Prêtres soient agréés, inscrits et qu'ils restent soumis au contrôle général. — Quant aux cérémonies religieuses, elles ne seront jamais trop belles ni trop grandioses, dès qu'elles n'auront plus qu'une signification claire et nette, c'est-à-dire qu'elles sont des manifestations d'amour et de gratitude, des hommages respectueux offerts à Dieu. Les Cérémonies, beaucoup plus variées autrefois, ne sont plus que de quatre genres. Les majeures, ayant lieu tous les ans, sont des anniversaires, qui intéressent telle ou telle religion. Quoique les faits et gestes, dont chaque religion perpétue le souvenir, n'aient été affirmés, décrits et datés que longtemps après leur accomplissement présumé et qu'ils ne soient rien moins que prouvés, ils peuvent servir de motifs à des cérémonies, tant qu'on n'en aura pas trouvé de préférables; peu importe que les faits en question soient réels ou imaginaires, puisque toutes les cérémonies ont pour but d'honorer Dieu et que cette raison est plus que suffisante. Il en est de même des sentences et paraboles attribuées à des fondateurs de religions : qu'elles émanent de ceux-ci ou non, elles peuvent toujours, vu leur haute moralité, servir de textes à des sermons. — Les cérémonies mineures ont lieu toutes les semaines ou tous les jours ; dans quelques religions il y en a même qu'on répète plusieurs fois par jour, ce qui est évidemment de trop. Les personnes qui assistent chaque jour à une cérémonie religieuse n'en deviennent pas meilleures, donc leurs chances de salut n'en sont pas augmentées. D'éminents Chefs spirituels ont pensé qu'il ne devait y avoir de cérémonies qu'un seul jour par semaine, qu'une répétition trop multiple ne pouvait qu'émousser le sentiment religieux, faire descendre la cérémonie à une opération machinale, routinière, sans effet su l'âme, sans rapport avec Dieu. — Les Cérémonies religieuses qui ont lieu à propos de naissances, de mariages, de décès et autres événements soit personnels ou de famille, soit locaux, nationaux ou internationaux. Ces cérémonies sont parfaitement à leur place. Quand un événement nous touche, nous impressionne au point que nous nous assemblions en plus ou moins grand nombre pour faire une démonstration publique de joie ou de tristesse, il est convenable, il est logique, d'adresser un hommage à notre Créateur et Bienfaiteur, de ne pas le laisser de côté, comme s'il n'existait pas, comme si nous voulions l'ignorer. D'ailleurs nous entretenons des Clergés avec tout leur appareil comme expression de nos sentiments envers Dieu, pour nous rapprocher de Dieu; on ne s'imagine pas une société civilisée sans aucune institution religieuse, — il est donc rationnel que nous les utilisions, qu'ils nous édifient, quand des actes importants de notre vie morale en fournissent l'occasion, que, par leur présence et leurs cérémonies, ils augmentent l'éclat de nos manifestations. — Les cérémonies qui concernent les Clergés, l'ordination, l'avancement, l'arrivée et le départ de leurs membres, ainsi que la consécration des Eglises et des principaux accessoires. Quant à celles-ci, les Chefs spirituels peuvent les régler à leur gré comme ils ont toujours fait, sans inconvénient, à la seule condition que nul ne soit reçu prêtre avant d'avoir passé son examen officiel et d'avoir été désigné pour un emploi disponible. — L'enseignement religieux ne sera donné ni à l'école, ni à l'âge où l'on va à l'école, mais dans les années qui suivent la sortie de l'école. Ne s'adressant plus à l'enfance, mais à la jeunesse, arrivée à l'âge du discernement, il sera beaucoup plus sérieux et plus étendu. Chaque religion, après avoir exposé ses légendes et traditions, ses théories et pratiques, fera connaître celles de toutes les autres; elle démontrera que si les religions diffèrent dans la forme, elles se ressemblent au fond, que toutes ont le même principe, lequel subsistera aussi longtemps qu'il y aura un monde et des êtres doués de raison pour l'habiter. Les Religions parleront à la jeunesse de la bonté, de la justice, de la puissance de Dieu, des lois morales établies par Dieu, du bien qui résulte de leur observation minutieuse, qui importe autant que celle des lois et règlements palpables. Se tenant en dehors des sciences, de la politique, du socialisme, qui sont enseignés ailleurs, les Religions nous parleront de l'âme, de ses aspirations poétiques et sentimentales, qui ne peuvent être cultivées qu'à cette époque de la vie : à l'école il est trop tôt ; plus tard il n'est plus temps, parce que l'imagination, faute d'avoir reçu de la nourriture et des soins au moment opportun, s'est déjà fourvoyée ou engourdie. L'enseignement religieux, établi d'après ces principes, aura l'effet le plus salutaire ; il influera sur tout le reste de la vie ; l'être humain, venant au monde nu de corps et d'esprit, obligé de passer par toutes sortes d'apprentissages et d'épreuves, est avide de cette instruction, dont il a besoin et que nul hormis le prêtre n'est chargé de lui donner. Tous ceux qui l'auront reçue comme il faut, voudront l'entretenir, la perfectionner : on leur en fournira l'occasion et le moyen par les conférences appelées sermons, qu'ils pourront entendre gratuitement dans les édifices et aux jours connus. — Voilà ce qu'il y a à faire et comment on devra le faire. Avec un peu de bonne volonté, cette réorganisation pourra être achevée en moins d'un demi-siècle.

Ne devra-t-on pas s'occuper également des corps irréguliers qui existent à l'ombre de plusieurs religions?

Il faut les dissoudre sans exception dans tous les pays civilisés. Là ils sont nuisibles aussi bien à leurs membres, qu'à la Religion et à la Société. L'origine des irréguliers s'explique par le fait que les religions sont nées et se sont développées dans l'irrégularité la plus complète. Au début il n'y a eu que le fondateur et ses amis et connaissances. Chaque religion a traversé une longue période d'obscurité, d'incertitude et de tâtonnements, sans organisation, ni installation. Pendant longtemps les pratiques du culte, les formalités d'admission, sont restées des plus simples, tout homme de bonne volonté, à peine reçu et mis à peu près au courant, pouvait à son tour prêcher, convertir, recevoir. Chaque adhérent avait intérêt à faire grossir les rangs de la troupe à laquelle il venait de se joindre ; l'intérêt des hommes qui avaient pris la spécialité de faire de la propagande et de présider aux cérémonies, était encore plus direct ; enfin toute religion qui a réussi le doit surtout à une série d'hommes supérieurs, perspicaces, décidés à atteindre, par tous les moyens, le succès qu'ils entrevoyaient, capables de diriger le mouvement, de combiner les efforts, de profiter des circonstances. A toutes les époques il y a eu beaucoup d'ambitieux et de mécontents, avides de changement, beaucoup d'ignorants et de crédules s'enthousiasmant d'autant plus qu'ils comprenaient moins, il y a eu assez d'illuminés, d'exaltés, qui, dans un saint délire, bravaient la persécution, la torture jusqu'à la mort inclusivement. La nouvelle religion, promettant monts et merveilles dans ce monde et dans l'autre, gagnait sans cesse du terrain, s'attachait des individus de plus en plus nombreux dans toutes les classes de la société, même dans les plus élevées. Le jour luisait enfin où cette religion pouvait s'affirmer hautement dans tout le pays, faire ses cérémonies en public avec toute la solennité voulue, établir des représentants à poste fixe et leur donner un costume officiel. Quand une religion avait obtenu ce résultat, elle était une religion positive, son clergé était constitué en principe, elle créait peu à peu des ordonnateurs, des inspecteurs, toute la hiérarchie. Ce résultat, les religions l'ont dû entièrement aux irréguliers, ou plutôt à des hommes qui n'étaient ni réguliers, ni irréguliers. Mais, dès que les irréguliers alors en vie avaient pu se transformer en prêtres et au fur et à mesure que des prêtres dûment préparés, nommés et installés, pouvaient remplir les fonctions sacrées, il y eut deux éléments tout à fait distincts et dont l'un semble exclusif de l'autre dans le même pays. Les seuls prêtres devaient rester et agir au nom de la religion, les irréguliers, non placés, s'ils étaient vieux, devaient s'éteindre dans un repos mérité, s'ils étaient jeunes, se transporter dans un autre pays, où leur religion était ignorée, la répandre par les mêmes moyens que leurs aînés et préparer ainsi l'avénement successif de leur religion dans tous les pays. Quelques-uns ont entrepris cette tâche honorable, le résidu a constitué une classe à part, qui s'est perpétuée de siècle en siècle et n'a fait que croître et multiplier, rarement par voie de reproduction naturelle comme les gens ordinaires, mais presque toujours par l'enrôlement de nouveaux sujets. Ces irréguliers ont formé d'innombrables corporations, dont chacune adoptait des règles, des costumes, des manières et un but à sa guise. Malgré leur variété infinie, provenant de la différence des religions, des temps, des mœurs, tous les irréguliers peuvent être rangés en cinq catégories. La première comprend les individus qui subissent volontairement en public des tortures raffinées en l'honneur de leur divinité et en vue de ramasser des aumônes. Très-appréciés autrefois, ces spectacles sont en baisse et n'ont plus lieu que chez des populations en retard; celles-ci étant en train de se civiliser, les pratiques en question disparaîtront entièrement. — La deuxième catégorie, composée de corporations de guerriers, bataillant sur terre et sur mer avec des adhérents d'autres religions, existe encore de nom, mais ne fait plus rien. — La troisième catégorie est celle de la vie contemplative. Les modèles du genre ont vécu isolés, misérables, en vrais pénitents. Les populations avaient un grand respect pour eux et plus d'un s'est vu traité de saint homme. Beaucoup d'individus des deux sexes ont suivi leur exemple et se sont retirés dans les forêts, les montagnes et jusque dans les déserts. Plus tard les corporations ont fait construire n'importe où, même dans les villes, des bâtiments immenses avec des aménagements pour des centaines de membres. Dans beaucoup de pays et pendant de longs siècles on faisait une excellente affaire en entrant dans ces corporations. Il fallait sans doute se dépouiller en leur faveur de tout son actif, mais on jouissait toute sa vie durant d'un large bien-être, d'une haute considération, l'on était garanti contre les violences et les exactions, sous lesquelles gémissaient tous les faibles aux époques de barbarie A l'intérieur de leurs vastes édifices bien fermés, où ils étaient censés se livrer à des exercices de piété interminables, les membres se dédommageaient de la gêne et des restrictions, qui leur étaient commandées au dehors, oubliaient vœux et règles, violaient impunément les lois de la morale et une foule d'autres ; ni la Justice, ni la Police ne pénétraient jamais dans ces lieux réputés saints, où même des malfaiteurs étrangers trouvaient un refuge, où par contre des personnes pouvaient être amenées et retenues malgré elles et soumises à des traitements inqualifiables. Dans l'Etat moderne tout cela est changé. Nul n'a plus besoin de chercher l'agrément, la considération, la sécurité dans des combinaisons artificielles. Dans les pays civilisés les corporations de cette espèce ont perdu leurs principaux attraits, et ne jouissent plus des priviléges, faveurs, immunités d'autrefois; elles sont surveillées et les crimes commis ou recélés dans leur sein seraient punis sans façon. Plusieurs Législateurs ont même prohibé l'existence de ces corporations et confisqué leurs propriétés. — La quatrième catégorie a toujours été la plus dangereuse; elle exploitait spécialement la soif de domination des Chefs temporels et les poussait aux guerres de conquête, qui procuraient de nouveaux sujets en masse à tyranniser et à convertir, ainsi qu'aux moyens les plus barbares pour maintenir leurs anciens sujets dans l'abrutissement. Beaucoup de Chefs temporels ont suivi pendant des siècles ces conseils funestes et ce n'est que la misère, la ruine de leur peuple d'une part, le progrès général, irrésistible, de la civilisation d'autre part qui ont fait tomber le glaive et la torche de leurs mains. Le système de violence et de terreur, qui devait faire durer et grandir la puissance des Chefs temporels, a produit l'effet contraire; la catégorie qui l'avait inventé, a dû l'abandonner et se rabattre sur la ruse et l'hypocrisie. Elle a calculé que ni Chef temporel ni peuple n'avaient conscience du mal qu'elle leur avair fait, que l'un et l'autre pouvaient encore être trompés, qu'en s'y prenant adroitement elle pouvait ressaisir toute son autorité. Le Chef d'Etat cessait d'être son protecteur avoué, mais il ne lui était pas hostile: elle pouvait exécuter librement ses nouveaux projets, agir sur les populations, travailler les jeunes générations. Le moyen qu'elle a trouvé pour cela était d'imiter les irréguliers de la cinquième catégorie, les utilitaires, les corporations dites enseignantes et hospitalières, de faire en grand et systématiquement ce que celles-ci faisaient sur une petite échelle et sans malice. Mais la quatrième catégorie voulait rester une élite, une aristocratie, elle avait toujours exercé une haute influence, elle ne voulait ni assujettir ses membres ordinaires, tous choisis et dressés avec soin, à des travaux salissants, fatigants, ni recevoir le nombre d'adhérents qu'il lui aurait fallu. Elle a imaginé de se servir de la catégorie des fainéants, nombreux sujets des deux sexes, qu'il était facile d'endoctriner et d'instruire dans les travaux plus monotones et désagréables que difficiles, qui devaient leur être imposés, c'est-à-dire de soigner les malades et les infirmes et de donner un semblant d'instruction aux enfants. Toutes ces corporations étant riches, elles pouvaient augmenter leur personnel, s'adjoindre des sujets au besoin sans apport, en fournir aux maisons de charité et aux écoles existantes, créer de nouveaux établissements dans ce genre. Presque tous les Chefs temporels ayant fort mal gouverné, en dépit de leur institution divine, les écoles manquaient partout, le vice, la misère, engendraient partout les maladies, les infirmités. Comme les Chefs temporels ne se souciaient pas en principe d'une réorganisation sérieuse, ni en fait d'une dépense considérable, ils voyaient avec joie qu'un élément bien connu se présentait pour remplir les lacunes d'une certaine façon qui leur convenait beaucoup. Les irréguliers simples, non initiés dans les secrets des supérieurs, ont été installés de tous les côtés avec la consigne de toujours se montrer sous l'habit religieux, pour bien marquer leur provenance, de faire sonner bien haut leurs vœux d'humilité, de pauvreté, de chasteté et tout ce qui s'ensuit. De cette manière ils plongeaient ou replongeaient dans l'erreur et la superstition tous ceux qui leur passaient par les mains. Si l'instruction qu'ils donnaient aux enfants était faussée, tronquée, ce dont les parents illettrés ne pouvaient guère juger, elle était gratuite. Les populations naïves devaient donc être touchées de l'abnégation et du dévouement que la religion inspirait à ce grand nombre de personnes. Si des Etats avaient pu songer à confisquer l'actif de corporations inutiles, contemplatives, une pareille mesure devenait injustifiable dès qu'elles consacraient leur temps et leur argent à l'intérêt général : au lieu de leur prendre quelque chose, il fallait plutôt leur fournir des suppléments et des facilités. C'est ce qui explique l'entrain avec lequel les Directeurs de ces corporations ont lancé leurs subordonnés dans cette entreprise ; ils craignaient de perdre leurs places, tandis qu'en acceptant le nouvel arrangement, ils les consolidaient, ils restaient à la tête des capitaux, qui dorénavant ne couraient plus de risques. Les seuls qui aient pu se plaindre, étaient les anciens sujets, entrés pour ne rien faire et obligés dès lors à un travail journalier; les nouvelles recrues savaient à quoi elles seraient tenues. Quant au sacrifice que les Directeurs imposaient à la caisse sociale, par la fondation d'établissements ou de succursales, par toutes sortes d'achats et de frais, par d'innombrables admissions sans apport, ils comptaient qu'ils se rattraperaient à la longue en faisant des appels à l'Etat, aux Villes, aux Riches, sous prétexte d'épuisement de ressources, de charges croissantes. Il est heureux que ce système ait été inventé trop tard, qu'à l'époque de son application générale il y ait déjà eu assez d'hommes éclairés pour l'apprécier et que l'imprimerie ait été en mesure de porter leur jugement motivé à la connaissance du grand public. La haute catégorie n'a pu maintenir le système de la terreur, elle ne peut non plus atteindre son but par le système de l'amour simulé, quoique ce dernier système soit bien mieux imaginé, qu'elle y ait mis beaucoup de zèle et de savoir-faire, qu'elle y ait employé beaucoup d'argent et beaucoup d'individus. Elle n'a réussi qu'à intercepter de fortes sommes que des personnes pieuses destinaient à la religion, mais qui auraient dû profiter au Clergé, dont les membres de grade inférieur ont toujours été mal rétribués. Le Clergé a beaucoup souffert et souffre encore beaucoup des irréguliers, beaucoup plus qu'il ne s'en rend compte lui-même. Tout ce qui a créé des ennemis à la Religion et au Clergé, toutes les guerres faites, toutes les horreurs commises, au nom de la religion, toutes les théories et pratiques abusives, déplorables, en matière de religion, sont en réalité l'œuvre d'irréguliers brouillons, vagabonds, à moitié fous. Rien de tout cela ne serait venu à l'idée d'un Clergé organisé, dont les membres exerçaient tranquillement et dignement leur ministère, tout en étant mariés, pères de famille, citoyens. C'est la faute, la très-grande faute du Clergé, d'avoir toléré les irréguliers à côté de lui, d'avoir permis leur immixtion dans les affaires religieuses, d'avoir accepté leurs élucubrations comme articles de foi, d'avoir subi leur empire au point de concourir à leurs agissements les plus monstrueux. Les torts des irréguliers semblaient les torts du Clergé, la haine provoquée par les irréguliers, montait jusqu'au Clergé et à la Religion. Les premiers Chefs spirituels qui ont gouverné après la formation du Clergé et qui ont autorisé, encouragé, l'élément irrégulier dans les pays où il n'avait plus de raison d'être, méritent de graves reproches. Sans examiner la question, sans réfléchir que l'ancien élément irrégulier qui avait fait triompher la religion dans un pays, n'avait aucun rapport avec le nouveau qui s'y étalait postérieurement, ils ont accordé à celui-ci des libertés, des priviléges, des faveurs inconcevables. Des irréguliers ont pu harceler, régenter le Clergé, usurper tout ou partie de ses fonctions, peser sur le Chef spirituel, se faire nommer eux-mêmes Chefs spirituels ou investir d'autres dignités fort élevées, ce qui les mettait à même de faire valoir leurs inventions et de favoriser leurs ex-confrères. Les irréguliers sont devenus une masse formidable, leur institution est consacrée par le temps, leurs corporations sont d'autant plus riches, compactes et puissantes, que tous les membres sont plus pauvres, que l'obéissance de tous les membres envers les supérieurs est plus absolue, que leurs efforts sont plus concentrés et plus persévérants. Si à l'exemple des supérieurs ils se montrent pleins de soumission et d'humilité envers le Chef spirituel, c'est parce qu'ils n'ont qu'à se louer de ses procédés. Mais s'il voulait les gêner tant soit peu, les déplacer, leur demander des comptes, ils lui résisteraient, ils lui diraient qu'ils sont plus anciens que lui, que c'est de leurs rangs qu'il est sorti, lui et tout son Clergé, qu'ils ont aidé à la création de sa haute dignité et à l'établissement du Clergé, que beaucoup des leurs ont tout sacrifié et n'ont reculé devant rien pour faire de la propagande, que ce n'est pas lui qui les nourrit et les entretient, que ce sont eux au contraire qui lui ont procuré de grosses sommes. Dans plus d'un pays l'autorité du Chef spirituel serait insuffisante pour obtenir quelque chose des irréguliers contre leur gré et il faudrait le concours de l'Etat. Quoique ce concours lui soit acquis, le Chef spirituel fera bien de ne pas attaquer les irréguliers et d'attendre que le Législateur humain fasse le nécessaire, ce qui arrivera forcément dans un pays après l'autre. Le Clergé et ses Chefs ont leur place marquée dans toute société; ils peuvent s'en rapporter au Législateur pour la définir, pour déterminer le mandat que la société leur donne et qu'ils acceptent. Dans la société moderne, déjà passablement améliorée et qui cherche sans cesse à devenir plus correcte, plus juste, l'élément irrégulier est un non-sens. Il est intolérable que des citoyens et des citoyennes sortent du giron national, s'obligent à étouffer tout sentiment civique ou patriotique et même la voix de la raison et de la nature, qu'il soit commis à leur égard un vrai crime de lèse-humanité. Il est intolérable que ces êtres puissent travailler contre la société, égarer l'opinion publique, fausser l'esprit des générations successives, perpétuer toutes sortes de préjugés, d'erreurs, de superstitions. Il est intolérable qu'ils soient embrigadés sous de faux noms, casernés, qu'ils aient des commandants de tous grades jusqu'à des généraux, chaque division, chaque corps ayant un uniforme, le tout constituant une armée prête à la résistance comme à l'attaque, un Etat dans l'Etat, un Etat hostile à l'Etat. Pendant qu'une partie des Supérieurs et des Principaux dirigent les innombrables subordonnés, une autre partie continue à intriguer, à exciter, à fanatiser partout, obsédant les Chefs temporels et les Législateurs, tenant les peuples en haleine, irritant les populations les unes contre les autres. C'est dans les pays civilisés, pourvus d'institutions religieuses, que l'élément irrégulier est le plus répandu, qu'il travaille avec le plus d'énergie à obscurcir la lumière, ne consacrant qu'une faible proportion de ses ressources en hommes et en argent aux barbares, ne faisant rien du tout pour les véritables sauvages adonnés à l'anthropophagie et au plus grossier fétichisme. Il y a là une preuve évidente que les irréguliers de notre époque ne songent plus au but humanitaire de leurs devanciers primitifs, que les subalternes en masse ne sont que des instruments dans la main de supérieurs intéressés. La plupart de ceux qui entrent dans les corporations ne savent pas au juste pourquoi, n'y trouvent pas ce qu'ils cherchent, s'y engourdissent peu à peu et voient enfin avec un malin plaisir l'introduction de nouvelles victimes. Les Directeurs Généraux de la grande combinaison, qui n'arrivent à ces postes qu'après de longues années de servitude morale et matérielle, sont de fortes têtes, des hommes archi-savants, extra-intelligents, ce qui ne les empêche pas d'être fourvoyés comme le reste : ils auraient réussi, brillé dans n'importe quelle carrière, ils auraient pu rendre d'éminents services à leur patrie, à l'humanité, ils auraient pu eux-mêmes se développer d'une manière parfaite, normale, tandis qu'ils sont restés des êtres incomplets, qu'ils n'ont fait de bien à personne, qu'ils se sont usés sur une œuvre stérile, sans nom, sur un rêve, la domination universelle irréalisable, fantasque, ridicule. La cause des irréguliers est donc entendue. Chaque Législateur doit sans aucun délai faire licencier leurs corps par l'Exécutif. Les lenteurs, les demi-mesures seraient hors de propos. Il ne suffirait pas d'exclure les corporations des hôpitaux et des écoles, d'empêcher tout agissement extérieur, de les enfermer dans leurs enceintes, de leur défendre tout enrôlement, pour arriver à leur extinction par la mort naturelle de leurs membres. Avec l'habileté qui les caractérise, les Directeurs feraient traîner l'affaire indéfiniment, en dépit des gardiens, des surveillants, des curateurs que l'Etat pourrait leur imposer. Les corporations possèdent de grands biens, que les Directeurs pourraient, même dans une intention pieuse, convertir, réaliser, pour les expédier ou emporter à l'étranger. Ce n'est pas pour s'emparer de leurs biens, que l'Etat supprime les corporations, ayant des motifs d'un ordre beaucoup plus élevé, mais ces richesses appartiennent au pays d'où elles sont tirées et elles ne doivent pas en sortir. Elles proviennent en partie de la fortune publique, dont les Princes et autres personnages disposaient à tort et à travers, en partie elles sont d'origine privée, venant ou de particuliers morts et enterrés, ou dans une faible proportion de particuliers vivants, mais qui n'ont plus rien à réclamer, vu l'abandon irrévocable, définitif, qu'ils ont fait de leurs droits de propriété. Tous ces biens, tous les intérêts et profits qu'ils ont rapportés, sont amalgamés, confondus, ni partages, ni reprises ne sont possibles, les corporations, tant qu'elles restent ce qu'elles étaient au moment de recevoir, restent en possession de ce qu'elles ont reçu. Il s'ensuit que lorsqu'elles sont dissoutes par la loi, leurs biens tombent en déshérence, qu'ils se trouvent sans maître, que l'Etat seul peut les recueillir. Le Législateur abolit les corporations, et leur substitue l'Etat quant aux membres. En s'appliquant l'Actif, l'Etat s'applique le Passif, qui n'est autre que la dépense pour les membres. Ce Passif qui est permanent vis-à-vis des Corporations, n'est que temporaire vis-à-vis de la Société. La Société moderne ne peut plus endurer les corporations, mais ce n'est pas contre les membres d'aujourd'hui qu'elle a des griefs majeurs, ce n'est pas à ceux-ci qu'elle impute les torts les plus graves. Ce ne sont pas eux qui ont les horreurs du passé sur la conscience, ce ne sont pas eux non plus qui ont inventé le système : ils l'ont trouvé établi, couvert de la protection des autorités, entouré d'un prestige plusieurs fois séculaire. Ils l'ont continué, le plus grand nombre d'entre eux, tous les subalternes, ne connaissant pas le but secret, le plan d'ensemble. La société affranchit ces malheureux d'une servitude énervante, en leur conservant le seul avantage qu'ils en retirent. Les membres des corporations ont leur existence assurée jusqu'à la fin de leurs jours, qu'ils aient fait un apport ou non, que la Direction les fasse travailler ou non, pourvu qu'ils se tiennent à ses ordres. La Société se charge aux mêmes conditions de tous ces irréguliers, employant tant supérieurs qu'inférieurs chacun selon ses talents et selon ce qu'il a appris à faire. Il y en a beaucoup qui pourront entrer dans le Clergé; ceux qui opèrent dans l'enseignement et l'assistance pourront y être maintenus. Au lieu d'être hébergés et habillés par les corporations, ils recevront leurs appointements et vivront comme tout le monde. D'autres pourront se caser dans les grandes administrations ou continuer à se livrer au commerce, à l'industrie, à toutes sortes d'occupations, qu'ils exercent sous l'habit religieux. Il sera remis à chacun d'eux une petite somme pour lui donner le temps de se retourner, de faire ses nouveaux arrangements. Quant à leur vieillesse, tout souci leur sera ôté par une pension. Chacune de ces personnes, quels que soient ses projets, sera munie lors de sa libération d'un titre nominatif de rente viagère incessible et insaisissable, immédiate ou différée selon son âge et son état physique; la somme sera déterminée sur-le-champ et le porteur n'aura plus qu'à prouver en temps et lieu son incapacité de travail. Les irréguliers obtiendront de la Société tout ce qu'ils obtenaient des corporations, sauf leur salut, qu'ils devront faire comme la masse des habitants. S'il y en avait parmi eux qui, par excès de scrupule, ne voudraient pas accepter leur nouvelle position, qui préféreraient aller à l'étranger, ils recevraient néanmoins leur gratification et leur certificat. Chez les peuples civilisés le rôle des corporations est fini, mais elles peuvent encore rendre des services, chez les peuples barbares, en répandant tout d'abord leur religion, chez des peuples arriérés, mal organisés, en fondant et en desservant des hôpitaux et des écoles. Les peuples arriérés et barbares ne manquent pas et les corporations peuvent acquérir beaucoup de mérite en s'établissant chez eux pour leur faire du bien, pour les éclairer, à condition qu'elles se débarrassent elles-mêmes des erreurs, des mauvaises pratiques, des abus qu'elles renferment.

LA CITOYENNE

Quelle est l'influence de la citoyenne sur les affaires publiques?

Elle n'en a aucune. Jamais on ne la consulte sur quoi que ce soit.

N'a-t-elle pas autant de droit que le citoyen?

Le droit est égal de part et d'autre. La citoyenne est membre de la société au même titre, elle est absolument aussi indispensable à la société, que le citoyen.

La citoyenne a-t-elle autant d'intérêt que le citoyen?

Tout autant. Elle a un intérêt direct et légitime à ce que tout marche bien. Dans le cas contraire elle souffre par elle-même et dans tout ce qui lui est cher.

La citoyenne serait-elle indigne à cause de sa faiblesse physique?

Cette raison n'a jamais été alléguée et ne pouvait l'être. La société protége tous les droits, sans égard pour la force ou la faib.esse. Le citoyen lui-même a besoin de cette protection pendant une bonne partie de son existence. Sa force n'a qu'un temps, limité au tiers de la vie; il passe tout le reste dans une faiblesse relative. Pourtant le citoyen, une fois majeur, ne renonce plus à l'exercice de ses droits, même quand il est redevenu faible. Malgré sa faiblesse physique, la citoyenne peut accomplir tous les devoirs du citoyen sauf un seul : elle ne porte pas les armes, mais elle paie sa dette à la Patrie en lui fournissant les défenseurs.

Est-ce l'intelligence qui manque à la citoyenne?

Dieu a créé la femme aussi capable que l'homme, le doute n'est pas permis à cet égard. Ce qui manque à la femme, c'est l'instruction.

Ne reçoit-elle pas de l'instruction tout comme l'homme?

L'instruction qu'on lui donne est inférieure en qualité et en quantité et ne touche même pas aux choses essentielles que tout le monde a besoin de savoir.

N'y a-t-il pas là une grande injustice ?

Autant d'injustice que de maladresse. En laissant la femme dans l'ignorance de ses droits, en lui faisant accroire qu'elle n'en a pas, on la met dans l'impossibilité de les réclamer, ni de les exercer, quand elle viendra à les découvrir et à les faire reconnaître. On la rend incapable d'être la vraie compagne de l'homme, dont elle ne peut apprécier les pensées, les aspirations, les convictions, qu'il devient dès lors impossible de lui faire partager. On la met hors d'état d'influer utilement sur l'éducation de ses enfants, puisqu'elle ne peut leur donner des notions saines, qu'elle ne possède pas. On amoindrit ainsi la femme sous tous les rapports et rend nulle son action de citoyenne, d'épouse et de mère. Tout cela tend forcément à la destruction de la vie de famille, la différence du niveau intellectuel devant former une barrière entre l'homme et la femme. Ne trouvant à son foyer, au lieu de sympathie, d'intérêt, que froideur, inattention, dès qu'il veut parler d'un sujet un peu élevé, d'histoire, de patrie, de philosophie, l'homme se résigne à déserter son intérieur. Finalement il prend goût à la vie du dehors pour toutes sortes de choses, la femme est délaissée, sacrifiée : mauvaise situation qui a souvent les suites les plus tristes. Il ne s'agit pas, bien entendu, de ne parler à la femme que politique, science sociale et autres — il y a un temps pour tout — mais il est nécessaire qu'elle les connaisse en théorie et en pratique et qu'elle s'y intéresse, sous peine de rester insuffisante sur toute la ligne.

Ne serait-ce pas par système qu'on a maintenu les femmes dans l'ignorance, dans la passiveté ?

C'est évident. Les pasteurs et conducteurs de peuples voulaient entretenir dans l'espèce humaine un fond de superstition, de préjugés, et par conséquent de servilité, de faiblesse. Présumant qu'ils n'y réussiraient pas à la longue avec l'homme, plus résistant, plur dur, plus expérimenté par la vie active au dehors, par la participation forcée aux actes des Chefs, ils ont jeté leur dévolu sur la femme, rompue dès les temps primitifs à la dépendance, à la servitude, pouvant se reléguer à l'intérieur, ne voyant pas la plupart des événements, plus impressionnable, plus timide, *tout en ayant prise sur l'homme.* Il ne s'agissait donc que de perpétuer cet état de choses, de tenir la femme toujours à l'écart, sous la domination, de la détourner de tout ce qui développe le jugement et le caractère, de la priver le plus possible de lumières et de connaissances véritables, afin que la femme et l'homme ne se rencontrent jamais sur le terrain de la raison et qu'ils s'égarent réciproquement sur celui du sentiment faussé. Quand l'invention de l'imprimerie a fourni le moyen de s'instruire plus généralement et qu'on n'a pas pu empêcher les hommes d'en profiter, la femme, qui aurait dû avoir sa part de ce bienfait, en a été frustrée sous les prétextes les plus absurdes. On a prétendu que l'instruction était inutile aux femmes, qu'elle leur était plutôt nuisible; que de savoir lire et écrire ne pouvait leur servir qu'à lire de mauvais livres et à entretenir des correspondances immorales; que les femmes étaient destinées, à part la reproduction, aux travaux du ménage et à divers travaux corporels, que celles qui sont au-dessus de cela n'avaient qu'à s'attacher aux petits talents de société, à l'art de se parer, de briller. Il ne fallait pas parler politique devant les femmes, — c'était du plus mauvais goût, ni d'autres sujets élevés non plus. En dehors de leurs exercices ou passe-temps de tous les jours, elles ne devaient avoir, en guise de consolation, de nourriture de l'âme, que les pratiques religieuses. A force de patience et de longueur de temps, en répétant la même chose sur tous les tons, dans tous les pays, de siècle en siècle, on est parvenu à imposer ces contre-vérités partout, et l'éducation nulle, factice, tronquée, des filles est en usage, en honneur partout. C'est à peine si l'on en revient dans les quelques pays où l'autorité des chefs ancien régime est réduite et limitée.

Alors ce ne sont pas les hommes en général qui ont cherché à abaisser la femme?

Nullement. Il est vrai qu'à l'état sauvage ils l'ont traitée en esclave, en bête de somme et de travail, mais dès qu'ils se sont civilisés, ils l'ont traitée avec plus d'égards, avec plus de respect. Ces égards et ce respect sont toujours en rapport avec le degré de civilisation, c'est-à-dire qu'ils sont encore très-superficiels, plus apparents que sincères, et consistent souvent dans des hâbleries, des démonstrations aussi exagérées et extravagantes que vaines et passagères. Aussi la femme a-t-elle le plus grand intérêt aux progrès des lumières, à la destruction des systèmes abusifs. Les améliorations dans l'ordre politique et social, dans les lois, les mœurs, les coutumes et les manières, qui en résulteront, ne peuvent que tourner à son profit, et lui assurer enfin les droits, la situation, la considération véritables dont elle a été frustrée depuis les temps les plus reculés jusqu'à nos jours.

Qu'est-il résulté de la tactique mise en œuvre contre la femme?

Qu'elle a accepté le rôle subalterne qu'on lui a imposé. Loin d'être la compagne de l'homme, elle ne peut seulement pas le comprendre, encore bien moins marcher de pair avec lui. Sans force à elle propre, sans boussole, ni gouvernail, elle est enfermée dans un cercle étroit, confinée dans un espace sans horizon, forcée de suivre les impulsions plus souvent mauvaises que bonnes qu'elle reçoit. Même les arts, la poésie, ne peuvent la toucher profondément, son manque de savoir l'empêchant d'en saisir les beautés, et d'en tirer autre chose que des rêveries. Sans idéal, sans principe, elle en est encore au point où en étaient les hommes aux époques les plus sombres. Sans indépendance, sans droit, vouée à la sujétion perpétuelle, elle est forcément isolée; d'une part elle n'est pas à la hauteur de l'homme, d'autre part il ne peut exister entre femmes ni solidarité, ni fraternité, mais seulement jalousie, méfiance, malveillance réciproques, fruits naturels et inévitables de l'esclavage. Peu importe qu'il y ait quelques femmes de mieux partagées, qu'il y ait des femmes poètes, artistes, portées aux nues. — Peu importe qu'il y ait des femmes haut placées, qui occupent des trônes avec l'exercice personnel de la puissance souveraine; ce [illegible] des situations où elles ne se trouvent nullement en
[illegible] femmes, à preuve que tout souverain va chercher
[illegible]e légitime à l'étranger parmi les princesses du
[illegible] jamais il ne trouve une femme du pays digne de
[illegible]r. La femme comme telle, l'espèce féminine dans
[illegible]'e, n'en est pas moins frustrée de sa place au so-

L.
temp.

leil, maintenue dans une fausse position, d'autant plus humiliante qu'elle est moins franche, qu'elle est moins sentie, qu'elle est envisagée par la généralité des victimes comme leur état normal. La femme ne se rend donc nul compte, si elle a, oui ou non, des destinées supérieures. Elle se contente de faire ses travaux journaliers, ou bien d'être une grande poupée, de fuir toute fatigue de corps et d'esprit et de ne vivre que pour les plaisirs et le luxe.

N'y a-t-il pas encore une autre circonstance très-fâcheuse pour les femmes?

Pendant leur jeunesse elles sont recherchées par les hommes dans un but peu avouable, sans aucun rapport avec le mariage et ses conséquences utiles. Comme les femmes n'ont pas reçu d'éducation morale sérieuse, qu'elles n'ont pas conscience de leur valeur et de leur dignité, rien ne les protége contre les entreprises dont elles sont l'objet. Il y en a donc beaucoup qui succombent aux moyens de séduction les plus vulgaires, satisfaction de gourmandise, de paresse, de toilette, de plaisirs frivoles. Le luxe et les plaisirs qui, faute de mieux, étaient devenus la préoccupation capitale des unes et dont elles ont donné l'exemple, ont fini par être la grande affaire de toutes et les rendent encore plus malheureuses qu'elles ne le sont déjà sans cela.

La société ne devrait-elle pas venir en aide à leur faiblesse?

Evidemment. La société cherche à protéger tout être humain sous le rapport matériel, mais pour que son œuvre soit complète, il faut tâcher de le protéger sous le rapport moral. Il ne suffit pas d'entretenir une organisation de justice et de police en vue du crime, il faut également combattre le vice, attendu que les deux font la paire. L'opinion qui s'allie à l'action publique dans la lutte contre le crime, doit la soutenir pareillement contre le vice, qu'il importe à la société de réduire au minimum, d'extirper tout à fait si c'est possible. L'initiation et l'excitation à la débauche conduisant les victimes à la perte du sens moral, de l'estime d'elles-mêmes et des autres, à l'avilissement complet, à la décrépitude et la mort prématurées, constituent un meurtre au premier degré. Les conséquences en sont incalculables. Une fois empoisonnées, les victimes répandent le mal, propagent la corruption, portent le trouble dans les ménages, font naître partout les mauvaises passions avec tout leur cortége de malheurs. Il s'agit donc là d'un crime odieux, qui dénote une perversité extrême et qui doit être frappé de peines afflictives et infamantes. On punit le détournement de mineures, mais d'une part les peines sont trop légères et d'autre part la distinction n'est pas logique, la femme étant traitée comme mineure toute sa vie. Le Législateur doit renforcer les dispositions pénales, attendu qu'elles ne répondent pas à la gravité de l'offense, il doit les rendre plus larges et plus élastiques, afin de pouvoir englober tous les coupables, sous toutes les formes et à tous les degrés. Le Jury, qui a la liberté nécessaire pour apprécier les affaires ténébreuses, où les préparatifs et les faits échappent souvent à la constatation, où le témoignage est souvent défectif, le Jury, qui doit être composé d'hommes et de femmes, aura assez de tête et de cœur pour produire l'application de la loi dans toute sa rigueur. Cette sévérité ne trouvera plus d'emploi, quand la femme occupera sa vraie position et qu'elle s'en rendra compte, quand une fois hommes et femmes auront acquis des notions justes sur leurs rapports mutuels; mais en attendant qu'il en soit ainsi et pour qu'il en soit ainsi le plus tôt possible, il faut attaquer le mal avec la plus grande énergie.

Ne manquera-t-il plus rien aux femmes, quand elles auront reçu une instruction solide, quand elles seront protégées contre toute subornation et quand leurs droits seront reconnus?

Il leur manquera encore quelque chose de capital, l'indépendance matérielle. L'instruction, la protection, les droits, ce sont des biens précieux, mais qui ne mettent pas à l'abri du besoin impérieux, qui n'assurent pas le pain quotidien. En attendant que des réformes et des améliorations plus profondes et plus générales permettent à un bien plus grand nombre de femmes de rester dans leur intérieur, et fassent augmenter le salaire des autres, on peut dès à présent réaliser un progrès considérable, si les hommes et la société veulent s'y prêter. Que les hommes cessent d'envahir le domaine des femmes, de leur faire une concurrence acharnée. Tous les genres de commerce et d'industrie, toutes les places dans le commerce et l'industrie, tous les travaux quelconques, dont leur faiblesse physique ne les exclut pas, devraient être réservés aux femmes. Il devrait en être de même de tous les emplois dans les administrations publiques et particulières, qu'elles seront jugées aptes à remplir; toutes les carrières libérales devraient leur être ouvertes, le tout avec les plus grandes facilités pour l'étude et la pratique. Les hommes de cœur devraient leur céder le pas, non-seulement par manière de civilité puérile et honnête, mais dans les choses sérieuses, et employer la force, la vigueur, dont ils sont doués, à des travaux plus rudes, soit dans le pays, si cela se peut, soit dans les colonies créées par la Mère Patrie. On devrait supprimer l'obligation immorale, anti-sociale et anti-rationnelle, du célibat qui pèse sur tant d'hommes, qui ôte à tant de jeunes filles la chance du mariage, augmentant par contre les chances de perdition. — Voilà donc plusieurs moyens, tous bons à employer. Aucun d'eux n'opérera tout d'un coup des miracles, mais chacun fera du bien, et tous ensemble, se favorisant, se soutenant les uns les autres, donneront un résultat fort appréciable. Il ne faudrait pas croire que ce seraient là des concessions faites aux femmes, des sacrifices étonnants qu'on s'imposerait en leur faveur. Les femmes seraient tout bonnement placées dans la position, qui leur appartient de droit, elles n'obtiendraient que justice. Ce sont les hommes, c'est la société, c'est la famille qui profiteraient dans une large mesure de ces améliorations.

Le mariage est-il une institution essentielle?

Sans aucun doute. On ne saurait imaginer une société civilisée sans lui. Il a dû être établi aussitôt que le genre humain est sorti de la barbarie primitive. Dès qu'ils ont commencé à avoir conscience de quelques-uns de leurs actes, l'homme et la femme ont dû penser à s'unir autrement que d'une manière fortuite, passagère, aussi bien à raison de l'affection qu'ils avaient conçue l'un pour l'autre, qu'en vue des enfants à naître de leur union. Après s'être fait d'abord une simple promesse de ne plus se séparer, le couple a dû prendre la tribu à témoin de cet engagement mutuel, consacré encore plus tard par le chef, qui n'y pouvait rien voir de contraire à son autorité, à son intérêt, mais plutôt une occasion de se produire, de présider à quelque cérémonie, à quelque formalité. Les chefs spirituels ont dû s'emparer de bonne heure de la célébration du mariage, l'entourant d'une certaine pompe de leur invention ou copiée de ci et de là. Une fois réglées sur ce pied, les choses ont continué de même et le mariage est une institution commune à tous les peuples de la terre, dont aucun ne voudrait l'abolir. Pendant fort longtemps le mariage s'est contracté partout sous les auspices des religions, c'est-à-dire avec une grande diversité. Telle religion marie un homme à autant de femmes qu'il veut, telle autre ne consacre une nouvelle union qu'après la dissolution des liens précédents, soit par la séparation officielle, soit par la mort. Telle religion ne marie pas les proches parents, à moins qu'ils ne lui en achètent la permission, telle autre va jusqu'à marier le frère à la sœur. Telle religion ne marie pas ses adhérents à des personnes d'un culte ou rite différent, telle autre n'attache aucune importance à cette particularité. Une société sérieuse ne peut tolérer ni sanctionner des systèmes aussi discordants; il lui faut une base uniforme, certaine. La société moderne a donc pris le parti de retirer aux religions le pouvoir authentique de marier et a conféré ce pouvoir à des fonctionnaires civils. Cet arrangement a été trouvé très-satisfaisant et ne peut manquer de prévaloir partout; il coupe court à toutes les confusions, à tous les abus, autrefois si nombreux. Néanmoins, les époux sont libres, vu la trop grande simplicité et sécheresse qu'on rencontre chez l'autorité civile, de faire suivre le mariage légal des cérémonies de leur religion respective, cérémonies chères aux femmes surtout, et très-pompeuses, si l'on y met le prix. Il est toutefois bien entendu que ces cérémonies n'ôtent rien, n'ajoutent rien à la validité de l'acte légal.

Le mariage est-il basé sur les vrais principes, depuis que la société l'a pris en main?

Il s'en faut. La société moderne a trouvé tant d'erreurs en place, qu'elle n'a pu en examiner et en corriger encore qu'une faible partie. Les lois actuelles sur le mariage sont la continuation de vieux errements, qui remontent au-delà du déluge. Il y a quelques adoucissements, la femme n'est plus esclave, mais elle ne peut rien sans son mari, qui absorbe sa volonté, sa fortune et jusqu'à son nom. La puissance du mari n'a aucune limite fixe, dans tous les cas possibles le mari a l'avantage, tout est combiné, calculé sur l'infériorité, la minorité permanentes de la femme. Dans plusieurs pays l'on croit encore que le mari a le droit de battre sa femme, pourvu qu'il ne dépasse pas toutes les bornes, qu'il ne mette pas sa vie en danger. Erreur manifeste : il s'agit là d'un délit de droit commun, contre lequel la justice doit sévir en la forme ordinaire. La loi prétend forcer le mari à protéger sa femme, compensation imaginaire, dérisoire en tant qu'obligation légale pour le mari, utilité pratique pour la femme. On ne se rend pas compte du tout, contre qui le mari serait tenu de protéger sa femme, ni quels seraient les moyens suffisamment rapides et efficaces, pour le contraindre, s'il s'y refusait. La société a bien plus vite fait de fournir elle-même la protection à la femme et c'est plus souvent contre le mari que cette protection est nécessaire que contre autrui. Il est grandement temps de remplacer de telles formules creuses et surannées par quelque chose de rationnel, savoir que le mariage est une société composée de deux membres, qui ont tous les deux le pouvoir de la gérer, de l'administrer et de la représenter, société d'une durée illimitée, mais qui ne peut être formée avant la majorité légale des deux parties. Si par exception la vie commune devenait impossible, pour ôter tout prétexte à l'adultère et pour éviter des malheurs, l'autorité devrait, après mûr examen, déclarer l'association dissoute, rendre à chacun des époux sa liberté, nommer un liquidateur s'il existe un actif, un tuteur aux enfants s'il y en a. Les mauvais ménages, résultant du désaccord fondamental entre époux, seraient beaucoup plus rares si les unions étaient contractées avec plus de réflexion. Les unions durent de longues années, elles devraient donc être formées sans précipitation. Il y avait autrefois une coutume générale, qui a été abandonnée presque partout, quoiqu'elle fût très-bonne et qu'elle valût la peine d'être conservée et mieux expliquée, c'était d'imposer un délai raisonnable entre le projet du mariage et sa réalisation. Le mariage était précédé des fiançailles, c'est-à-dire d'une déclaration publique des futurs et de leurs familles. A partir de ce moment les fiancés se voyaient et se fréquentaient beaucoup; ils avaient donc le moyen de se familiariser l'un avec l'autre, ils pouvaient s'étudier mutuellement, se rendre compte s'ils se convenaient. Ils pouvaient rompre s'ils découvraient une cause, un sujet de désaccord grave, ou procéder au mariage, si leur affection demeurait constante, s'il y avait compatibilité de caractère, d'humeur, enfin si dans son ensemble l'union promettait d'être heureuse. Aujourd'hui il n'est pas question de tout cela; l'autorité marie, le clergé bénit, à tort et à travers, sans exiger quoi que ce soit, sauf un délai insignifiant avec publication, pour sauvegarder les intérêts des tiers. Pour une chose aussi grave que le mariage, la société manque vraiment de prudence, de précaution; elle ne peut sans doute pas se mêler des affaires particulières de citoyens majeurs, les questionner, leur faire la leçon, mais puisqu'il est convenu que la sagesse collective est au-dessus de la sagesse individuelle, la société pourrait intervenir dans cette occurrence comme elle intervient dans une foule d'autres. L'amour, quelque impétueux qu'il soit, n'est pas à lui seul une base bien solide de bonheur en ménage; s'il n'existe pas entre les époux des affinités, des attractions essentielles, une similarité de mœurs, de convictions, de principes, l'amour n'en a pas pour longtemps, il s'envole plus vite qu'il n'était venu. La société semble compter sur la sagesse des futurs eux-mêmes et sur la sagesse des parents, mais les futurs sont souvent aveuglés par la passion, les parents ne sont pas assez éclairés, ils ne se donnent pas la peine de réfléchir, d'approfondir, ou ils ne sont pas maîtres de la situation. Tout cela est fort incertain et fort loin d'offrir la même garantie qu'une disposition légale impérative, en vertu de laquelle le mariage ne pourrait être contracté qu'à l'expiration du délai de rigueur. Au lieu de la petite lecture-harangue, adressée actuellement aux nouveaux époux, qui ne l'écoutent guère, parce qu'elle ne leur sert plus à rien et que leur attention est déjà tournée vers autre chose, le fonctionnaire préposé aux mariages délivrerait au moment de la déclaration préalable à chacun des futurs l'explication détaillée des droits et devoirs résultant du mariage, avec les développements et bons conseils que le sujet comporte, le tout non en paroles fugitives, mais imprimé. Cette intervention n'aurait rien d'humiliant pour les citoyens et citoyennes, puisqu'elle résulterait de la loi faite par des concitoyens, et non d'un caprice de chef. Cet avertissement émanant de la société, l'attente forcée que tout le monde aurait à subir, donneraient une idée bien plus vraie, bien plus haute du mariage et de l'importance que la société y attache, que toutes les cérémonies possibles au moment de la consécration. Le temps d'arrêt ne diminuerait pas le nombre des mariages. Si deux personnes découvrent qu'elles ne pourront pas se convenir, chacune trouvera d'un autre côté, ou bien elles se résigneront à des concessions mutuelles. En tout cas elles agiront avec connaissance de cause et seront moralement tenues d'y mettre ensuite de la bonne volonté. L'institution du mariage est tellement conforme à la raison et au sentiment à la fois, qu'elle ne sera jamais délaissée. Il n'en est que plus urgent de prévenir toutes les erreurs, de combattre tous les abus, qui la discréditent, qui lui font perdre de son prestige et qui rendraient l'adultère presque excusable.

La loi sur l'adultère est-elle équitable?

Toutes les lois concernant la femme étant mauvaises, il serait étonnant que celle-ci fût seule bonne. Loi, jurisprudence, opinion, tout est organisé et disposé en faveur du mari et au détriment de la femme. Le mari a le droit d'être non-seulement juge et partie, mais encore bourreau pardessus le marché. La femme est toujours punie bien plus sévèrement que le mari, quoique la faute de l'un soit aussi grave que celle de l'autre. Si la femme peut introduire dans la famille des enfants qui ne sont pas ceux du mari, ce fait, qui la plupart du temps n'est pas prouvé, ne peut avoir lieu tout au plus qu'une fois par an; l'enfant peut être tout aussi bien du mari et se trouve vis-à-vis de celui-ci dans la même position que ses autres enfants. Celui qui a trouvé dans la question des enfants un grief majeur, parce qu'elle implique une question d'argent, et qui estime que le reste n'est que peu de chose, n'a vraiment pas fait preuve de sentiments délicats. — Par contre le mari peut d'un bout de l'année à l'autre débaucher femmes et filles, négliger sa propre femme et ses enfants, gaspiller l'argent nécessaire à leur entretien, il peut glisser sur la pente fatale, compromettre son nom, qui est le leur, introduire dans la famille le déshonneur et la ruine. Il n'y a donc pas de doute que la culpabilité de l'homme égale celle de la femme, chacun des deux époux ayant pris envers l'autre et envers la société un engagement positif, qu'il est en son pouvoir de tenir et dont la violation entraînera tôt ou tard le scandale, le malheur, le crime. Le plus blâmable — à moins de passion folle — est le séducteur de la femme mariée, celui qui la détourne de ses devoirs. Généralement il ne réussit qu'à force d'obsessions ou d'artifices. Quel que soit l'air qu'il se donne, c'est toujours un individu malhonnête, indélicat. Trop fainéant pour prendre femme lui-même ou pour se consacrer à sa famille s'il en a une, il souille la famille d'autrui d'une manière sournoise, furtive ; sa situation vis-à-vis du mari est celle du chacal vis-à-vis du lion. — Sous le rapport de l'adultère comme sous les autres, les femmes sont bien plus à plaindre qu'à blâmer ; elles ont toujours été et sont encore dans une fausse position, sans défense, isolées, méconnues, incomprises, reniées par la société qui ne veut pas d'elles comme membres. Il est temps que cela finisse, il est temps que la société ouvre les yeux et répare ses torts impardonnables.

Les femmes n'ont-elles jamais réclamé, protesté contre l'oppression multiple qui pèse sur elles ?

Pour réclamer, pour protester, il faut d'abord se croire des droits. Or la soumission des femmes était de tout temps si universellement admise, elle était si profondément enracinée, que personne ne la mettait en doute. Les femmes elles-mêmes devaient en être convaincues le plus ; ignorantes ou instruites, elles n'avaient jamais ni vu ni connu autre chose. L'histoire ne peut que leur apprendre que leur sort a toujours été ce qu'il est encore : la sujétion, la dépendance, l'infériorité. Les femmes ne pouvaient donc pas se douter qu'un principe, consacré par toutes les civilisations, toutes les législations, toutes les religions, est faux, que ses conséquences ne sauraient être que fausses. La raison est pourtant indestructible ; plongée dans la torpeur, elle a commencé un jour à se réveiller et à se manifester, chez l'homme d'abord, chez la femme ensuite. Quelques femmes ont entrevu confusément la vérité et ont vaguement compris qu'il y avait dans l'arrangement établi, quelque chose d'incompréhensible, d'absurde et en même temps d'inique, d'indigne. Se méfiant de leur propre jugement, ayant tout contre elles pour se former une idée comme pour l'exprimer et surtout pour la faire valoir, elles ont dû s'y prendre fort mal : aussi n'ont-elles rencontré tout d'abord que l'indifférence, le dénigrement. Les femmes en général étaient hors d'état de comprendre quelque chose à ce nouveau principe, qui renversait toutes les notions reçues, choquait toutes les habitudes invétérées. Les femmes ne saisissaient pas du tout les avantages pratiques, l'application utile de cette nouveauté, elles ne se rendaient pas compte en quoi elle pouvait consister au juste, si elle valait la peine de s'en occuper. Elles doutaient de son succès, auquel les hommes devaient selon toute probabilité opposer une résistance opiniâtre, insurmontable, de façon qu'en y adhérant, les femmes craignaient de se compromettre gratuitement. Il répugnait aux femmes de croire que jusque-là elles avaient vécu dans la naïveté, dans l'erreur, erreur implantée par des personnages si respectables, erreur qui, à force d'habitude, leur était devenue une seconde nature, qui leur semblait bienséante, conforme à la timidité, à la réserve, à la modestie féminines. Ces dispositions, encouragées par ceux qui à tort ou à raison se croyaient intéressés à leur maintien ou obligés par leurs antécédents ; la nouvelle théorie dénigrée, tournée en ridicule de tous les côtés, mal expliquée, mal exemplifiée, par celles qui l'avaient découverte, toutes ces circonstances devaient l'empêcher de se répandre avec promptitude. Ce qui a surtout échappé aux femmes, c'est le point de vue maternel. Si elles ne réclamaient pas de droits pour elles-mêmes, elles devaient chercher à en exercer au profit de leurs enfants. La pensée qu'elles n'ont aucune action sur le sort de leurs enfants, qu'après avoir eu mille peines, mille émotions pour les élever, un fils chéri peut leur être arraché, qu'il peut être conduit à la guerre, estropié, tué, qu'une fille chérie sera privée de son fiancé, qu'elle sera rendue veuve, malheureuse, le tout peut-être sans nécessité, en tout cas sans que la mère soit capable d'en juger, sans qu'elle ait le droit de dire un mot, cette pensée ne peut les laisser indifférentes. En un mot le principe de l'égalité du droit et de la responsabilité est le seul vrai, rationnel, il doit triompher. Il faut que les femmes soient instruites, qu'elles soient consultées; elles ne peuvent plus se borner à gémir, à pleurer, quand le mal est fait. Les femmes qui ont ouvert les yeux à la lumière sont déjà nombreuses, leur nombre va toujours en augmentant; elles ont pris courage en voyant que les résistances, les obstacles qu'elles redoutaient sont plus imaginaires que réels. En effet les hommes comprennent peu à peu qu'ils ont tout à gagner au change, que la domination sur la femme, qu'on leur avait présentée comme une bonne affaire, est au contraire un système pernicieux, que les anciens guides des peuples, en le perpétuant, ont trompé tout le monde. Quand une société maintient la moitié de ses membres dans l'ignorance, la dépendance, elle se prive de la moitié de ses moyens, elle est paralysée d'un côté. La manière dont toutes les sociétés ont été conduites dans le passé, l'état actuel de toutes les sociétés prouvent qu'elles ont fait une erreur colossale en n'utilisant que la moitié de leurs ressources intellectuelles et morales; cette moitié est d'autant plus insuffisante qu'elle est empêchée, entravée dans son action par la moitié inerte.

N'a-t-on pas soutenu que la femme ne raisonne pas, qu'elle ne se laisse guider que par le sentiment?

C'est une vieille erreur, provenant d'observations superficielles. Ceux qui ont introduit et propagé cette erreur, ont confondu l'effet avec la cause. Si le raisonnement de la femme était rebelle à la philosophie, à la politique, etc., ce n'est pas que son raisonnement était au-dessous de ces choses-là, c'est que ces choses-là étaient au-dessous du raisonnement. Si la politique, la philosophie avaient été basées sur le bon sens, si tout avait été conséquent, simple, naturel, la femme n'aurait éprouvé aucune difficulté à comprendre. Comme c'est tout le contraire qui a prévalu jusqu'à présent partout, comme l'éducation et le traitement de la femme, les agissements et la logique de l'homme, l'organisation et la conduite des Nations, enfin comme tout était fait pour dérouter la femme, il n'est pas étonnant qu'elle rejette le raisonnement, qu'elle préfère penser, parler, agir aussi librement qu'elle peut. Les esprits superficiels en ont conclu que la femme est plus légère que la plume, que le sable, que le vent, qu'elle varie sans cesse, qu'elle est incapable de raisonner, ni de se conformer à un raisonnement. Nul n'a cependant osé dire, que la raison manque absolument à la femme : on lui a toujours accordé un petit raisonnement à sa façon, c'est-à-dire que sur les petites choses, qu'elle pouvait comprendre et connaître d'un bout à l'autre, elle porte un jugement très-sain et sait très bien le motiver. Il en sera de même quand elle connaîtra les grandes choses. Qu'on donne à la femme les éléments dont elle a été frustrée jusqu'à ce jour, l'instruction, l'indépendance, le droit, la responsabilité, et l'on verra bien si elle est douée de raison, si elle sait raisonner, si elle est conséquente. On a vu des femmes placées dans les situations les plus élevées et les plus importantes, même à la tête de peuples, et qui ont su fort bien raisonner des affaires très-ardues, très-vastes, très-compliquées. C'étaient pourtant des femmes, de simples femmes, faites et douées comme toutes les autres : on avait seulement développé leurs facultés au lieu de les anéantir. Ce qu'on a fait pour un certain nombre de femmes, on peut le faire pour toutes, leur prétendue infériorité n'est qu'une imposture forgée au plus grand détriment du genre humain. Que les deux sexes soient dosés inégalement sous le rapport de la raison et du sentiment, que le sentiment soit prédominant chez la femme, ce ne serait qu'un motif de plus pour développer, pour fortifier sa raison et de rendre ainsi le sentiment plus vrai, plus juste, de le garantir mieux contre l'entraînement. Il faut veiller de même chez l'homme, que la raison n'envahisse pas tout son être, et en étouffant complétement le sentiment, ne le rende froid, apathique. Sous ce rapport comme sous tous les autres, le Créateur a tout fait pour le mieux ; les êtres humains sont doués des facultés les plus précieuses, y compris celle de se connaître et de se corriger eux-mêmes. Soutenir que l'homme seul a été convenablement doué par Dieu, que la femme ne possède qu'une sorte d'instinct, ce serait commettre un véritable blasphème.

Une éducation sérieuse n'ôterait-elle pas quelque chose au charme de la femme ?

Au contraire, elle y ajouterait; c'est l'ignorance, c'est la frivolité qui en retirent. Toute femme affligée de ces défauts, risque de ne pas plaire longtemps. L'esprit même supérieur, accompagné de toutes les qualités du cœur, des plus grands attraits physiques, ne produit qu'un effet passager, s'il n'a pas reçu de culture; il ne peut d'ailleurs que s'étioler. Dans ces conditions, le rôle de la femme devient de plus en plus effacé, surtout quand la richesse la dispense de tout travail, soit comme associée de son mari, soit comme femme d'intérieur ou mère de famille. Aucune femme ne doit se persuader qu'elle n'est au monde que pour l'agrément. L'amour filial, l'amour conjugal et l'amour maternel peuvent lui imposer des devoirs, qu'elle est tenue de connaître et de savoir remplir, ce qui n'est pas possible sans préparation. Les femmes qui ne se trouveraient jamais dans aucun de ces cas, doivent à elles-mêmes, à la patrie, à l'humanité, de ne pas se laisser dépérir dans l'inutilité et l'oisiveté. Une femme qui s'y connaissait, une reine, a qualifié les créatures absolument nulles en termes peu propres à les encourager. Ce qu'il y a de certain, c'est que le charme de la femme ne sera pas amoindri, qu'il sera rehaussé par le développement de ses facultés de tout ordre.

L'influence considérable que les femmes exercent de fait sur les hommes, ne peut-elle pas leur tenir lieu de tout le reste ?

Rien ne peut tenir lieu du droit, du droit patent, reconnu. Nul homme sérieux, nul peuple sérieux, n'abandonnent leur droit au hasard, au caprice. Partout on ne voit que lois, constitutions, traités, conventions, qui expliquent et définissent le droit de chacun. Puisqu'on a compris pour les peuples, pour les hommes, pour les sociétés, que la constatation des droits est indispensable, on ne saurait la refuser à la femme, sous le prétexte fallacieux qu'elle n'en a pas besoin, qu'elle se tire d'affaire tout de même. On avouerait ainsi qu'on a deux poids et deux mesures. D'ailleurs pour que l'influence de la femme soit salutaire, il faut que la femme soit instruite, éclairée, qu'elle comprenne de quoi il s'agit et dans quel sens elle doit influer. L'influence de la femme subsistera quand même, seulement elle sera régulière, elle ne sera plus tantôt irrésistible, despotique, tantôt nulle, mais toujours rationnelle, bienfaisante.

Les femmes sont-elles capables d'exercer leurs droits ?

Il est certain qu'à peu d'exceptions près, elles ne le sont pas. Tenues systématiquement à l'écart, façonnées à la soumission, plongées dans les ténèbres, elles n'ont ni les connaissances théoriques et pratiques, ni l'indépendance morale qu'il faut. Elles ont été privées pendant trop longtemps du libre arbitre, elles ont subi pendant trop longtemps des influences funestes, auxquelles elles sont trop attachées par les liens de l'habitude, pour qu'elles puissent s'en affranchir du jour au lendemain. Il y aurait un grand danger pour la famille, un danger également grand pour la société, de conférer tout à coup aux femmes le plein exercice de tous leurs droits. Le grand nombre se laisseraient guider et ne seraient que des instruments, dont on se servirait contre la bonne cause même. D'autres, tout aussi mal dirigées, voudraient aller trop vite, bouleverser tout, et compromettraient la bonne cause non moins gravement. Il faut s'appliquer à faire sortir les femmes de la fausse position où elles sont, mais il faut s'y prendre avec intelligence. Comme à leur égard rien n'est fait, on peut tout organiser avec sagesse, avec méthode. Les droits de la femme doivent être reconnus immédiatement, mais comme règle générale, leur exercice doit être suspendu. Des comités devront être formés partout en vue de prononcer l'admission individuelle, soit d'après la notoriété publique, soit après une enquête sur la capacité et la moralité. Ces comités d'admission pourront se composer plus tard exclusivement de femmes. L'instruction rigoureusement obligatoire dispensera un jour de cette précaution. En attendant, les femmes accepteront de bonne grâce une mesure restrictive prise dans leur intérêt, pour les empêcher d'être égarées, de compromettre leur propre cause, qui est en même temps celle de la Société, de l'Humanité. Pour arriver à la prompte admission du plus grand nombre possible de femmes, on donnera toutes les facilités à celles passées l'âge de l'école, en mettant à leur disposition des bibliothèques, des cours, des conférences. Ces moyens généraux, auxquels tous les citoyens prêteront leur concours empressé, ne peuvent manquer de donner d'excellents résultats ; la transformation, poussée par l'émulation, s'accomplira rapidement et dans un avenir prochain nous possèderons des femmes qui nous comprendront, avec lesquelles le bonheur, l'entente cordiale ne se borneront pas à la lune de miel. Il n'y a qu'une chose de regrettable, c'est que les femmes ne peuvent pas être admises immédiatement toutes sans distinction, à l'exercice plein et entier de tous leurs droits, qu'un si grand nombre d'entre elles s'en iront sans y avoir participé et n'ayant qu'entrevu l'aurore qui luit pour le genre humain.

Pourtant les hommes se sont mis un beau jour en possession de tous leurs droits sans étude préalable, sans le moindre examen ?

Quand les hommes en masse ont commencé à intervenir, ils étaient bien plus avancés que ne le sont les femmes. Ils avaient exercé depuis longtemps de certains droits que les femmes n'exercent encore pas ; ils s'étaient occupés depuis longtemps de politique. Malgré tout cela ils se sont montrés insuffisants au début, malgré une longue participation ils ne sont pas encore très-forts ; c'est une raison pour ne pas leur adjoindre l'ensemble des femmes sans aucune expérience ni préparation. Le meilleur plan eût été de fixer d'abord les conditions d'aptitude pour l'exercice des droits et d'y admettre au fur et à mesure tous les hommes et toutes les femmes, qui remplissaient ces conditions. Tout le monde aurait travaillé en vue d'atteindre ce degré et aujourd'hui il y aurait longtemps que le grand nombre y serait arrivé. Aucun Législateur n'a eu cette idée simple et pratique, ni celle non plus de faire faire un petit livre bien clair, expliquant ce que c'est qu'un peuple, son gouvernement, son administration, sa place dans le monde et la manière de la garder. Les hommes en général n'en savent pas plus long que les femmes ; ils sont assez justes pour reconnaître, que s'ils affirment le droit de chacun d'eux, même du plus ignorant, d'influer sur les affaires du pays, ce droit existe également pour les femmes et que son exercice doit être conféré à toutes celles qui en sont capables et dignes.

L'égalité des droits ne pourra-t-elle pas faire naître des difficultés entre époux ?

Il y a longtemps qu'ils en ont. C'est l'ancien système, mettant tout le pouvoir d'un côté, toute la faiblesse de l'autre, qui est une source intarissable de conflits. Quand une fois la position réciproque des époux sera basée sur la raison, qu'elle sera bien définie et bien comprise, ils s'entendront parfaitement. Les nouvelles lois ne feront du reste que confirmer sur une foule de points ce qui existe de fait. Malgré tous les textes de loi, l'homme n'est pas autant le maître absolu qu'il en a l'air, la femme ne vit pas dans une sujétion aussi complète qu'on pourrait le croire. La force des choses, la nature de l'union, s'y opposent heureusement et l'homme est bien obligé en général de traiter avec la femme de puissance à puissance ; seulement ce résultat n'est obtenu que par une lutte perpétuelle, au lieu de provenir d'une harmonie amicale. La loi est à côté du vrai, ce qui s'explique par son origine équivoque et par la paresse d'esprit avec laquelle on a copié et recopié les formules des âges barbares et ignorants. La femme doit cesser le plus tôt possible d'être l'annexe du mari, l'accessoire qui suit le principal. Ces fictions et d'autres de même farine ont fait leur temps.

Les femmes elles-mêmes ne peuvent-elles contribuer dans une large mesure à cette transformation ?

Sans doute. Chacune doit s'appliquer à acquérir les connaissances, la justesse d'appréciation et la fermeté sans lesquelles le droit n'est qu'un vain mot, une illusion. Elles doivent se soutenir, s'éclairer, se protéger réciproquement, utiliser leur influence individuelle et collective pour obtenir les changements nécessaires dans les institutions, les lois, les mœurs et les coutumes. Pour faire triompher la bonne cause, elles n'ont qu'à employer la même énergie, la même persévérance dont elles ont fait preuve dans les temps passés, dans une situation bien plus défavorable, se montrant toujours au-dessus du rôle qu'on leur avait imposé, faisant toujours pour le bonheur des hommes bien au-delà de ce qu'on pouvait attendre d'elles dans leur état de sujétion et d'abaissement. D'autre part il ne faut pas que les Législatifs, les Exécutifs, restent oisifs, qu'ils se fassent prier, qu'ils remettent à plus tard. Aucune loi, aucun acte, ne pressent autant que cette réforme. Il faut avant tout une déclaration de principes franche et nette, propre à lever le doute dans tous les esprits indécis. Elle doit être suivie à bref délai des dispositions légales nécessaires pour lui donner un corps. Les Autorités nationales et locales placées à la tête des services publics prépareront et faciliteront la transition. Les Ecrivains, les Publicistes, tous ceux qui éclairent le peuple, ne perdront ni un jour ni une occasion pour activer le mouvement. Enfin tous les bons citoyens feront autour d'eux ce qu'ils peuvent. — L'infériorité dans laquelle la femme est maintenue, la sujétion imposée à la femme, infériorité visible ou non, sujétion imposée hypocritement ou brutalement, sont des restants de barbarie qu'il faut détruire. La société doit remplacer un système absurde, vicieux, qui ne produit que malaise, antagonisme, en grand et en petit, par un système rationnel, juste, moralisateur.

LE SOCIALISME

Quel est le but du Socialisme ?

L'amélioration radicale du sort des pauvres.

Y a-t il beaucoup à améliorer ?

Enormément. Les pauvres sont partout fort nombreux et en général fort malheureux.

Qu'est-ce qu'on entend par pauvres ?

Non-seulement ceux qui ont besoin d'être secourus, mais encore tous ceux qui n'ont rien, qui gagnent à peine leur vie, sans pouvoir mettre quelque chose de côté et que la moindre interruption de travail met dans la misère.

Est-ce que cela vient de ce que la terre est trop peuplée et qu'il n'y a pas de place pour tout le monde ?

Nullement. Il y a encore plus de place de libre qu'il n'y en a d'occupée, mais il y a des pays et des villes, où trop de gens se portent et se font concurrence. Le prix de toutes choses, y compris le travail, se réglant sur l'offre et la demande, beaucoup de personnes ne gagnent pas assez, beaucoup d'autres se trouvent quelquefois longtemps sans ouvrage.

Comment se fait-il que tant de monde se jette dans de certains pays et dans de certaines villes ?

Il y a des pays mieux partagés que leurs voisins sous le rapport de la fertilité et de la richesse. Les habitants de ces contrées plus pauvres accourent vers les pays plus favorisés. Même quand ceux-ci renferment déjà une population suffisante et que les pauvres n'y manquent pas, les nouveaux venus s'y trouvent encore très-bien, sans doute beaucoup mieux que dans leur patrie. — La plupart des pays renferment des contrées riches et des contrées pauvres; les habitants des contrées pauvres se portent vers celles plus riches et de plus les jeunes paysans des deux sexes quittent les campagnes où ils ne peuvent pas s'établir à leur compte, ni ne veulent travailler chez les autres, parce qu'ils sont trop fiers pour cela ou que les salaires sont trop bas. D'autres quittent les campagnes parce qu'ils y trouvent la vie trop monotone, qu'il y manque tout moyen d'instruction, de distraction. Ils sont attirés vers les grandes villes par l'espoir d'un gain supérieur, la chance de s'enrichir vite, une existence plus indépendante, une société plus cultivée, les moyens de s'instruire, les plaisirs variés. Tous ces avantages qu'ils ne connaissent que par ouï-dire, sont grossis par l'imagination : avec la pratique vient la désillusion. Les loyers, les prix d'acquisition de tous fonds sont plus élevés à la ville ; ne pouvant pas s'y établir plus facilement qu'à la campagne, on est obligé tout de même de travailler chez les autres ; n'ayant pas appris l'un des métiers qui s'exercent dans les villes, on ne peut faire que des travaux pénibles, peu lucratifs; on s'aperçoit que la misère est plus triste à la ville qu'à la campagne. Quand un pays en est là, quand toutes les bonnes positions sont occupées, quand le grand nombre ne trouve plus à fonder des établissements, soit à la ville, soit à la campagne, ni à gagner sa vie comme il faut, il est grandement temps d'employer des moyens sérieux pour changer cet état de choses. Les seuls moyens pratiques sont l'émigration et l'association.

Qu'est-ce que c'est que l'émigration ?

C'est le départ d'un grand nombre d'habitants quittant la patrie sans esprit de retour, pour aller vers d'autres parties du globe, où il y a des régions immenses qui ne sont pas peuplées et où des millions et des millions peuvent vivre confortablement.

En théorie cela parait simple, mais la pratique doit offrir de grandes difficultés ?

Elles ne sont pas insurmontables, à preuve que dès l'antiquité, quand il n'y avait ni routes, ni moyens de transport, des fractions de peuples ont traversé monts et vaux et même la mer, pour aller à de grandes distances peupler des pays déserts. Des émigrations considérables ont eu lieu à toutes les époques. A l'époque actuelle des centaines de mille émigrants, hommes, femmes et enfants, quittent tous les ans des pays anciens, où ils ne sont pas heureux et vont peupler des pays nouveaux sur différents points du globe.

Est-ce d'un bien grand intérêt pour l'humanité que la terre soit peuplée de quelques millions d'êtres humains de plus?

Cela ne fait ni chaud ni froid, mais ce qui fait beaucoup, ce qui est d'un grand intérêt, c'est que ceux qui existent soient moins malheureux, c'est que tout jeune homme puisse se marier, que toute jeune fille ait chance d'être épousée, que les époux puissent voir sans appréhension la fécondité de leur union, que les petits citoyens, en venant au monde, trouvent bon air, bonne chère, la plénitude des soins maternels et ensuite tout ce qu'il faut pour se développer au physique et au moral. Dans ces conditions il sera désirable de voir augmenter la grande famille humaine et cette augmentation se produira certainement. Il s'agit donc d'appliquer des remèdes efficaces à l'état de malaise et de découragement, de misère et de vice, dans lesquels végètent tant d'hommes et de femmes par suite de leur position précaire et malheureuse. Comme il y a sur la terre des espaces vides d'une étendue immense, espaces qui ne le cèdent en rien à ceux déjà occupés, c'est l'émigration vers ces espaces qui est un moyen sûr d'améliorer la situation du grand nombre.

N'est-il pas triste de quitter la patrie sans espoir de retour?

Il y a deux manières d'émigrer. L'une consiste à aller vers des Etats étrangers n'ayant qu'une population clair-semée, où les arrivants sont reçus à bras ouverts, aidés et encouragés et admis après un court séjour au rang de citoyens. Dans ce cas il y a rupture officielle entre les émigrés et la mère-patrie, mais les sympathies des émigrés persistent, elles se transmettent de génération en génération, se communiquent aux autres habitants et si la masse immigrée est considérable, elle fera naître des relations générales et suivies entre les deux pays, adoucissant beaucoup l'amertume de la séparation. — La seconde manière d'émigrer consiste dans la colonisation. Les émigrants se dirigent ou sont dirigés vers une contrée appartenant à l'Etat; ils ne quittent donc la mère-patrie qu'à moitié, puisqu'ils ne cessent de lui appartenir, de vivre en compatriotes sous les mêmes institutions. Ce système semble le plus avantageux à la mère-patrie par l'extension de sa nationalité, la mise en valeur de territoires nationaux, la meilleure répartition de sa population. On a vu pourtant de ces colonies se séparer de gré ou de force de la mère-patrie pour se déclarer indépendantes. L'émigration selon l'un ou l'autre système n'en est pas moins utile à tout peuple qui se sent à l'étroit; on ne doit l'entraver en aucun cas.

Mais tout le monde n'est pas apte, ni disposé à se transplanter au loin, dans des pays inhabités?

Les jeunes agriculteurs. artisans, commerçants le sont. Dès qu'ils auront fait les premiers travaux de défrichement, d'appropriation et d'installation, ils seront suivis par tous les éléments qu'une société civilisée comporte. Ce n'est qu'à ce moment qu'ils feront venir leurs femmes, ou la mère-patrie leur enverra de jeunes filles de bonne vie et mœurs, afin qu'ils puissent fonder des familles. En suivant ce système, de très-grands pays, naguère inhabités, comptent présentement une population nombreuse et florissante. Il ne s'agit que d'être un peu courageux, de ne pas reculer devant quelques fatigues et privations pendant le voyage et les premiers temps de séjour. Quand on aspire à une amélioration prompte, radicale et permanente, il ne faut pas avoir peur de quelques désagréments superficiels et temporaires, changement d'habitudes, de nourriture, de genre de travail.

L'émigration mettra donc tout le monde à l'aise, les émigrants faisant de la place à ceux qui restent?

Ce moyen a du bon, mais à lui seul il est insuffisant. L'émigration est un fait, l'association est un principe, qui doit à la longue remplacer le salariat. Dès à présent et à plus forte raison quand l'émigration sera en train, et que la main-d'œuvre augmentera, les ouvriers des villes et des campagnes et les employés pourront faire des économies, s'ils en ont la ferme volonté, s'ils savent éviter toutes dépenses inutiles, pires qu'inutiles, par lesquelles ils gaspillent leur argent et amoindrissent leur gain en perdant du temps. En réunissant toutes ces économies au fur et à mesure dans le double but de les faire fructifier plus tôt et de s'encourager réciproquement, ils peuvent constituer un capital et se procurer les aliments, l'habitation, le chauffage et les autres nécessités de la vie à des prix bien au-dessous de ceux qu'ils paient en les achetant isolément. Cela les mettra à même d'augmenter de plus en plus leurs économies, c'est-à-dire leur capital et ils arriveront bientôt à posséder le champ, le local, l'outillage, le fonds de roulement nécessaires pour travailler en commun pour eux-mêmes, en formant une société de production ou de commerce à la suite de la société de consommation. Diminuer la dépense, augmenter la recette, faire fructifier le mieux possible ce qu'on met de côté, voilà les bons moyens d'avancer ses affaires, de progresser vers une aisance honnête. Dans les pays nouveaux qu'on colonisera, il faut naturellement appliquer de suite le système de l'association.

Le système de l'association a-t-il déjà été mis en pratique?

Certainement et il a donné des résultats superbes. Il existe des sociétés, fondées seulement par un petit nombre d'ouvriers avec des cotisations bien faibles, qui au bout de quelques années achetaient tout ce qui est nécessaire à la vie aux meilleures conditions, au comptant, en gros, au moment opportun. Les sociétaires en nombre toujours croissant, amassaient dès lors des épargnes considérables, qui leur permettaient de fonder des entreprises pour le compte et le profit communs. Ces sociétés, existant depuis moins d'un demi-siècle, sont propriétaires d'immeubles, exploitent des établissements industriels de premier ordre, où plusieurs milliers de sociétaires travaillent sans souci, sans ennui, d'après les indications d'autres sociétaires, chargés de la partie commerciale et de tout ce qui s'ensuit. Ils sont à l'abri du besoin pour le reste de leurs jours et jouissent d'une indépendance réelle. Tout cela a été organisé, tout cela est conduit sans l'intervention du gouvernement, des autorités; il a suffi de moyens simples, terre à terre, à la portée de tout le monde.

Alors le système de l'association n'est pas très-ancien?

Au contraire, il est vieux comme les rues. A une foule d'époques on en a fait des essais, qui auraient réussi si l'on s'y était mieux pris. Mais on a voulu tout mêler, englober, régler dans la même société : production, consommation, plaisirs, peines, opinions politiques et religieuses; la propriété était collective, au lieu d'être individuelle. Ce système devait produire ou des dissensions, ou l'absorption complète, l'oppression de l'individu et ne pouvait durer ni d'une façon ni de l'autre. Les citoyens jouiront plus sûrement et d'une manière plus durable des avantages de l'association en créant une société pour chaque but qu'ils ont en vue et en limitant chaque société strictement à son but; ils s'entendront mieux, se rendront mieux compte et éviteront les sujets de discorde, de trouble. Les citoyens sont membres de la grande société, dite Genre Humain, ils sont membres de la société nationale, dite Patrie, de la société locale, dite Commune, de la société intime, dite Famille. Rien n'empêche les citoyens de former des sociétés professionnelles, des sociétés de production, d'échange, de consommation, de religion, d'instruction et de discussion, de bienfaisance, même de récréation. Chacune de ces sociétés influe sur les citoyens et ils influent sur chacune d'elles, chacune leur offre des côtés utiles et agréables, mais aucune ne doit les accaparer, leur imposer une manière de voir exclusive, aucune ne pouvant leur tenir lieu de toutes les autres. Le citoyen ne doit pas plus être cosmopolite, mésestimer la société nationale, qu'il ne doit se laisser absorber par la Patrie ou la Commune, ni restreindre sa vue à la famille ou à une société particulière. Sa sollicitude doit les embrasser toutes, sans confusion, sans enchevêtrement, comme sans opposition entre elles; il doit agir dans chacune comme membre effectif.

Le système des sociétés est donc appliqué dans quelques cas?

Il est appliqué, très-imparfaitement, quant à la nation, à la commune, à la famille et à quelques entreprises au-dessus des moyens individuels, mais il n'est pas appliqué dans l'universalité des cas comme il devrait l'être. Dans l'industrie, le commerce et l'agriculture, il y a deux partis bien distincts, les patrons d'une part, les ouvriers et les employés de l'autre. Ne pouvant tout faire lui-même, le patron embauche des ouvriers et des employés et les paie à prix fixe. Quand l'employé ou l'ouvrier a fait son ouvrage, quand le patron l'a payé, ils sont quittes. Manger le pain de quelqu'un est une de ces expressions surannées comme il y en a tant. Quand un homme vit du produit de son travail, il mange bien son propre pain et non celui d'un autre. On ne prend pas les ouvriers ni les employés pour leurs beaux yeux, mais parce qu'on a besoin d'eux. Il est tout aussi absurde quand les employés ou les ouvriers disent qu'ils ont enrichi leur patron : s'ils ont travaillé pour lui, par contre il les a payés. Le patron seul a tous les soucis, toutes les charges, toute la responsabilité, il court la chance de s'enrichir ou de se ruiner; à lui seul l'ardeur, l'initiative, le commandement. L'employé et l'ouvrier sont forcément indifférents; ils ne peuvent en bonne logique s'intéresser au sort de l'établissement, n'ayant aucun motif pour cela. Au lieu d'association, il y a donc plutôt opposition entre ces deux partis, les patrons et les salariés. On peut s'expliquer par l'ignorance, l'abrutissement des siècles passés, que ce système ait pu être introduit, mais tout le monde a eu tort d'entrer dans cette voie, qui n'a pu mener à une entente, une harmonie générales; il faut la quitter aussi vite qu'on peut quitter une organisation invétérée depuis tant de siècles et dont le pli est si bien pris. A part les sociétés fondées dans plusieurs pays et conduites selon les vrais principes, on a inauguré un système mixte, qui, tout imparfait qu'il est, constitue un progrès. Les ouvriers et les employés participent aux bénéfices et aux pertes du patron. A titre de prélèvement, ils reçoivent une partie de leur dû, ce qui est nécessaire pour vivre. Tous les ans on fait le compte général qui indique ce que chacun a gagné. Les maisons ainsi organisées sont toutes dans une situation prospère et cela se comprend. Des patrons en nombre ont pu réussir tout en étant mal secondés, mal servis, tout en usant le meilleur de leur temps et de leur intelligence à surveiller, à stimuler, à lutter contre le mauvais esprit. On doit donc réussir bien mieux avec le nouveau système. Les ouvriers et les employés seront actifs, stables, sûrs, le patron n'exercera plus une surveillance continuelle, il sera débarrassé d'une partie de ses soucis, il aura la tête plus libre pour les vraies affaires, il lui suffira d'un capital moindre, une portion notable de la main-d'œuvre et des appointements étant payée ultérieurement; beaucoup d'ouvriers et d'employés placeront leurs économies dans la maison. Le patron reste le patron, mais on ne peut plus voir en lui un maître, un exploiteur avide et exigeant. Les ouvriers et les employés sont des compagnons consciencieux, attentifs, rangés, économes, ayant un petit capital sur la planche, ils ne sont plus des instruments, exécutant mollement ce qu'on leur dit, malgré les gratifications et les augmentations, mais des hommes qui raisonnent et mettent du cœur à ce qu'ils font. L'association totale ou partielle fait tomber l'obéissance passive non-seulement vis-à-vis du patron, mais en toutes choses; les idées s'élargissent, on s'habitue à raisonner le pour et le contre, le moyen et le but, à envisager l'ensemble de sa conduite, toutes qualités aussi essentielles sous le rapport social que sous le rapport moral et le rapport politique.

Le système de l'association n'est-il pas devenu même une nécessité ?

Positivement. La manière de travailler est changée du tout au tout. Autrefois tout se faisait à la main, en petit, un ouvrier pouvait faire un objet d'un bout à l'autre. Aujourd'hui tout se fabrique en grand, à la mécanique, à la vapeur. On a inventé des machines qui centuplent la production, mais qui sont indivisibles, à demeure fixe, qu'on ne met pas où l'on veut. Il faut que les ouvriers travaillent sur place, de concert avec la machine; ils ne peuvent plus comme autrefois travailler chez eux ou réunis dans de petits ateliers. Par l'adoption du nouveau système, on peut fournir à très-bas prix tous les objets d'utilité ou d'agrément, ce qui en a centuplé l'usage en les mettant à la portée de tout le monde, tandis qu'autrefois ils étaient réservés aux riches. Le système a donc du bon et il ne faut pas s'en plaindre. L'augmentation de la production et de la consommation a réagi sur le commerce. Le petit marchand ne peut plus acheter de première main; n'ayant besoin que de petites quantités, il doit les acheter à des intermédiaires et payer un prix plus élevé, tandis que le marchand dont le débit est considérable, achète directement en fabrique, c'est-à-dire dans les meilleures conditions comme prix, transport, etc. On vend d'autant plus cher au petit marchand, qu'on sait qu'il ne peut pas prospérer, qu'il ne gagne pas d'argent, que, faisant peu d'affaires, ses frais pèsent proportionnellement plus lourd.

Les marchands d'ancien style seront donc obligés, s'ils veulent continuer leurs affaires, d'associer leur activité et leurs ressources, afin de pouvoir faire comme font les grandes maisons. Il n'en est pas autrement à la campagne; les petits fonds de terre ne peuvent pas s'exploiter aussi avantageusement que les grands, leur exploitation deviendra toujours moins profitable au fur et à mesure que la mécanique vient en aide au travail des champs. Tous, industriels, commerçants, agriculteurs, feront donc bien de recourir à l'association, si leurs moyens individuels ne suffisent pas aux exigences de l'exploitation moderne. Le système des petits établissements ne nourrissant pas leur homme, tout comme le système des grands établissements entretenant une foule de mercenaires, doivent disparaître peu à peu. Tout le monde est malheureux là-dedans : le chef du petit établissement, qui marche péniblement, qui n'a pas de crédit, qui ne gagne pas d'argent et dont l'existence est moins agréable que celle d'un employé ou d'un ouvrier; le chef du grand établissement qui a des soucis, des risques, du cassement de tête et une responsabilité en proportion; l'ouvrier et l'employé enfin, chacun desquels a sans doute le droit de s'établir, mais dont le grand nombre n'use pas, soit par manque d'énergie, soit pour tout autre motif, et se contente de vivre sans trop de peine ni de plaisir, mais non sans un secret mécontentement, sans le désir plus ou moins vif d'éprouver un changement en mieux. Il est permis à un ouvrier ou à un employé de se sentir mal à l'aise dans un établissement moderne à nombreux personnel : le nombre des personnes employées est si grand, les machines, les marchandises, le fonds, tout l'attirail forment une masse tellement imposante, que l'importance de chaque personne vis-à-vis du patron devient insignifiante, que l'importance du patron vis-à-vis de chaque personne est excessive, humiliante, incompatible avec le principe d'égalité. Cette seule considération suffirait pour démontrer la nécessité du changement, ramenant tous à une position plus naturelle, rendant la position du chef plus modeste, celle du travailleur plus élevée. L'association est dans les affaires particulières ce que le suffrage universel est dans les affaires publiques, le raisonnement, le libre arbitre mis à la place de la sujétion, de la soumission. S'il y a des pays où les lois et règlements entravent encore l'association, soit de consommation, de production ou de commerce, il faut enlever ces obstacles au plus vite.

Les ouvriers industriels arriveront-ils jamais à un résultat, s'il leur faut des machines d'un prix élevé?

Les ouvriers industriels sont logés à la même enseigne que les ouvriers des campagnes et des employés. Si dans l'industrie il faut des machines, dans l'agriculture il faut de la terre, du bétail, dans le commerce, il faut de la marchandise en magasin. En un mot, c'est de l'argent qu'il faut pour faire n'importe quoi. L'achat d'une machine est sans doute une grosse affaire, mais aussi quand on l'a, elle aide à gagner gros et débarrasse l'ouvrier de tout ce que le travail a de fatigant, de pénible. Ceux qui n'ont pas besoin de machine pour exploiter un établissement, comme par exemple les employés de commerce, n'ont pas à en faire la dépense, mais ils n'en ont pas non plus les profits. Les ouvriers industriels n'ont donc pas à regretter du tout qu'on emploie des machines dans leur état; la machine, vue d'abord d'un mauvais œil, est la meilleure amie de l'ouvrier, pourvu qu'elle travaille au profit de l'ouvrier et non au profit du capitaliste. Ce n'est pas le capitaliste, c'est l'ouvrier qui a inventé la machine, qui la perfectionne sans cesse; il ne tient qu'à l'ouvrier d'avoir la machine à lui et d'en tirer le bénéfice qu'elle donne. C'est surtout quand, par la transformation complète, chacun gagnera de quoi vivre confortablement, que l'utilité des machines sera appréciée. La somme de travail, pour qu'il y ait sans cesse du pain, des vêtements, des habitations, des meubles, des outils, des machines, des moyens de locomotion sur la terre et sur l'eau, des armes, des livres et journaux, enfin tout ce qu'il faut à un peuple, est déjà grande maintenant ; elle sera donc formidable plus tard, quand chacun sera à l'aise. D'un autre côté les citoyens ne doivent travailler qu'un nombre d'heures restreint par jour et il faut chaque semaine un jour entier pour la récréation de l'esprit et du corps. Dans ces conditions il n'y aura plus assez de travailleurs pour faire tout cet ouvrage indispensable de production et d'échange et l'on doit s'estimer heureux qu'il y ait dès à présent des machines, qui puissent en faire une grande partie. Les machines font non-seulement beaucoup de travail, mais, esclaves modernes, elles font la partie la plus fatigante, la plus pénible : l'homme n'a plus qu'à diriger.

Quel sera le rôle des capitalistes, quand les sociétés seront en plein fonctionnement?

Les capitalistes seront simplement commanditaires, banquiers ou bailleurs de fonds temporaires et pourront se rendre utiles quand une société voudra emprunter. Ils seront bien contents quand on aura recours à eux, les occasions de prêter ne pouvant être un jour que très-rares. En effet les Etats, les Communes rembourseront leurs emprunts, et n'en contracteront de nouveaux que rarement et pour très peu de temps, les parts de toutes les grandes compagnies, de tous les établissements quelconques appartiendront à ceux qui y travaillent, toutes les entreprises seront commencées et exploitées par le nombre voulu de personnes ayant chacune des économies, de façon qu'on ne verra plus beaucoup d'emprunteurs. Jusqu'à présent le capitaliste est très-fort, parce qu'il trouve d'innombrables ouvriers et employés, travaillant volontiers à prix fixe, sans prévoyance, sans chercher à s'élever, mais au fond le capitaliste n'est pas omnipotent, loin de là. L'argent tout seul ne peut rien, c'est un corps sans âme : pour l'utiliser, il faut fonder, entreprendre, construire, fabriquer, trafiquer, transporter, toutes choses qui ne peuvent se faire sans ouvriers et employés. Il est donc rigoureusement exact que le capitaliste a quand même besoin du travailleur, mais que le travailleur n'a pas quand même besoin du capitaliste. Le travailleur est propriétaire de sa tête et de ses bras ; il les loue s'il veut, mais s'il veut les exploiter lui-même avec fruit, il en est le maître au bout d'un certain temps par le moyen très-simple de l'économie et de l'association. C'est donc en réalité le travailleur qui domine la situation.

Alors tous les travailleurs pourront devenir riches?

Ils ne visent pas si haut et ils ont bien raison. La richesse ne fait pas le bonheur, au contraire, elle engendre souvent de mauvaises passions, qui empoisonnent notre existence. Quand on a des richesses, on doit s'en servir comme il faut, puisqu'on ne vit qu'une fois et qu'on ne peut rien emporter d'ici-bas; il serait absurde d'amasser sans fin, sans mesure, surtout s'il fallait risquer ce qu'on a. Il est plutôt utile de distribuer une bonne partie du superflu à ses héritiers, pour les contenter dès l'heure présente, d'en consacrer une autre partie à des œuvres de bienfaisance, d'utilité publique, pour jouir soi-même du bon effet qu'on a produit. Comme la richesse est souvent un embarras pour celui qui l'a acquise à la sueur de son front et qui est plein de raison et d'expérience, elle peut être un cadeau funeste pour les enfants, auxquels elle arrive sans qu'ils aient travaillé, sans qu'ils connaissent la valeur de l'argent. Ils sont exposés à devenir orgueilleux, ambitieux, libertins, faquins, bref de mauvais citoyens, la plaie de la société, ils peuvent tout gaspiller et se voir réduits à la misère. Ce qu'on laisse à ses enfants doit toujours être accompagné d'habitudes d'ordre, de travail et de modestie. Le travailleur ne doit donc pas désirer les richesses, mais simplement le bien-être moral et matériel, un état où tous ses besoins puissent être aisément satisfaits sans aucun superflu qui puisse le porter au mal; quant à ses enfants, ils travailleront sagement comme leur père a fait avant eux et ne s'en trouveront que mieux.

N'a-t-on pas inventé des systèmes pour rendre tous les travailleurs tout d'un coup riches et heureux?

On en a inventé plusieurs, mais pour croire à leur efficacité il faudrait croire à la sorcellerie, à la magie. Le principal de ces systèmes consiste dans la mise en commun de toutes les propriétés, de tous les établissements, de toutes les valeurs qui existent dans un pays, le travail en commun de tout le monde pour le compte de l'État, moyennant quoi l'État doit nourrir, loger, chauffer, habiller, blanchir, amuser, tout le monde d'une manière uniforme. Les femmes et les hommes doivent vivre en commun, les enfants ne doivent connaître ni père ni mère, ils sont les enfants de l'Etat, il n'y a plus de famille, plus rien que l'Etat. D'après un autre système, il faut simplement faire une liquidation, c'est-à-dire partager tous les biens entre tous les habitants du pays et laisser chacun libre d'en faire ce qui bon lui semble. Inutile d'insister sur le gâchis moral et matériel que produirait chacun de ces deux systèmes sauvages, monstrueux. Aucun des deux ne peut avoir la moindre efficacité pour le bonheur d'un peuple. La situation créée par le premier serait tellement insupportable, qu'on la quitterait bientôt avec horreur. L'égalité réalisée par le second ne durerait pas longtemps. L'ignorance, la paresse, le désordre, le gaspillage des uns, l'instruction, l'activité, l'ordre, l'économie des autres, auraient bientôt ramené l'inégalité et il faudrait périodiquement refaire le partage. Il y a encore un autre système, qui présente des dehors plus modestes, plus honnêtes, mais qui n'en est pas moins insensé, impraticable. Ce système est celui du droit au travail, l'obligation imposée à la société, de faire travailler tous ceux dont le métier ne va pas. Si l'on admet ce droit pour les travailleurs d'un métier quelconque, il faut l'admettre pour tous. Pour ne pas employer tous ces travailleurs — des deux sexes — à des travaux grossiers et simples, qu'ils pourraient exécuter sans avoir fait d'apprentissage et qui ne conviendraient pas à beaucoup d'entre eux, l'État serait entraîné à entreprendre successivement tous les métiers; au fur et à mesure que les affaires iraient plus mal, l'État aurait un plus grand nombre de travailleurs sur les bras. Il aurait naturellement besoin de fonds pour acquérir des matières premières, l'outillage, les locaux, pour exploiter une foule d'établissements. Ces fonds, il ne pourrait les obtenir de gré ou de force que des citoyens qui en ont et qui se sauveraient bien vite en emportant ce qu'ils pourraient, de façon que les consommateurs non-producteurs — élément précieux — disparaîtraient les uns après les autres. L'État fabriquerait et trafiquerait nécessairement très-mal, ne pouvant introduire ni maintenir une organisation sérieuse au milieu de ces innombrables ouvriers et commis, ni se montrer sévère avec eux, les congédier, les mettre sur le pavé. L'harmonie ne pourrait régner parmi cette multitude désordonnée, où les sujets de mécontentement abonderaient. Après avoir jeté toutes les richesses publiques et privées dans un gouffre sans fond, après avoir ruiné toutes les entreprises industrielles, commerciales et agricoles, chassé tous ceux qui ont quelque chose, rendu impossibles les relations avec les pays, où l'on n'a pas perdu le sens commun, un Etat pareil s'abîmerait bientôt dans l'anarchie, la banqueroute, la misère, la famine. Tous ces systèmes de communisme sont malsains et ne servent qu'à fausser les idées des travailleurs, à les énerver, à les égarer; ils effraient les riches et leur font restreindre leurs dépenses, en un mot ils tuent la sécurité, la confiance, le crédit et portent une grave atteinte à la prospérité de chacun. Les travailleurs devraient donc résolûment tourner le dos à ces systèmes aussi absurdes que funestes et entrer dans la voie du salut, l'association. Cette voie mène au résultat désiré sans efforts ni secousses et produit l'amélioration fondamentale du système actuel de production et d'échange auquel il s'adapte parfaitement.

Quel est ce système?

Quant à la production, l'on fabrique et l'on cultive ce qu'on espère vendre et non davantage, de crainte de faire baisser les prix, d'écraser le marché en offrant de trop grandes quantités, ou de fabriquer de la marchandise qui aurait moins de valeur que la matière première. On ne peut avoir le moindre égard aux ouvriers, qu'ils aient besoin de travailler ou non. Le système de l'association ne changera rien à cela, mais il le régularisera, l'ensemble des sociétaires s'arrangeant pour augmenter ou diminuer la production, sans aucune souffrance, mécontentement, ni désorganisation, résultant du chômage sous le régime actuel. Quant à l'échange, à la mise en circulation des produits, d'innombrables citoyens, appelés négociants, recherchent continuellement, où tous les objets et denrées se produisent le mieux, et le meilleur marché, c'est-à-dire le plus en grand et dans les meilleures conditions, pour les acheter de préférence là et les transporter partout. Arrivés dans le pays où ils doivent être usés ou consommés, les objets sont mis à la disposition et à la portée du public par d'innombrables marchands, qui font savoir par tous les moyens, où les différentes marchandises se trouvent en vente. Pour ne pas attendre que des négociants ou autre détenteurs aient des objets de trop et qu'ils veuillent les échanger contre d'autres, que les possesseurs des différents objets se rencontrent et qu'ils se mettent d'accord sur la valeur relative des objets, on a renoncé au système de l'échange, qui de règle est devenu exception. On a inventé un agent neutre, appelé numéraire, argent, espèces, au moyen duquel on détermine la valeur d'une chose séparément, sans rapport avec aucune autre chose. Chacun vend à n'importe qui et reçoit le prix en argent : avec cet argent il achète ce qu'il veut où bon lui semble. Ce mesureur-payeur est connu est reconnu sur toute la surface du globe et facilite énormément les transactions. Celui qui a de l'argent ou qui a de quoi en faire, soit en vendant les objets qu'il possède, soit en employant sa force, son talent, ses connaissances, peut se procurer partout ce qu'il lui faut. L'association ne troublera en aucune façon cet arrangement rationnel, ni d'autres tout aussi bien compris qui en découlent et le complètent; elle remédiera seulement aux abus qui s'y sont glissés dès le début.

Les commerçants n'étant au fond que des intermédiaires entre le producteur et le consommateur, ne renchérissent-ils pas inutilement les produits?

Ils vendent plus cher qu'ils n'ont acheté, puisqu'il faut bien que chacun vive de son métier, mais cette augmentation, tempérée par la concurrence, est insignifiante, quand on la compare au bon marché réel de tous les produits, que le commerce a rendu possible. C'est grâce au commerce, qui procure des débouchés considérables, l'écoulement des produits par quantités à la fois, que la production peut avoir lieu en grand. Si un producteur ou fabricant ne travaillait que pour le petit cercle qui l'entoure et auquel il peut fournir directement, il se bornerait forcément à une production minime. Si le producteur vendait lui-même par petites quantités, le temps qu'il y mettrait ne pourrait être consacré à la production et diminuerait celle-ci d'autant. Tous les articles ne peuvent pas être produits partout, les matières premières étant disséminées dans un grand nombre de pays. Le commerce de gros aplanit tous les obstacles, lève toutes les difficultés, facilite toutes les relations, en commissionnant ou en achetant de grandes quantités à la fois, en les transportant où il faut, en débarrassant le producteur de ce souci, de ce risque. Le commerce, après avoir tout d'abord contribué à découvrir et à faire connaître la terre entière, a mis les peuples en rapport les uns avec les autres, il apporte à chaque peuple les produits de toute la terre. Le commerce n'est donc point un rouage inutile, au contraire, et le bénéfice qu'il prélève est une juste rémunération des services qu'il rend au producteur comme au consommateur. Il y a pourtant une limite à tout. Si la chaîne des intermédiaires est trop longue, s'il y en a trop, revendant les uns aux autres, en gros et demi-gros, la même marchandise, qui doit ensuite passer par les mains des détaillants, chaque intermédiaire augmentant le prix pour couvrir loyer, contributions, frais généraux et personnels, coulage et risques multiples et pour garder un bénéfice net, le public paie à la fin un prix exorbitant; le pauvre surtout qui achète par très-petites quantités, paie un prix hors de toute proportion avec celui qu'a obtenu le fabricant ou producteur. Le prix est généralement augmenté par le transport et souvent par des impôts et par des entraves nécessitées par la perception. Pour ne pas rendre une foule d'objets et de denrées tout à fait inabordables ou pour en masquer le haut prix, les commerçants sont souvent obligés de fournir une quantité et une qualité moindres que celles qu'ils annoncent, de s'entendre même avec les fabricants et producteurs, pour donner aux produits une apparence supérieure à la quantité et la qualité réelles. Tout cela tourne au détriment du public, qui est induit en erreur, on peut dire trompé, quoique le proverbe dise qu'on en a toujours pour son argent. Cet état de choses est déplorable, mais il ne prendra fin que par l'association, aussi bien des producteurs, que des intermédiaires et des consommateurs. Il y aura alors pour chaque société diminution proportionnelle des frais de toute sorte, puisqu'ils porteront sur un chiffre d'affaires beaucoup plus considérable. Diminution de coulage par la plus grande vigilance de tous ceux qui travaillent dans un établissement, y étant tous intéressés. Diminution de risques pour la société de production et de haut commerce, puisqu'elles vendent à des sociétés basées sur les économies réunies de tous leurs membres et renfermant toutes leurs ressources. Bénéfice plus grand pour les sociétés qui achètent pour revendre ou pour consommer, pour acheter et faire transporter de fortes parties à la fois. L'association à tous les degrés et de toutes les manières, aidée en tant que besoin par l'émigration, est donc le système par excellence, qui seul peut rétablir l'ordre et l'équilibre moral et matériel égarés depuis si longtemps, contribuer puissamment à rendre les hommes libres et heureux, les États stables et florissants. Tout le monde est donc intéressé, à un point de vue ou à un autre, à la création de sociétés coopératives de tout genre. L'Etat, la Commune, les Administrations particulières, les Riches, en un mot tous ceux qui font travailler, qui achètent, doivent les favoriser, les aider à s'établir, leur donner la préférence, traiter plutôt avec elles qu'avec des établissements de l'ancien style, où un patron dirige de simples salariés, indifférents à tout. Les Chefs d'établissements, fussent-ils personnellement satisfaits de leur organisation, doivent la modifier dans un intérêt d'ordre supérieur, adopter le système nouveau, apporter leur contingent de lumières, d'expérience, d'autorité et de force à une transformation aussi désirable.

Le nouveau système affranchira-t-il les femmes du travail dans les fabriques?

La condition des femmes changera forcément avec la condition des hommes. Quand les sociétés seront formées, quand tout le monde jouira d'un gain supérieur d'une part, le coût de la vie étant notablement diminué d'autre part, quand les ouvriers et les employés seront devenus sociétaires et ne se trouveront plus dans la position précaire d'aujourd'hui, chacun aura son intérieur confortable, dont la femme et les enfants seront le plus bel ornement. La femme aura à s'occuper de son mari, de ses enfants, de son ménage. Le nombre de femmes et de filles occupées dans les fabriques diminuera donc énormément; elles n'y feront plus que les travaux auxquels elles sont plus aptes que les hommes et gagneront dans la même proportion et d'après les mêmes principes que ceux-ci. Leur absence du foyer domestique, si préjudiciable au bien-être de la famille, sera en tout cas réduite au strict nécessaire et ne dépassera pas ce qu'elle a été avant les fabriques, quand les travaux des champs et de la vigne et une foule d'autres, aussi bien à la ville qu'à la campagne, éloignaient également les femmes de chez elles et leur imposaient un travail modéré au dehors, en commun avec des hommes.

Les enfants peuvent-ils sans inconvénient travailler dans les fabriques?

L'instruction obligatoire étant reconnue comme un intérêt social et politique de premier ordre, elle sera bientôt établie dans tous les pays civilisés, ce qui tranchera du même coup la question du travail prématuré. Les enfants devant se trouver à l'école jusqu'à l'âge de quatorze ans pendant huit heures par jour, il ne sera guère possible de les astreindre en sus à un travail suivi; ils pourront encore rendre une foule de petits services, mais on ne songera plus à les enfermer pendant des heures consécutives dans les fabriques. A quatorze ans ils entrent en apprentissage. Le but principal est qu'ils apprennent à fond le métier auquel ils se destinent. Cette instruction professionnelle, pour être méthodique, efficace, ne pourra s'obtenir pour rien, personne ne pouvant y consacrer son temps et ses peines sans être payé ou sans en retirer un profit compensateur, encore bien moins payer les apprentis de leurs légers services, comme certains parents peu clairvoyants le voudraient. Les parents en général feront donc bien de recourir à l'association, c'est-à-dire de créer de bonne heure des caisses d'épargne spéciales en vue de l'apprentissage. Grâce à cette précaution ils auront de l'argent au moment voulu, ils pourront faire un traité sérieux avec un maître ou chef d'établissement, stipuler que l'élève recevra l'instruction théorique et pratique et qu'il sera justifié de ses progrès par des examens successifs. La prospérité d'un pays serait compromise, si un grand nombre de jeunes gens ne passaient que par un simulacre d'apprentissage, au bout duquel ils ne sauraient rien de positif et ne pourraient pas travailler convenablement. Quoique fort grave, tout cela n'est encore qu'un côté de la question. A l'époque de l'apprentissage les jeunes gens sont inexpérimentés, légers, faciles à entraîner et malheureusement les mauvais exemples abondent, les mauvais éléments existent partout. Il est nécessaire que les parents combinent leur action avec celle du patron, pour que la jeunesse ne soit pas trop tôt abandonnée à elle-même. Les sociétés créées par les parents en vue de l'apprentissage entretiendront des locaux avec un matériel approprié, pour que la jeunesse ait de quoi passer ses heures de loisir d'une manière récréative et instructive, ce qui ne pourrait pas se faire chez les parents qui n'occupent pas en général des habitations assez grandes pour qu'on y soit à l'aise. L'action des parents sera encore longtemps imparfaite, vu leur infériorité vis-à-vis de la jeunesse, dont l'instruction va sans cesse en augmentant. Pour que l'autorité morale des parents reste entière, ils agiront en toutes choses collectivement et de concert avec les patrons, afin que la jeunesse soit maintenue dans le respect de tout ce qui est respectable et surtout des parents, quoique arriérés. L'Etat est très-intéressé à ce que ce système soit introduit partout, il doit le favoriser, mais sans intervenir d'une manière directe et spécifique. L'Etat ne doit pas se mêler de tout et rendre l'initiative individuelle des citoyens complétement nulle; en second lieu il lui serait difficile de faire des lois et règlements détaillés sur cette matière et d'en surveiller l'application minutieuse; il gênerait plus qu'il ne ferait de bien. Il importe enfin et surtout d'agir sur la jeunesse par la persuasion, le raisonnement. La jeunesse n'est encore rien, puisqu'il s'agit de mineurs, d'apprentis, qui n'ont encore fait que coûter de l'argent et donner de la peine, mais ces mineurs marchent rapidement vers la majorité et se transformeront bientôt en citoyens et en citoyennes. Il est bon de les préparer à la responsabilité, qui va bientôt peser sur eux, de leur faire comprendre les bienfaits qui résultent d'un ordre social et politique bien réglé, que cet ordre, tel qu'il existe, est un grand progrès sur la position d'autrefois et qu'il dépend d'eux de l'améliorer encore considérablement. Il faut que la jeunesse se rende compte que le travail professionnel est le principal élément de l'indépendance et du bien-être et qu'on doit savoir le faire comme il faut, mais que ce travail n'est pas l'unique but de la vie, qu'il s'agit d'en faire servir le produit au plus grand développement moral. Quelque travail qu'on fasse, propre ou sale, manuel ou spirituel, grossier ou délicat, personne ne doit se laisser absorber entièrement par ce travail, ni croire qu'après l'avoir fait, il est déchargé de tout autre soin. Chacun doit songer à remplir ses devoirs et ses droits d'homme et de citoyen, chacun a des facultés qu'il doit cultiver, nul ne doit s'isoler dans l'indifférence, la négligence. Munie d'une bonne instruction, guidée avec sollicitude, la jeunesse, arrivée à l'âge de raison, comprendra tout cela et saura le mettre à profit, en adoptant à son tour, aussi promptement et aussi généralement que possible, le système de l'association, comme base de toutes les relations et en s'étudiant à l'appliquer avec une sagesse et une intelligence toujours croissantes.

Pourtant l'association, quoiqu'elle soit pratiquée dans plusieurs pays, n'a produit nulle part la guérison en grand de la maladie politique et sociale ?

Si elle n'a encore changé aucune société de fond en comble, détruit la misère, répandu l'aisance et du même coup raffermi les institutions politiques, c'est que l'association n'est comprise ni pratiquée nulle part d'une manière générale, comme la règle et non comme l'exception. Une chose aussi simple, qui est à la portée de tout le monde, pour l'application de laquelle il ne faut ni la croix ni la bannière, ne saurait en effet se comprendre tout de suite. En socialisme comme en politique, les hommes ont dû parcourir bon nombre de systèmes, pratiquer chacun pendant de longs siècles, avant de comprendre ce que la raison indique le plus clairement, savoir qu'il faut travailler, non-seulement des bras, mais aussi de la tête, qu'il faut être économe, prévoyant, ne jamais manger tout ce qu'on gagne, qu'il faut réfléchir à ce qu'on fait, où l'on va, ne se laisser mener par autrui que jusqu'à un certain point, garder toujours son libre arbitre. Chacun sait également, que l'union fait la force, que les petits ruisseaux font les grandes rivières. Le chemin est donc tout tracé. Chaque ouvrier, chaque employé, doit faire des économies, plusieurs doivent réunir leurs économies et former ainsi un capital qu'ils feront valoir ensemble. Ce ne sont pas les capacités, ni l'intelligence qui manquent aux travailleurs. On peut craindre plutôt qu'ils n'aient pas la persévérance indispensable, si tout ne marche pas immédiatement à souhait, qu'ils ne se relâchent, dès qu'ils se verront dans une certaine aisance, ou bien qu'ils ne puissent s'entendre, qu'il n'y ait jalousie, méfiance. Tous ces dangers sont réels, mais on saura en triompher. Ceux qui formeront une société se connaîtront déjà, chacun saura ce que sont les autres ; chacun a vécu un certain temps avec ses semblables, dans la famille, à l'école, en apprentissage, à l'atelier, sous les drapeaux, chacun est un homme fait. Ils sont donc arrivés à un bon degré de maturité, chacun saura agir dans un sage esprit de conciliation, chacun aura d'autre part assez d'amour-propre et de dignité pour ne pas rester en arrière des autres ; l'entente sera d'autant plus facile que le but de chaque société sera plus net et plus simple. L'intérêt doit être la seule et unique loi de ces sociétés. L'apport de chaque membre sera constaté en commençant, l'importance de son travail sera taxée, sa part dans l'actif social définie sous tous les rapports, le chiffre de son prélèvement déterminé tous les ans. Les sociétés pourront aussi recevoir de jeunes adhérents sans apport en espèces et dont l'actif se constituera peu à peu par l'excédant de leur gain sur leur prélèvement. Les comptes de tous seront établis et contrôlés avec la plus grande exactitude. Un associé, qui ne peut ou ne veut continuer de la manière convenue, sera rayé des rôles, sauf liquidation de sa part d'actif. Ce système est fort simple ; on peut le comprendre, l'embrasser dans son ensemble et le mettre en pratique bien plus facilement que les systèmes savants dont l'application est hérissée de difficultés, qui seraient précédés, accompagnés et suivis de bouleversements et qui nécessiteraient une réglementation, des rouages, une sujétion, si insupportables, que citoyens et citoyennes en auraient bientôt par-dessus la tête.

La fraternité sera-t-elle exclue de ces sociétés ?

Absolument. Elle serait fort déplacée dans ces sociétés qui ne visent qu'à faire des bénéfices, qui ne veulent pas souffrir, ni être compromises par l'un ou par l'autre ; elles seront composées d'hommes sérieux, qui n'entendent pas de cette oreille-là. S'il y a quelques membres qui n'ont pas la foi, qui ne travaillent pas, s'imaginant que les camarades en feront un peu plus, il faut qu'ils soient promptement mis en demeure. Les conserver, les faire participer aux bénéfices, simplement pour cause de fraternité, serait tout à fait déraisonnable. Il faut être à cheval là-dessus, parce que c'est justice, parce que les bons ne doivent pas pâtir pour les mauvais, enfin pour que les associations prospèrent, pour que l'excellence du principe soit démontrée et pour que l'exemple fasse de la propagande. Il ne faut pas entendre la fraternité dans ce sens qu'il y aurait forcément des citoyens malheureux, que des citoyens plus heureux entretiendraient à ne rien faire. La fraternité doit consister dans l'union d'hommes égaux, qui n'ont rien à demander les uns aux autres et parmi lesquels règnent le contentement, la paix et la bonne volonté. Un jour tous les biens immenses que renferme un pays seront possédés par des sociétés dont chaque membre sera propriétaire d'une ou de plusieurs parts. Une partie des biens immobiliers appartiendra à la société nationale et à la société communale pour y faire les affaires publiques, une partie appartiendra à des familles qui sont des sociétés naturelles, la masse appartiendra à des associations de tout genre, qui l'auront acquise par les efforts combinés des sociétaires, qui l'exploiteront par le travail et au profit de ces mêmes sociétaires. L'instruction ayant marché de pair avec cette transformation, ce sera alors le règne de la vraie fraternité, la fraternité entre gens heureux, contents, éclairés.

En attendant que tout cela se fasse, et ce sera long, l'État et la Commune ne doivent-ils pas venir en aide aux malheureux?

Ces deux sociétés n'ont rien. Elles reçoivent avec beaucoup de peine, sous le nom de contributions, ce qu'il faut pour payer les services publics. La plupart des Etats et des Communes ont même des dettes. Ces deux sociétés n'en ont pas moins consacré de fortes sommes au soulagement des malheureux et il existe dans tous les pays, un grand nombre d'établissements de bienfaisance de tout genre. Que ces établissements aient été créés par fraternité, par charité, ou pour tout autre motif, peu importe; on ne laisse pas périr son semblable de faim, de froid, de maladie, sans le secourir, c'est là l'essentiel. Il n'est toutefois ni faisable ni désirable que ces sociétés prennent l'engagement formel de subvenir d'emblée à tous les besoins. Ce qu'elles distribuent ne tombe pas du ciel, il faut qu'elles demandent à une portion de leurs membres de quoi donner à une autre portion. Les membres qui ont quelque chose, soit du capital, soit simplement leur travail, supportent seuls les charges publiques, ceux qui sont dans la misère, ne pouvant rien donner, au contraire. Ceux qui ont quelque chose font non-seulement face à toute la dépense normale, ce sont encore eux qui fournissent les moyens d'exercer la bienfaisance publique envers ceux qui y ont recours. D'un autre côté les peuples renferment, par suite de leur organisation ridicule dans le passé, et même dans le présent, une foule de mauvais éléments. Proclamer que chacun a le droit positif d'être secouru, ce serait engager beaucoup de gens à ne plus rien faire, à renoncer à tout travail, à se plonger ainsi dans la misère, pour se mettre dans le cas d'obtenir ce qu'il leur faut, en passant leur vie dans l'oisiveté. La justice, la morale, le sens commun, s'opposent à ce qu'on demande trop aux uns, à ce qu'on reconnaisse aux autres le droit absolu à l'assistance, qui ne serait autre chose qu'un communisme sournois, déguisé. Néanmoins, aussi longtemps que l'ancien système politique et social dure, aussi longtemps qu'il produit et entretient chez le grand nombre l'irresponsabilité, l'indifférence, la nonchalance, l'ignorance, qui produisent et entretiennent à leur tour le mécontentement, le malaise, la misère, il est bon, politique, indispensable même, que les riches continuent à faire des sacrifices, en vue d'adoucir le sort des pauvres, des déshérités, afin qu'ils prennent leur mal en patience, en attendant qu'on parvienne à tarir les sources de la pauvreté même.

L'organisation de la bienfaisance est-elle aussi bonne que possible?

Elle est au contraire très-imparfaite. L'assistance publique, qui seule peut faire quelque chose de sérieux, de suivi, est souvent obligée de refuser tout secours ou de n'allouer que des secours insuffisants, parce qu'elle manque de fonds. L'assistance publique ne dispose comme principale ressource que des fonds accordés par les Représentants de la Nation et de la Commune, lesquels fonds sont forcément limités autant que possible, les contribuables payant déjà bien assez. Une somme énorme, consacrée à la bienfaisance, passe à côté de l'assistance publique. La charité privée qui veut sans cesse adoucir, soulager, s'y prend d'une manière peu intelligente. Beaucoup de bonnes gens donnent sans rime ni raison à des mendiants de profession, beaucoup de ces mendiants se font de meilleures journées que l'honnête travailleur. Dans plusieurs pays l'on commence à comprendre cela et l'on défend la mendicité en ce qui concerne les mendiants. Ceci n'est qu'une mesure tronquée, incomplète; pour qu'elle fût entière, efficace, il faudrait punir également ceux qui donnent, afin de les convaincre qu'ils font quelque chose d'immoral en encourageant la fainéantise et le vice, qu'ils se rendent complices, qu'ils sont même la première cause d'un délit prévu et puni par la loi. Quand ceux qui ont l'habitude de donner auront compris cela et qu'ils ne donneront plus, il n'y aura plus de mendiants, et ce métier aussi honteux que profitable disparaîtra. D'autres particuliers, aussi charitables que peu éclairés, remettent leurs dons aux prêtres de leurs religions respectives. Les prêtres ne peuvent, avec la meilleure volonté du monde, qu'éparpiller ces sommes de côté et d'autre, n'ayant rien pour se guider que les démonstrations de piété réelle ou affectée des solliciteurs. Les deux systèmes sont aussi déplorables l'un que l'autre; il en résulte que l'assistance publique est affaiblie, paralysée, que des sommes énormes sont rendues stériles, inefficaces et n'arrivent pas à leur destination, les vrais pauvres, tandis que des coquins, des fainéants, connaissant tous ces errements, trouvent moyen d'obtenir de tous les côtés à la fois, du bureau de bienfaisance, du prêtre et de la charité directe.

Comment faire pour remédier à ces inconvénients?

Toutes les sommes consacrées à la bienfaisance, que ce soit volontairement par les particuliers, que ce soit par l'État ou la Commune, devraient entrer dans la même caisse, qui ferait face à tous les besoins. Il s'agit de connaître le chiffre des indigents, qui existent dans un pays, de savoir ce qui les a réduits à cette triste position, quelle est la moyenne de ceux qui, par leur grand âge ou leurs infirmités incurables, sont d'une manière permanente et absolue à charge, quelle est la moyenne de ceux auxquels il suffit de fournir un supplément, enfin quelle est la moyenne de ceux qui, pour cause de maladies, d'accidents, de chômage, ont besoin de secours, de soulagements temporaires. On pourrait alors dresser un tableau général de toutes les misères et étudier les moyens pour les adoucir toutes de la manière la plus utile et la plus économique, on pourrait s'entourer à l'égard des secours d'une certaine importance, de renseignements sérieux, afin de ne donner qu'à ceux qui ne peuvent faire aucun travail, qui ont fait honnêtement tout ce qu'ils ont pu. Cette organisation établie, il serait clair que tous ceux qui ont réellement besoin, qui méritent réellement d'être secourus, le seraient comme il faut par l'assistance publique et que la charité privée n'aurait plus aucun motif d'agir à l'aventure. La charité privée n'en continuerait pas moins son œuvre par des dons ou souscriptions volontaires, il n'y en aurait pas moins des collectes, des quêtes, des troncs, mais tout serait versé à l'administration et s'ajouterait à la somme allouée par les Mandataires. Aucun de ces moyens n'est de trop pour alléger le fardeau de misère morale et matérielle, que les anciens organisateurs de sociétés ont imposé aux peuples, en soutenant que les abus et les iniquités qui nous affligent et que la société moderne extirpe successivement, étaient autorisés par Dieu. Il faut espérer que l'organisation plus rationnelle, qu'on introduit peu à peu, tarira la source des maux, qu'à la longue personne n'aura plus besoin de secours, à la seule exception des infirmes de naissance, dont le nombre, à la suite d'une plus grande moralité, d'une meilleure hygiène, tombera lui-même à une proportion infime. D'ici là chaque pays soulagera ses enfants malheureux, il leur fera voir qu'ils ne sont pas abandonnés, qu'ils ne sont pas forcés à provoquer la commisération par des grimaces, des bassesses ou d'autres moyens encore plus blâmables. D'autre part les indigents et tous les pauvres en général, quand ils pourront connaître la liste et le total formidables de tous les établissements créés et entretenus à leur intention, des sommes colossales qu'on leur distribue sous les formes les plus diverses, reconnaîtront que la société dans son ensemble, que chaque bienfaiteur en particulier, leur montrent une grande bonté ; ils le reconnaîtront avec d'autant plus de gratitude, que par une meilleure organisation les secours auront un effet plus utile, qu'ils se feront mieux sentir. Beaucoup de pauvres se remueront un peu plus et seront un peu plus prévoyants, afin d'être le moins possible à charge et tous cesseront de maugréer contre la société et contre les riches et de souhaiter des bouleversements, des partages et autres remèdes abominables, pires que le mal. — Pour ne pas entretenir un personnel de distribution et de contrôle très-nombreux et très-coûteux, les donateurs devraient faire un pas de plus et participer eux-mêmes à ce travail. Les personnes capables de faire des donations d'une certaine importance, dans l'unique but de soulager les malheureux, ont évidemment de l'instruction, de la hauteur de vue et de caractère, de l'indépendance et du loisir, en un mot toutes les qualités requises. Elles devraient donc prêter leur concours à la société, afin de former dans chaque Commune un ou plusieurs Jurys, qui de concert avec le fonctionnaire public, statueraient sur toutes les demandes, contrôleraient la gestion, feraient la distribution eux-mêmes. Il est probable qu'on se trouverait bien de ce système et qu'on le garderait jusqu'au jour où l'on n'aura plus besoin d'une assistance publique organisée.

Est-ce que les Etats et les Communes n'ont aucun revenu en dehors des contributions?

Le reste est peu de chose. Il y a les amendes; il y a quelques domaines ou propriétés, qui ne rapportent pas beaucoup; il y a l'exploitation de quelques monopoles, qui ne sont que des impôts indirects. Tout cela mis en ligne avec les contributions en grand, ne suffit pas toujours pour couvrir les dépenses nécessaires.

On ne peut donc pas faire son compte d'avance?

On le fait assez et c'est d'autant plus facile qu'en temps ordinaire le produit des impôts dépasse en général les prévisions. Par malheur on s'est habitué à cela et l'on compte déjà sur cet excédant en faisant le tableau des recettes et des dépenses pour l'année à venir. On grossit la dépense parce que la recette grossit et l'on s'expose ainsi à des déceptions, à des mécomptes, quand il survient quelque malheur, par exemple un fort déficit sur les récoltes, une inondation, une épidémie, des perturbations à l'intérieur, une guerre avec l'étranger, enfin une de ces calamités, qui, directement ou indirectement, touchent le pays tout entier,

L'Etat et la Commune ne devraient-ils pas pendant les bonnes années créer un trésor de réserve?

Ce système serait beaucoup plus nuisible qu'utile. L'argent que les citoyens font valoir, leur serait enlevé pour être immobilisé dans les mains de ces deux sociétés, qui ne peuvent, ni ne doivent, en faire un usage profitable. Il vaut donc beaucoup mieux que l'État et la Commune reçoivent au fur et à mesure les sommes qui leur sont nécessaires et que l'argent reste dans la circulation. Cela met les citoyens à même d'en gagner et ils peuvent supporter à un moment donné une augmentation d'impôt ou prêter à la Nation ou à la Commune, quand elles sont forcées d'emprunter dans les cas exceptionnels.

L'emprunt n'est-il pas un moyen très-facile, très-commode et très-usité de se procurer rapidement des fonds?

Il ne l'est que trop. Beaucoup de sociétés, tant nationales que communales, doivent regretter que leurs chefs aient eu le pouvoir de les engager. Plusieurs de ces sociétés paient depuis de longues années les intérêts de sommes folles, gaspillées en guerres, en prodigalités insensées et en corruptions de tout genre; le capital de la dette est tellement élevé qu'on désespère presque de jamais le rembourser. Ce que plusieurs sociétés ont à verser annuellement de ce chef dépasse le montant de toutes les dépenses publiques ordinaires. Les sociétés qui sont dans cette situation déplorable, doivent se hâter d'en sortir. Il faut remplacer le système des intérêts simples, par le système des intérêts comprenant amortissement. On aura alors un peu plus à payer tous les ans, mais on sait au moins qu'il y aura une fin. Quoiqu'il leur impose un surcroît de charges, les sociétés feront bien d'adopter ce plan pour le remboursement de leurs anciens emprunts et de n'en contracter de nouveaux que d'après ce principe. Il est permis de croire que les sociétés nationales et communales n'emprunteront plus que rarement, attendu qu'elles se placent sur un tout autre terrain que leurs devancières, qu'elles n'ont plus de chef qui rêve guerre et conquête ou provoque des révolutions. Quand il faudra faire face à des dépenses imprévues, il s'agira de cas exceptionnels, intéressant vraiment tout le monde; dès lors des prêts gratuits, des dons patriotiques ne manqueront pas et le reste sera trouvé par une augmentation d'impôt temporaire aisément supportée.

Qu'est-ce que c'est que l'impôt?

C'est la cotisation que chaque citoyen s'engage à payer pour subvenir aux frais de la société nationale et de la société communale dont il fait partie. Le total de ces frais et leur répartition sont déterminés par les Mandataires en Assemblée publique.

Alors il y aura toujours de l'impôt?

Evidemment, puisqu'il y aura toujours des services publics nécessitant des fonctionnaires, des locaux, du matériel. Même réduit à sa plus simple expression, tout cela coûtera toujours de l'argent et cet argent ne saurait être fourni que par l'universalité des citoyens, au profit desquels cette organisation existe.

Le système de l'impôt actuellement en vigueur est-il rationnel?

Loin de là. Quoique amélioré, il se ressent encore fortement de l'ignorance, de la confusion et de l'injustice des temps passés. Comme les anciens chefs n'avaient qu'un souci, encaisser beaucoup pour pouvoir gaspiller en grand, comme ils n'avaient de compte à rendre à personne, comme ils n'avaient aucune notion d'économie politique, il n'est pas étonnant qu'ils aient employé les moyens les plus fâcheux et les plus déplorables, les plus vexatoires et les plus répréhensibles. Aujourd'hui l'on est plus avancé en théorie, mais dans la pratique on se cramponne encore à des systèmes vicieux, sous prétexte que les peuples y sont habitués, qu'un nouveau système serait peut-être difficile à implanter et que ses résultats seraient incertains, tandis que l'ancien système a fait ses preuves, que les produits de chaque branche, de chaque variété, sont connus et se ressemblent une année après l'autre. Ces raisons n'ont pas le sens commun. Payer pour payer, les peuples ne demandent pas mieux que d'avoir des impôts moins gênants pour le commerce, l'industrie et l'agriculture, causant moins de dérangements et de pertes de temps, qui soient moins difficiles à comprendre et à apprécier et moins coûteux à encaisser. Les peuples ont des mandataires qui épluchent et discutent tout et du moment que ceux-ci ont reconnu que tel impôt vaut mieux que tel autre et qu'ils ont voté son adoption, les peuples ne refusent pas de le payer. S'il ne se fait rien de nouveau, de plus logique, la faute n'en est pas aux peuples, mais aux gouvernants qui ont les éléments, le loisir et la mission d'étudier ces questions et qui n'en font rien.

Les citoyens qui n'ont que leur travail pour vivre, ne devraient-ils pas être affranchis de tout impôt?

Ils ne le voudraient même pas. Reconnaissant que l'état de société leur est nécessaire, jouissant de ses avantages multiples, ils sont tout prêts à supporter leur part des charges. Vu leur grand nombre, cette charge ne saurait peser lourdement sur aucun d'eux, si elle était répartie sur tout le monde avec intelligence et justice; elle sera très-légère, quand les sociétés n'auront plus d'arriéré sur le dos et quand les dépenses ordinaires seront réduites à ce qui est réellement utile. Voilà à quoi il faut arriver coûte que coûte, et l'on y arrivera avec le concours et la ferme volonté de tous. Dans ces conditions, c'est une question de dignité pour chaque citoyen, quelque minime que soit son gain, de contribuer à l'acquittement des dépenses publiques; il pourrait se croire amoindri dans sa considération, s'il ne payait rien, si d'autres citoyens payaient tout. Chaque citoyen doit être persuadé qu'on ne fait que des dépenses utiles, nécessaires, indispensables; chaque citoyen doit savoir exactement combien il a à payer par an à la Société Nationale et à la Société Communale, directement, en tout et pour tout. Quand le chiffre augmente, il faut que la nécessité en soit démontrée; quand le chiffre diminue, il faut qu'il soit prouvé de même, qu'aucun service public n'en souffre.

Alors les contributions indirectes ne valent rien?

Elles ont le défaut énorme de cacher au contribuable le chiffre de ce qu'il paie. Chaque citoyen verse d'innombrables petites sommes au Trésor sans le savoir : il ne s'aperçoit que d'une chose : qu'il vide ses poches. Les anciens Chefs d'Etat ont inventé ces contributions afin de recevoir beaucoup sans que le peuple s'en rende compte, afin de pouvoir satisfaire à tous leurs caprices, afin de payer des légions d'employés et de se créer ainsi un moyen de domination de plus. Dans beaucoup de pays les contributions, qu'on prélève indirectement sur le public, atteignent surtout ce qu'on mange et ce qu'on boit. Elles sont donc très-productives, chacun, riche et pauvre, consommant d'un bout de l'année à l'autre, sans savoir de combien le prix de toutes choses est augmenté, aussi bien par l'impôt lui-même, que par ce que les intermédiaires y ajoutent pour la peine qu'ils ont de l'acquitter et les intérêts de l'argent qu'ils avancent. Les consommateurs paient beaucoup plus que le montant réel de l'impôt, sans compter les falsifications auxquelles se livrent pas mal de gens, en vue de payer sur leurs produits ou sur les objets de leur commerce le moins d'impôt possible. Ces fraudes réussissent par l'ignorance du consommateur, qui ne connait pas même le goût et la couleur véritables d'une foule de produits, et par la surveillance forcément inefficace des agents publics, qui ne peuvent pas tout voir, la fraude se pratiquant sur une échelle d'autant plus vaste et d'une manière d'autant plus savante qu'on y gagne davantage. Celui qui souffre le plus de tout cela, c'est le public en masse, le grand nombre, ce sont tous ceux qui achètent continuellement de petites quantités, sans contrôler, sans se rendre compte, sans savoir dans quelle proportion un article est falsifié, privé de ses qualités essentielles, rendu nuisible à la santé, renchéri en dépit du bon sens. Le système actuel est pitoyable à tous les points de vue. L'encaissement est onéreux, les transactions sont gênées, la fraude, la falsification primées, la concurrence déloyale encouragée, la morale et la santé publiques minées et sapées. Le pauvre est bien plus volé que le riche, ce dernier se pourvoyant dans de bien meilleures conditions. Là où il existe des impôts sur la nourriture, le pauvre est imposé bien au-delà du riche, la contribution du pauvre étant une fraction bien plus considérable de son avoir que la contribution du riche ne l'est du sien, d'autant plus que le pauvre, qui fait des travaux fatigants, rudes, et dont les aliments sont inférieurs, moins nourrissants, consomme de plus grandes quantités que le riche. Le service rendu au riche par les institutions publiques est beaucoup plus considérable que celui rendu au pauvre, puisqu'on garantit au riche tout ce qu'on garantit au pauvre et en plus la richesse. Si l'on prend au pauvre le plus clair de son gain ou salaire sous forme de contribution excessive, on lui ôte le goût de l'économie, il devient indifférent ; les logements trop étroits qu'il habite, les aliments solides et liquides de mauvaise qualité, qui le nourrissent mal, tout cela n'est pas fait pour le stimuler, pour lui donner du courage. On comprend alors facilement que le pauvre est triste, mécontent, que faute de mieux il cherche dans la boisson l'oubli de ses chagrins. Comme tout impôt retombe finalement sur celui qui fait l'usage direct de l'objet imposé, il vaudrait bien mieux qu'il payât directement. Les hommes préposés aux arrangements politiques et sociaux feront donc bien d'élaborer un autre système, en vue de quitter graduellement tous les impôts indirects, en commençant par ceux qui pèsent sur la nourriture, et d'établir en leur lieu et place la cotisation proportionnelle pure et simple.

Trouvera-t-on une base positive pour une répartition équitable de l'impôt ?

Chaque citoyen vit de quelque chose, que ce soit de son travail ou gain, que ce soit de son revenu ou capital, que ce soit de plusieurs de ces éléments à la fois. C'est ce que l'on constatera pour chaque citoyen par estimation, déclaration ou inventaire. Quand on connaîtra ainsi le total de la matière imposable et ses détenteurs aussi bien qu'on connaît le chiffre de la dépense, on verra de suite la proportion de l'un à l'autre et la quote-part d'impôt que devra verser chaque citoyen.

Ne répugnera-t-il pas aux riches de faire connaître l'étendue de leur richesse ?

En aucune façon, puisqu'ils savent bien qu'on ne peut pas la cacher, qu'elle se révèle de mille manières, que pour en jouir ou pour la faire fructifier on est bien forcé de l'exhiber. Plus on est riche, moins on peut se soustraire à l'appréciation au moins approximative, quelquefois exagérée, de ses possessions. Tous ceux qui possèdent sont d'ailleurs astreints depuis longtemps à l'obligation de déclarer leur avoir dans les cas déterminés par la loi, et dans plusieurs pays à des déclarations annuelles de leur revenu. Les riches n'ont pas de motif d'être hostiles à ce système, qui ne leur fera courir aucun danger, qui mettra tout le monde à l'aise, qui aidera puissamment à l'amélioration graduelle d'un état de choses qui va toujours en empirant. La substitution d'un impôt simple, direct, à la foule des contributions et droits, qui poursuivent et harcèlent tous les citoyens, riches et pauvres, partout, qui frappent sans cesse sur toutes les affaires, sur toutes les transactions, sur tous les actes, sera un bien immense.

La constatation de la richesse de chacun ne sera-t-elle pas un travail long et difficile?

Avec de la bonne volonté on en viendra à bout. Les premiers tableaux seront sans doute assez inexacts, mais avec le temps on saura les perfectionner, d'autant plus qu'ils devront être revus et mis à jour tous les ans. Pour commencer il ne faudra pas y regarder de trop près, mais accepter les déclarations qui sembleront à peu près justes, sauf à examiner plus tard celles qui paraîtront invraisemblables ou en désaccord avec la commune renommée, le relevé général des propriétés visibles et toutes les données qu'on a déjà et qui seront complétées au fur et à mesure. On imposera aussi bien le capital et son revenu propre, que les revenus et gains personnels, qui pour de certains genres de talent et de savoir sont énormes. Tant mieux pour ceux qui paieront beaucoup d'impôt, c'est qu'ils ont et qu'ils gagnent beaucoup. Quant à ceux qui, apparemment, ne possèdent qu'un savoir, un talent ordinaires, qui ne font qu'un travail ordinaire, il sera facile de se renseigner, quel produit annuel ils en tirent; pour un grand nombre de cas l'on établira des moyennes. Tout cela n'est pas bien difficile; il n'y a de difficultés que celle inséparable de tout commencement et celle de vaincre la routine invétérée. Le patriotisme, la dignité de chacun, faciliteront la tâche et rendront à la longue les investigations, la pression même morale, tout à fait inutiles. Autrefois chacun visait à donner le moins possible, parce qu'on était exploité par un maître insatiable, qui faisait du produit des impôts le plus mauvais usage, qui décrétait arbitrairement des impôts excessifs. Aujourd'hui les Représentants du Peuple arrêtent le chiffre de la dépense, qui ne se fait que pour le service du peuple. Il n'y a donc plus à craindre que les honnêtes gens veuillent se soustraire au paiement de ce qu'ils doivent à la Société.

Comment le Trésor recevra-t-il l'impôt des petits contribuables si nombreux, les ouvriers et les employés?

Ceux-ci n'ayant que leur travail, il ne faut pas qu'ils perdent leur temps à aller payer. Au lieu de les inviter à apporter leur cotisation, le Trésor enverra des receveurs ou facteurs toucher à domicile ou à l'atelier. Il n'y a pas de danger que ces contribuables se montrent négligents ou récalcitrants : ils ont un trop grand intérêt à la réussite du nouveau plan, ils ont d'ailleurs du bon sens et du patriotisme. Chaque citoyen dira : « Je veux, je veux payer ma part juste » et loyale pour le maintien de la Société que j'aime, qui garantit et protége tout ce qui m'est cher, pour laquelle je suis » prêt, un pour tous et tous pour un, à verser mon sang, » mais je ne veux pas que la Société emploie des moyens » sournois, tortueux, pour obtenir ma cotisation, qu'elle m'en » cache le chiffre, qu'elle entretienne des armées de fonction» naires, soutirant au public des masses de petits impôts en » l'accablant de vexations, de dérangements, de pertes de » temps, je ne veux plus de ces mystifications coûteuses, » ineptes, quand je suis prêt à payer ce qu'il faut, franche» ment, carrément, haut la main. » Voilà ce que peu à peu tous les citoyens diront à leur Assemblée Nationale et aux Magistrats exécutifs, qui seront nécessairement du même avis et entreront le plus vite possible dans cette voie. L'encaissement direct n'est donc pas impraticable, ni précaire, même dans l'état de choses actuel, il deviendra encore bien plus simple et plus facile, quand le système de l'association sera implanté, parce qu'alors le gérant ou comptable de toute société d'intérêts pourra, selon les livres, déclarer le capital et le revenu de chaque sociétaire et verser d'un seul coup l'impôt de tous.

N'y a-t-il pas des impôts qui frappent seulement sur des choses inutiles ou nuisibles?

L'impôt ne doit avoir qu'un principe et un but : produire la somme qu'il faut pour payer les dépenses publiques. Toutes autres considérations doivent être écartées comme absurdes et hors de propos. Si l'on impose beaucoup de choses inutiles et qu'un grand nombre de personnes s'en passent, les caisses publiques resteront vides. Quant aux choses nuisibles, la société doit les prohiber, les anéantir si elle peut, et non s'en faire une source de revenu. Les impôts sur tout ce qui se rattache à l'ivrognerie et à l'immoralité produisent de grosses sommes; mais si beaucoup de citoyens ruinent leur santé et leur intelligence, se rendent impropres au travail, cessent d'être contribuables et tombent dans la misère ou le crime, la société sera obligée d'entretenir à leur intention des hôpitaux, des maisons de fous et des prisons, elle aura leurs femmes et leurs enfants sur les bras. Ces impôts, comme tous les impôts indirects, harmonisaient parfaitement avec l'ancien système de gouvernement, où les citoyens ne devaient pas voir clair, où ils devaient marcher, payer, tourner, virer, sans savoir pourquoi ni comment. Mais ces impôts ne cadrent pas avec le nouveau système, où les citoyens veulent examiner, raisonner, comprendre.

Ne pourrait-on mettre des contributions ou droits d'entrée sur ce qui s'importe dans le pays?

On l'a fait pendant longtemps, aussi bien à titre d'impôt que pour protéger le travail national et c'est à peine si l'on commence à comprendre que c'est illogique et injuste. Pour que la mesure fût égale pour tout le monde, il faudrait frapper tous les produits étrangers, bruts ou fabriqués, dans la même proportion, ce qui est irréalisable et n'a jamais été fait, ni même essayé. On n'impose qu'un nombre restreint de produits étrangers, les uns plus, les autres moins fortement et on en laisse entrer beaucoup d'autres en franchise ou l'on défend complétement leur importation. Tous les travailleurs nationaux sont pourtant égaux et l'on ne devrait pas protéger les uns contre la concurrence étrangère, si on ne veut pas les protéger tous. On produit ainsi un renchérissement artificiel sur un grand nombre d'articles au détriment de la masse des consommateurs, qui paient injustement une redevance aux travailleurs privilégiés. Dès qu'une chose peut être produite à l'étranger à un prix bien plus bas que dans le pays, il est puéril d'empêcher son introduction sur le marché national. Tous les pays produisent des choses quelconques, qu'ils peuvent fournir, brutes ou fabriquées, dans de meilleures conditions que d'autres pays. Ce que chaque pays a de mieux à faire, c'est de produire les choses, à la production desquelles il est le plus apte et de se procurer avec l'excédant de ses produits ce qui lui manque de produits autres. Cela se passe ainsi dans la vie ordinaire; nul ne fait tous les objets qu'il lui faut, chacun a son métier, sa spécialité, qui lui permettent d'acheter tout ce dont il a besoin; les peuples n'ont qu'à adopter le même système pour leurs rapports internationaux. La voie leur est indiquée par le Créateur lui-même, qui a doté les différents pays d'une grande diversité de climat, de sol et par conséquent de produits naturels, à la suite de quoi les différents peuples ont des habitudes, des goûts, des talents très-divers. Le Créateur a donné aux hommes le bon esprit de comprendre tout cela et d'en profiter par l'échange en grand et en petit, qui permet à tous les peuples et à tous les hommes de jouir de tous les produits que la terre entière offre au genre humain. Les peuples en arriveront à avoir positivement besoin les uns des autres, à ne plus pouvoir se passer de leurs services réciproques.

Ne doit-on pas non plus mettre des impôts ou droits de sortie sur ce qui s'exporte du pays?

On doit imposer tout ce qui s'exporte, ou rien. Entraver la sortie de quelques produits, au détriment de leurs légitimes propriétaires, au profit de quelques industriels ou consommateurs, serait le comble de l'injustice. Il ne peut y avoir que les exceptions suivantes : en temps de guerre pour rester dans la neutralité et ne favoriser aucun des belligérants, en temps de disette, pour garder chez soi la viande, la farine et autres denrées de grande consommation. Il vaudrait mieux que l'Etat ne fît rien du tout, qu'il laissât d'une part aux fabricants et négociants toute liberté d'exporter ce qu'ils veulent, à leurs risques et périls, la définition des articles dits contrebande de guerre étant d'ailleurs très-difficile et le contrôle de leur destination souvent impossible; qu'il s'en rapportât d'autre part aux lois de l'offre et de la demande pour prévenir la disette, par des importations de denrées alimentaires, pour empêcher leur sortie d'un pays où l'on en manque et où leur prix est nécessairement fort élevé, beaucoup plus élevé que partout ailleurs. L'Etat peut intervenir, non par de simples défenses, privant tels ou tels citoyens de la libre disposition de leurs biens, mais par voie d'expropriation pour cause d'utilité publique. Si les récoltes manquent dans plusieurs pays à la fois, s'il y a cherté partout, ce n'est encore pas une raison pour que le pays le mieux pourvu refuse absolument, de céder une partie de ses provisions, même en se privant un peu, Il doit s'en garder surtout s'il exporte en temps ordinaire et si on a l'habitude de compter sur lui. Un pays mieux partagé une année peut être plus malheureux une autre année.

Les étrangers doivent-ils être admis à travailler dans le pays?

Certainement. Chaque pays a besoin de savoir ce qui se passe dans les autres pays, ce qu'on fait de nouveau, de quels nouveaux procédés de fabrication l'on se sert, quels nouveaux agents l'on découvre. Défendre l'entrée et le séjour aux étrangers, empêcher par contre-coup les nationaux de voyager et de travailler à l'étranger, serait se priver de sources d'informations précieuses, de stimulants utiles, se vouer à la monotonie, à l'engourdissement. Le seul système qui soit rationnel est celui de la libre circulation, du frottement d'idées entre toutes les fractions du genre humain. Commerce et Industrie, Agriculture et Navigation, Sciences et Arts, ne doivent pas connaître de frontières. Chaque peuple doit sans cesse puiser et verser dans le Trésor commun, aucun ne doit se cloîtrer chez lui derrière une muraille morale ou matérielle.

Peut-on traiter les étrangers sur le même pied que les nationaux?

Il faut savoir d'abord quels sont les antécédents, les principes des étrangers; ceux-ci ont besoin d'étudier les institutions, les lois sous lesquelles ils viennent vivre. On ne peut pas prévoir s'ils se fixeront dans le pays, s'ils s'y attacheront. On ne peut donc les admettre de but en blanc comme sociétaires avec les droits et les devoirs des nationaux. Plus tard, quand on les connaîtra et qu'on aura vu comment ils se comportent, on pourra décider en connaissance de cause, si leur demande d'admission peut être accueillie. Dans l'intervalle, comme les étrangers, qui veulent rester pour de bon, n'ont pas à se mêler de la chose publique, comme ils sont exempts du service militaire et de tout autre dérangement et qu'ils peuvent s'occuper exclusivement de leurs affaires, ils se trouvent placés, par rapport aux nationaux, dans une situation par trop avantageuse. Il est donc juste de rétablir l'égalité en les soumettant à un impôt spécial en dehors de l'impôt ordinaire, qu'ils paient comme tout le monde.

Les Etats ne pourraient-ils convenir que leurs nationaux soient réciproquement dispensés de cet impôt?

Cela n'aurait un sens que si l'Etat indemnisait ceux de ses nationaux auxquels la concurrence de confrères étrangers indûment favorisés fait du tort Au lieu d'avoir un impôt à encaisser dont le produit viendrait souvent à propos pour soulager les nécessiteux, les malades qui existeront forcément parmi un certain nombre d'étrangers, l'Etat aurait alors une redevance à payer, ce qui ne ferait pas son affaire. D'autre part, s'il est bon que les étrangers viennent travailler temporairement dans le pays et qu'en échange de ce qu'ils y apprennent, l'on apprenne quelque chose d'eux, l'Etat n'a aucun intérêt à voir se former dans son sein une société étrangère, qui veut y rester en permanence sans se laisser absorber. Il n'y a aucun motif d'encourager ceux qui veulent se dérober à l'accomplissement de tout devoir public, qui veulent se marier, devenir pères de famille, mais conserver à eux-mêmes et à leurs descendants l'existence plus commode d'étrangers. Il convient de déraciner cet abus en fixant un délai légal, à l'expiration duquel tout étranger respectable sera inscrit d'office comme citoyen; tout autre pourra être expulsé.

Quelle est la position de la citoyenne qui épouse un étranger?

Presque partout elle devient étrangère, cesse d'être citoyenne, quand même elle ne quitte pas son pays. Jusqu'à présent cela a pu paraître indifférent aux femmes, puisqu'elles ne jouissent d'aucun droit, qu'elles n'ont que des notions incomplètes sur les droits et les devoirs du citoyen. Les enfants ne sont rien du tout, n'étant pas de la nationalité de la mère, ne devant pas acquérir celle du père. Ces absurdités ont pu exister autrefois au milieu de tant d'autres, elles ne conviennent plus ni pour le présent ni pour l'avenir et le Législateur, en s'occupant successivement de tout, devra y mettre fin.

Le repos du dimanche est-il bien utile ?

Certainement. Il serait énervant, monotone, de faire toute sa vie, tous les jours et tous les jours, la même chose, sans aucun temps d'arrêt, sans aucune variation. Le besoin d'une pause régulière, pour se récréer, se refaire, a été constaté à une époque très-reculée. Les directeurs de peuples ont jugé à propos de mettre cette règle, comme tant d'autres, sous l'invocation de Dieu; de certains ont même prétendu que Dieu lui-même avait travaillé six jours à la Création et s'était reposé le septième. Ce conte est d'une naïveté charmante, mais ce n'est qu'un conte. — Voici la vérité : à force d'observer la lune on est parvenu à diviser le temps, à fixer les mois et les semaines. La considération, qu'une semaine représentait le quart d'un mois ou lune, jointe à celle qu'un jour de repos au bout de six jours de travail, est à peu près ce qu'il faut, a fait adopter cette combinaison. On lui a donné un cachet religieux, parce que c'était l'habitude de ces temps-là, tout comme c'est l'habitude des temps modernes, de se baser sur le raisonnement. Puisque l'immixtion religieuse n'a eu pour but que de consolider un usage utile, dès qu'elle produit l'effet contraire, dès qu'elle nuit, il faut l'écarter. Le repos du dimanche est en lui-même une coutume salutaire, qu'il importe de conserver. Le grand nombre laissant de côté le travail, se divertissant, jouissant de la liberté, le même jour, il en résulte un ensemble qui tranche agréablement sur la semaine de fatigue. Ce résultat n'a pu être obtenu qu'en faisant intervenir Dieu, on a donc bien fait de l'invoquer, seulement les directeurs subséquents ont eu tort de vouloir forcer les peuples à des observances religieuses, quand même; aujourd'hui il faut renoncer à cela, étant connu que Dieu n'est pour rien dans cette institution purement humaine. Le dimanche est très-utile au citoyen. S'il en emploie une partie à s'amuser, il doit en vouer une autre au recueillement, à la réflexion sur ce qu'il a fait pendant la semaine qui finit, sur ce qu'il fera pendant celle qui va commencer. Il doit encore passer en revue les sociétés multiples auxquelles il appartient, se demander comment elles marchent et s'il est au courant de ce qu'elles font toutes. Enfin si dans la semaine il n'a pas pensé beaucoup au Père et Bienfaiteur du Genre Humain, il trouvera bien une heure le Dimanche pour lui manifester son respect et sa reconnaissance.

Quel sera le rôle des domestiques dans la société future?

Leur nombre diminuera sans cesse : un jour il n'y aura plus ni un jeune citoyen ni une jeune citoyenne pour apprendre ce métier, il n'y aura plus que des gens sur le retour, ayant échoué dans plusieurs états, n'ayant pas appris celui-ci, mais tellement pleins de prétentions, que ce sera à y renoncer. Les domestiques finiront donc par disparaître. Les services personnels seront réduits à leur plus simple expression, ils se borneront autant que possible à ceux que les membres d'une famille ou des amis se rendent mutuellement. Les Riches paresseux, de même que les Riches malades, infirmes ou vieux, sans famille ni amis, enfin tous ceux qui auront besoin de ces auxiliaires, s'adresseront aux associations coopératives, qui se créeront dans le but spécial de fournir par abonnement, de jour et de nuit, au dehors et au dedans, tous les services personnels désirables ou nécessaires. Ce sera là qu'on trouvera des personnes à la fois sûres, intelligentes et exercées, attendu qu'elles font partie d'une société qui a intérêt à se faire une clientèle, à se faire connaître avantageusement, à n'admettre comme sociétaires que des gens recommandables et dont elle puisse répondre, qui possèdera un matériel important pour le louer dans une foule de cas, enfin qui présentera une garantie réelle que n'offrent pas les individus isolés, munis de légitimations incertaines.

LES PAYSANS

Les paysans sont-ils hostiles au progrès ?

Ils ne lui sont pas carrément hostiles, seulement ils croient qu'il ne peut pas marcher avec l'ordre et la prospérité. Ils ne se rendent pas compte non plus ce qye ce serait que le progrès, qu'on veut encore réaliser et en quoi il leur serait avantageux.

Les paysans ont-ils raison de croire cela?

Leur position est sans doute plus heureuse qu'il y a seulement cent ans, mais il reste encore des améliorations notables à faire, que les paysans seront les premiers à vouloir et à réclamer, quand ils comprendront bien de quoi il s'agit.

Comment les paysans étaient-ils traités autrefois?

Tous, hommes et femmes, étaient traités comme des bêtes brutes. Il faudrait beaucoup de gros volumes pour raconter aux paysans tout ce qu'ils ont eu à endurer autrefois dans tous les pays. Un seul homme ne suffirait pas à cette besogne, mais les paysans peuvent exiger de leurs Députés, qu'on leur en fasse une histoire complète et véridique.

Comment les paysans ont-ils fait pour s'affranchir d'une oppression aussi dégoûtante?

Ils n'y seraient pas arrivés de si tôt sans leurs frères des villes, qui leur ont donné l'exemple de la résistance et ont finalement brisé le joug, qui les écrasait les uns et les autres. Par désespoir, par exaspération, par excès de misère, les paysans eux-mêmes s'étaient révoltés quelquefois, mais comme ils n'avaient pas d'armes, qu'ils manquaient de direction, de plan, que la longueur et la dureté de l'oppression les avaient abrutis, leurs bandes isolées se brisaient contre l'organisation, l'action combinée des seigneurs.

Les Villes ont-elles toujours été plus avancées que les Campagnes?

Comme les hommes y étaient réunis en plus grand nombre, ils étaient mieux protégés contre l'oppression des seigneurs. Comme ils se livraient au commerce et à l'industrie, ils avaient de l'argent, dont les princes et seigneurs étaient toujours affamés, et se montraient moins méchants, pour s'en faire donner. Dans les villes il y a toujours eu plus de raisonnement, plus de discussion, il y a résidé des hommes de loi, de savoir, il y a existé des écoles, des corporations de différentes sortes. La conséquence a été un esprit plus éclairé, une indépendance et une force de résistance plus grandes qu'à la campagne, où tous ces éléments de progrès faisaient défaut. Dans quelques pays les villes s'étaient même associées, il y a déjà plusieurs siècles et avaient mis une force militaire sur pied, pour s'emparer des châteaux-forts et de leurs habitants; on faisait à ceux-ci leur procès, dont la fin était toujours, vu leurs nombreux forfaits contre bourgeois et paysans, la corde ou la hache du bourreau.

Les gens des villes et les gens des campagnes ne doivent donc pas avoir de mauvais sentiments les uns envers les autres?

En aucune manière; ils sont frères, ce sont eux tous, qui composent les nations, ils ont toujours été opprimés et trompés ensemble, ils doivent veiller et travailler tous à se préparer un avenir plus heureux.

Sont-ils également intéressés à ce que les affaires publiques aillent bien?

Evidemment, puisque les uns et les autres paient pour tout, subissent les conséquences de tout et qu'à tous la Patrie est chère.

Qu'est-ce qu'on entend par la bonne marche des affaires publiques?

Quand le gouvernement est dirigé par des hommes élus à raison de leur mérite et de leurs capacités, que l'instruction est répandue partout, que chacun connait ou apprend ce que c'est que la société et d'après quelles règles elle est conduite, que la défense du pays est organisée comme il faut, c'est-à-dire que chacun en prend sa part, mais qu'on n'enlève pas les jeunes gens inutilement pendant des années à leurs parents, qu'il y a de bonnes lois et une justice prompte et à bon marché, que chacun a la sécurité pour sa personne et ses biens, qu'il y a de bonnes voies de communication de tout genre partout, que les dépenses publiques se bornent au strict nécessaire, que les contributions sont peu élevées, directes, et n'entravent jamais ni la production ni l'échange.

Qu'est-ce qu'on entend par la mauvaise marche des affaires publiques?

Quand tout dépend d'un seul individu, qui, pouvant bien ou mal faire, fera certainement plutôt mal, de plus en plus mal, qui entraînera le pays dans de mauvaises affaires, qui fera des dépenses énormes pour lesquelles il se procurera de l'argent n'importe comment, en mettant sur toutes choses des impôts lourds et gênants, même en faisant des dettes au nom du pays, qui, pour gaspiller davantage, privera l'instruction, la justice, la défense nationale des fonds dont elles ont besoin. Ce Chef voudra empêcher qu'on montre son mécontentement, qu'on dise la vérité tout haut ; son règne deviendra ainsi de plus en plus funeste et insupportable et on arrivera infailliblement à une révolution pour se débarrasser de lui.

Tout cela peut-il convenir aux paysans?

En aucune manière. Les campagnes comme les villes sont intéressées à veiller au grain, à se rendre compte si leurs affaires sont en bonnes mains, si les gouvernants sont des gens honnêtes et dignes de confiance, soumis à des lois et règlements convenables, enfin si ceux qui paient tout et sur lesquels tout retombe, ont des moyens réguliers faciles et sûrs à leur disposition pour contrôler et pour faire sentir leur volonté.

Est-ce que dans tous les pays civilisés il n'y a pas des Députés qui se chargent de cela?

Justement. Les paysans ont aujourd'hui ce moyen de se faire écouter, qui leur manquait autrefois. Il faut tâcher de choisir de bons Députés qui connaissent la vie pratique, s'informer de leurs antécédents, de leur caractère, de leurs convictions, leur recommander de travailler sérieusement, de veiller au bon emploi de l'argent public, de faire prévaloir une politique sage et modérée à l'intérieur et à l'extérieur. Ensuite il faut lire leurs discours, observer leurs votes et se faire rendre au moins une fois par an par chacun un compte détaillé de ce qu'il a fait et de ce qu'il pense faire. Ceux qui font bien leur devoir, ne se fâcheront pas de cela; au contraire, ils verront avec plaisir que leurs actes sont vus et connus, et que les électeurs s'intéressent vraiment à ce qui se passe. Tels que les pays civilisés sont organisés aujourd'hui, il dépend entièrement des Députés, qu'il n'y ait plus ni Guerres, ni Révolutions, qu'on soit gouverné avec justice, ordre, intelligence et à bon marché, que tout le monde puisse vivre heureux et tranquille.

Les Princes, Rois ou Empereurs n'ont-ils pas prétendu qu'ils faisaient beaucoup de bien aux paysans?

Ils ne leur en ont toujours pas fait dans le passé. Les Empereurs et Rois se moquaient pas mal des paysans. D'ailleurs ces personnages étaient incapables de faire le bonheur, soit des villes, soit des campagnes; pour cela il leur aurait fallu des moyens surnaturels, qu'ils ne possédaient nullement. S'ils n'opprimaient pas trop, s'ils n'accablaient pas le peuple d'impôts et de corvées, s'ils ne ruinaient pas le pays par des guerres continuelles, s'ils maintenaient leurs nombreux aides, les seigneurs et autres, dans des bornes tant soit peu raisonnables, c'était déjà beaucoup.

Les priviléges, passe-droits et autres avantages abusifs des seigneurs ne sont-ils pas abolis?

Ce n'est certes pas de leur faute s'il en est ainsi dans la plupart des pays civilisés. De même que les Princes n'ont plus la puissance d'autrefois, les Seigneurs n'ont plus en général que de vains titres, mais qui en imposent encore à beaucoup de monde, surtout quand les familles seigneuriales ont conservé les biens immenses, qu'elles avaient accaparés sous l'ancien régime. Ils rêvent toujours le retour de leur ancienne splendeur et portent une haine féroce aux hommes de progrès, qui les ont mis au pas et qu'ils appellent volontiers (derrière leur dos) de sales républicains, des rouges, des partageux, etc. Eux-mêmes se posent avec aplomb en hommes d'ordre, en défenseurs de la religion, de la propriété et de la famille. Ces principes ne sont pourtant pas ceux qu'ils ont hérités de leurs ancêtres, qui avaient généralement plus de vices que de vertus. Si les Seigneurs pouvaient ressaisir leur pouvoir d'autrefois, ils en abuseraient de nouveau; la différence serait tout au plus dans la forme. Dans quelques contrées les paysans sont, hélas! encore influencés et éblouis par les richesses, le grand train, le luxe des seigneurs et se laissent monter la tête contre les gens des villes, sans réfléchir que c'est à ces derniers que le peuple des villes et des campagnes doit le petit bien-être dont il jouit maintenant.

Un paysan vaut-il bien un seigneur?

Le plus utile des deux est certainement le paysan. Les seigneurs, dès que leur domination a été assise, ont eu le seul but, l'unique souci, de grossir leur fortune par tous les moyens possibles, au détriment des paysans, bourgeois et ouvriers, que par manière de récompense ils rendaient aussi malheureux qu'ils pouvaient. Les paysans ont toujours été des hommes sobres, actifs, faisant avec courage les travaux les plus pénibles, contents de peu et ne demandant rien à personne, ils sont un des principaux éléments de la richesse publique, fournissent la plus grosse part aux charges publiques. La paysanne, travailleuse, économe, bonne épouse, bonne mère, bonne ménagère, est digne des mêmes éloges. Elle supporte les fatigues les plus dures et qui souvent sont au-dessus de ses forces; elle brave le chaud, le froid, toutes les intempéries, toutes les rigueurs des saisons, n'ayant pour se récréer, aucun des plaisirs, aucune des distractions qu'on trouve dans les villes.

Comment les paysans doivent-ils se conduire avec ce qui reste de seigneurs?

Il faut qu'ils pardonnent ce qui s'est passé dans le temps jadis; c'est de l'histoire ancienne. Aujourd'hui les seigneurs sont hors d'état de faire du mal et les paysans peuvent vivre avec eux dans la meilleure intelligence. Les paysans doivent montrer toutefois qu'ils ont un orgueil légitime et ne pas tolérer les familiarités de mauvais goût, que des seigneurs arriérés se permettent encore vis-à-vis de simples mortels. Avec des seigneurs pareils, qui n'ont pas abjuré les vieux préjugés, qui ne conviennent pas franchement qu'ils sont des hommes comme les autres, les paysans ne sauraient avoir de rapports que des rapports d'affaires.

Est-ce que c'est bien important pour la société moderne que les paysans soient éclairés ?

Sans doute. Les paysans forment d'abord la majorité dans chaque pays. Les paysans sont les plus nombreux, par conséquent leurs Représentants sont les plus nombreux dans l'Assemblée Nationale. Il y aura forcément une mauvaise Assemblée Nationale, si les paysans sont trop peu éclairés pour apprécier les explications et les conseils qu'on leur donne de tous côtés, soi-disant toujours dans leur intérêt, pour apercevoir que certaines gens ont intérêt à les tromper, enfin pour comprendre quelque chose aux affaires du pays. Le vote des paysans devant l'emporter jusqu'au bout, il est de l'intérêt général, qu'ils soient éclairés, qu'ils comprennent bien ce qu'on promet, et sachent se rendre compte si les promesses sont tenues.

Comment les paysans feront-ils pour se mettre à la hauteur ?

Ils commenceront par raisonner la loi, les affaires et la comptabilité communales, les actes du gouvernement communal. Tous les villages, même les plus petits, auront une chambre publique, dans laquelle seront déposés un exemplaire de la Constitution et le livre des lois. On y recevra tous les ans le livre de ménage national, dit budget, et au fur et à mesure le recueil des lois nouvelles et le compte-rendu détaillé des séances de l'Assemblée Nationale. Si une commune est assez bonne pour fournir des hommes et donner son argent à l'Etat, elle est également assez bonne pour recevoir les informations et les comptes. Tout cela devra donc être adressé à toutes les communes, grandes et petites, et formera le noyau de la bibliothèque communale, auquel viendra s'ajouter l'Histoire et la Géographie de la Patrie, plus tard l'Histoire et la Géographie Universelles et d'autres ouvrages utiles et pratiques. Pour se tenir au courant des événements divers dans le pays et à l'étranger, chaque village recevra un ou plusieurs journaux. Tout cela est possible, il n'y a qu'à vouloir, personne ne peut s'y opposer. Avec ces moyens simples, faciles, peu coûteux et qui dépendent entièrement d'eux-mêmes, les paysans peuvent se sortir sans peine de la position inférieure, malaisée, dans laquelle ils se sont trouvés jusqu'à présent. Si pour une chose ou une autre les paysans ont besoin du concours de l'Etat, leurs Députés sont là pour s'en occuper.

Qu'est-ce que les paysans doivent faire comprendre à leurs Députés?

Qu'ils veulent avant tout :

La réforme du système d'enseignement dans le sens que l'école sera obligatoire pour tous les enfants et à la portée de tous et que le gouvernement devra former de vrais maîtres et maîtresses d'école ;

La réforme du système militaire, dans le sens que tout le monde sera instruit autant qu'il faut dans le maniement des armes, mais que les jeunes hommes ne seront éloignés qu'à de petites distances et le moins longtemps possible de chez eux ;

La réforme du système judiciaire dans le sens d'une réduction considérable des frais et de la durée des procès de toute nature;

La réforme du système financier, par l'établissement d'une seule contribution directe, claire et nette, sans détours ni intermédiaires, chacun sachant exactement combien il paie d'impôt ;

La simplification de tous les services publics, la plus grande économie dans les dépenses, le remboursement des emprunts contractés ;

La bonne harmonie avec les autres nations et la création d'un Tribunal international, qui empêchera les guerres en jugeant toutes les difficultés qui peuvent se produire entre peuples ;

L'administration des communes par des hommes de leur choix.

Ces principes appliqués les uns et les autres dans différents pays ont donné les résultats les plus satisfaisants ; le bon sens veut qu'ils soient adoptés partout.

Pourquoi n'a-t-on rien fait pour l'instruction des campagnes?

Les paysans n'en comprenaient pas l'importance et n'insistaient pas auprès de leurs Députés pour obtenir des écoles. Les Députés des villes au contraire n'ont jamais cessé de demander l'instruction obligatoire pour tout le monde, mais dans la plupart des pays ils n'ont été écoutés ni par les Députés des campagnes, ni par les gouvernants qui, d'accord les uns avec les autres, s'arrangeaient toujours à ne pas laisser d'argent pour l'instruction, en faisant des dépenses exagérées pour les Princes, leur famille, la cour, la guerre, le luxe, le superflu, enfin pour une foule de choses tant inutiles que nuisibles. Les Chefs de toute sorte avaient le plus grand intérêt à maintenir les paysans dans l'ignorance, afin de pouvoir les mener par le bout du nez. Aujourd'hui les paysans commencent à comprendre que l'instruction a du bon, qu'à part autre chose, elle sert à se rendre compte, pourquoi et comment on est gouverné, pourquoi il y a eu dans le passé des guerres et des révolutions et comment les unes et les autres peuvent être évitées, pourquoi on paie tant d'impôt et comment la somme immense, que chaque pays fournit annuellement, est employée, enfin par l'instruction seule les paysans apprendront à se servir utilement de leur influence sur la conduite des affaires publiques.

Un paysan est-il capable de faire partie d'une Assemblée Nationale?

Non-seulement il peut en faire partie, mais il le faut, parce que les paysans, à raison de leur nombre et de leur valeur, sont des hommes très-importants dans le pays et pour que les intérêts de l'agriculture soient représentés authentiquement et en pleine connaissance de cause. Les paysans doivent mettre de côté cette jalousie, qu'on a constatée chez eux, de ne pas vouloir d'un des leurs pour Député, et choisir justement un homme de la contrée, le plus intelligent qu'ils puissent trouver et qui ait déjà donné des preuves de capacité. Celui qu'on veut nommer ne doit pas se laisser retenir par la fausse honte, la timidité. S'il n'est pas beau parleur, cela ne fait rien. S'il n'est pas tout de suite à la hauteur de tout, il apprendra. A part ses propres lumières et celles qu'il trouvera tout naturellement à l'Assemblée, il saura que dans toutes les grandes villes, où siégent les Assemblées, il y a des professeurs, des experts, des maîtres dans toutes les branches des connaissances humaines; il n'a qu'à s'adresser à eux pour se faire éclairer sur tous les points qui lui paraissent obscurs; on lui épluchera par le menu tout ce qu'il veut savoir, on lui enseignera même l'art oratoire, s'il y tient. Avec de la bonne volonté il rendra des services autrement réels que ceux qui ne paient que d'apparence et de position.

LA PRESSE

Qu'est-ce que c'est que la Presse?

On entend par là l'Imprimerie en général.

Y a-t-il longtemps qu'elle est inventée?

Environ quatre siècles.

En quoi consiste sa grande utilité?

Dans la reproduction rapide, en nombre illimité et à très-bon marché. Chacun peut donc profiter de toutes les découvertes, études, méditations, descriptions, enfin de l'expérience de tous les autres et communiquer les siennes à tout le monde. Par elle seule l'instruction générale est devenue possible. Elle a réellement changé la face du monde.

Comment l'invention de l'Imprimerie a-t-elle été accueillie?

Très favorablement, comme tout ce qui a l'air d'une nouveauté sans importance. Quant à la portée de cette invention, personne ne s'en doutait. Le très-petit nombre seulement savait lire et écrire, les langues anciennes, dans lesquelles il y avait des ouvrages, étaient mortes, la plupart des langues modernes commençaient seulement à se former, la création d'un matériel d'Impimerie, grossier et imparfait, était une affaire longue et difficile, il n'y avait pas de fabriques de papier, les communications entre pays comme entre villes étaient rares et pénibles. L'invention de l'Imprimerie eut donc plutôt un succès de curiosité, même auprès des chefs temporels et spirituels qui ne virent que plus tard, heureusement trop tard, quelle était son importance et quel effet produisait la petite machine appelée presse, dont il n'y avait plus moyen de venir à bout.

A-t-il fallu longtemps à l'Imprimerie pour arriver à un résultat sérieux et pratique?

Près de trois cents ans. C'est grâce aux progrès des arts mécaniques et des sciences qu'on a pu perfectionner l'instrument principal, inventer les machines pour fabriquer le papier et les caractères d'Imprimerie ainsi que les accessoires. Il fallait tout cela pour réaliser le bon marché, base du débit en grand, comme le débit en grand est la base du bon marché. Pendant ce temps-là, beaucoup de choses étaient arrivées, qui avaient ouvert l'esprit des hommes. On avait voyagé et fait des découvertes extraordinaires, on entretenait des correspondances régulières avec d'autres pays, chaque pays avait sa langue et sa littérature, on avait créé des écoles, le nombre de gens sachant lire et écrire s'était accru d'une manière prodigieuse, le besoin de livres et de journaux était devenu général, il s'était formé des écrivains, dont plusieurs colosses, qui ont donné au mouvement intellectuel une impulsion des plus vigoureuses. Tous ces éléments de progrès n'ont cessé de se développer tous à la fois en se favorisant mutuellement et aucune force ne saurait plus en arrêter l'action.

Sous quel prétexte a-t-on longtemps enchaîné l'imprimerie?

Sous prétexte qu'elle produisait de mauvais livres, contre lesquels il fallait protéger les peuples. Incontestablement, depuis qu'il y a des livres, il y en a de mauvais, mais ce que les Chefs comprenaient sous ce titre, c'étaient des livres traitant de philosophie et de matières politiques et sociales. Dissiper les ténèbres de l'ignorance, de la sottise, du préjugé, de la superstition, voilà le vrai crime aux yeux des Chefs, auxquels tous les moyens semblaient permis pour écraser l'Imprimerie. Ils laissaient volontiers débiter les livres réellement mauvais, mais ils brûlaient les bons et faisaient périr leurs auteurs dans les supplices les plus cruels.

Qu'est-ce que c'est que la presse périodique?

C'est la spécialité d'informer le public régulièrement de ce qui se passe, en y joignant une appréciation. Ces communications sont imprimées sur des feuilles volantes appelées Journaux, que le public peut acheter partout au fur et à mesure qu'ils paraissent ou qu'il peut se faire adresser à domicile.

Est-ce que le journal est une entreprise industrielle ou commerciale ?

Il y a le côté du corps et le côté de l'esprit. Le papier, l'impression, le loyer, l'impôt, la dépense pour nouvelles, les frais d'administration, les honoraires des rédacteurs, les intérêts du capital engagé, le bénéfice du propriétaire, ensuite le débit, les annonces, les réclames de tout genre, tout cela est affaire de fabrique ou de comptoir. Le côté de l'esprit s'appelle la rédaction. Chaque journal a un principe qu'il défend, une ligne qu'il suit, une opinion qui est celle de ses lecteurs réguliers et à laquelle il s'agit de rallier le grand nombre des lecteurs d'occasion, des indécis, et de plus les jeunes qui commencent à s'occuper de politique.

Est-ce que chaque citoyen a le droit de créer un journal ?

Les gouvernements l'ont toujours contesté, prétextant à l'égard des journaux, comme à l'égard des livres, qu'il y en avait de mauvais, qui étaient dangereux pour la tranquillité publique; ils ont toujours été des ennemis plus acharnés encore des journaux que des livres.

Pour quel motif ?

Pour faire un livre sérieux il faut du temps. Pour le lire il en faut également, de plus il y a la petite difficulté que pour lire un livre, il faut l'acheter, se le procurer. Les journaux, au contraire, détaillent et épluchent au jour le jour, tous les actes et projets des Chefs, ils traitent les sujets d'actualité, auxquels tout le monde s'intéresse. Les citoyens trouvent tous les jours le temps de lire un ou plusieurs journaux, d'autant plus que, sans les acheter, sans se déranger, ils peuvent les lire dans une foule d'établissements, où ils ont coutume de se rendre et de séjourner. Les journaux sont promptement faits, promptement lus pendant que les nouvelles sont encore fraiches. On s'explique dès lors la mauvaise humeur, l'irritation des gouvernements fautifs, maladifs ou caducs, de voir leurs agissements exposés matin et soir, d'être suivis pas à pas et sans relâche, de voir l'opinion publique tenue en éveil et continellement mise en garde par des hommes intelligents, instruits et bien renseignés, comme le sont les vrais journalistes.

Les Chefs n'ont-ils pas tout fait pour ruiner, pour anéantir ces ennemis redoutables?

Ils ont essayé de tout. Quand les supplices étaient devenus impossibles, ils ont emprisonné, exilé les écrivains, confisqué leurs biens, brisé les presses, soumis l'impression et la publication au régime du bon plaisir, permettant ou défendant en seigneurs et maitres, faisant des misères sans nombre à ceux qui critiquaient, même modérément, les actes des chefs temporels et spirituels de tous grades, ou qui trouvaient à redire le moins du monde à l'ordre de choses établi. Plus tard, quand il a fallu en rabattre encore, ils ont trouvé moyen de faire entrer leurs fausses maximes dans les lois et de les faire appliquer tout naturellement par les tribunaux. Devenues légales et régulières, les difficultés et les peines n'en restaient pas moins très-grandes. On exigeait de la presse périodique un cautionnement énorme, un impôt hors de toute proportion, on entravait la vente et le transport. La Justice interdisait la publication, infligeait des amendes colossales aux écrivains, éditeurs et imprimeurs, les condamnait à divers titres et degrés à la perte de la liberté et de plusieurs autres droits.

Les Chefs ont-ils atteint le but qu'ils avaient en vue?

Ils ne l'ont atteint ni à l'égard des livres, ni à l'égard des journaux. Les écrivains et leurs courageux alliés, les éditeurs, les imprimeurs et libraires, sans lesquels rien n'aurait pu se faire, étaient trop vaillants pour se laisser intimider. Ni les peines qu'ils enduraient dans ce monde, ni celles encore plus terribles dont on les menaçait dans l'autre, n'ont pu les ébranler; ils ont bien mérité du genre humain, qui n'a pas su les récompenser de ce qu'ils faisaient pour lui. Cependant, à côté de la persécution, il y avait un peu d'encouragement. Comme l'opinion publique n'était nulle part avec les chefs, dès qu'un livre ou un journal était attaqué par eux, le public le prenait d'autant plus sous sa protection et l'achetait quand même, moitié par curiosité, moitié pour témoigner de l'intérêt aux champions de la bonne cause. L'ardeur du public était si grande, que des ouvrages de cette nature, dont la publication était interdite dans un pays, s'imprimaient à l'étranger et s'introduisaient par milliers d'exemplaires, déjà à une époque où les transports étaient difficiles et coûteux et les lecteurs bien plus clair-semés que maintenant. Les Chefs n'obtenaient donc pas le résultat qu'ils avaient rêvé, au contraire, en persécutant une œuvre littéraire, ils la rendaient célèbre, fameuse. Comme à une époque plus éclairée le public s'était aperçu que des Chefs faisaient faire des livres, créaient ou entretenaient des journaux, tous les livres et journaux qui prônaient les actes des gouvernants, leur excellence, leur haute sagesse, étaient soupçonnés d'être l'œuvre de mercenaires payés pour cela et jouissaient d'une impopularité méritée. Les écrivains, relativement peu nombreux, qui ont fait le vilain métier de mentir à leurs concitoyens, de les tromper sciemment, n'ont jamais pu rendre de grands services à leurs maîtres : d'une part les plus beaux talents s'usaient vite sur la tâche impossible de lutter contre la vérité et le bon sens. D'autre part, les chefs pouvaient récompenser de tels auteurs, mais ils ne pouvaient pas leur fournir des lecteurs en nombre. Beaucoup de ces ouvrages et journaux n'ont servi qu'à habiller des denrées coloniales et autres ou à des usages encore moins nobles. Il y a aussi des catégories de livres qu'on achète par luxe, par ostentation, par habitude ou pour les donner aux enfants, mais qu'on ne lit jamais.

Quelles sont les qualités nécessaires à un vrai journaliste ?

Comme il prend sur lui d'instruire ses concitoyens, de leur communiquer les nouvelles avec les éclaircissements et renseignements voulus, d'appeler leur attention sur tout ce qui les intéresse et de leur donner des conseils en toutes circonstances, il est évident, qu'il lui faut bien des choses, s'il veut remplir réellement et dignement une mission aussi compliquée. Il lui faut une vaste intelligence, une instruction générale très solide, une longue expérience, une excellente mémoire, un jugement sûr et prompt, un caractère indépendant, une honorabilité incontestable, un patriotisme éclairé, une impartialité absolue, la conscience de sa grave responsabilité, une assiduité infatigable au travail, des relations étendues. S'il pouvait avoir voyagé, étudié sur place les autres peuples et leurs institutions, s'il parlait quelques-unes des principales langues vivantes, cela n'en vaudrait que mieux.

Est-ce que les journalistes en général possèdent toutes ces qualités?

Il y en a qui les réunissent toutes, comme il y en a qui manquent de quelques-unes et brillent d'autant plus par d'autres. Ceux qui se sentent faibles, sur un ou plusieurs points, doivent se fortifier sans cesse par l'étude, l'observation et la méditation.

Le Journalisme est donc un état, une affaire à part?

Sans doute. Si chacun a le droit d'écrire et de faire imprimer, il ne s'ensuit pas que chacun puisse créer un journal, ni qu'il ait les colonnes d'un journal à sa disposition. Un journal publiera sans doute des communications intéressantes lui arrivant de n'importe où, mais ce n'est pas là-dessus qu'il compte. D'autre part, le particulier, qui a ses occupations, ne songe que rarement, exceptionnellement, à faire des articles de journal, il compte plutôt sur le journal pour se former une opinion, pour apprendre. Le Journalisme est donc une spécialité, exigeant des hommes spéciaux, c'est un état qu'on exerce toute sa vie et qui a besoin d'être appris tout comme un autre. Posséder le droit d'écrire, de faire imprimer sans avoir ni les moyens ni l'intention de le faire d'une manière suivie, voilà une affaire. Faire un journal, c'est-à-dire résumer, refléter, guider régulièrement une fraction plus ou moins considérable de l'opinion publique au moyen d'un petit cercle de rédacteurs, voilà une autre affaire.

Est-il besoin de lois spéciales sur la presse?

Elles seraient plutôt nuisibles, en faisant des écrivains une classe à part, avec un traitement à part, des poids et mesures à part. Le législateur détermine ce qui est crime, soit contre la chose publique et privée, soit contre les hommes publics et les particuliers. Que ces crimes soient commis de n'importe quelle manière, il ne doit exister aucune différence dans l'application de la loi; les jurés et les juges ne doivent avoir à se prononcer que sur l'existence et le degré de la culpabilité et sur le genre et la mesure de la peine qui devra frapper les auteurs, fauteurs ou complices des méfaits.

Au fur et à mesure qu'un pays progresse, les procès de presse deviennent forcément plus rares. Les lois s'améliorent, les fonctionnaires s'y conforment plus exactement, les abus que les journaux ont à signaler, diminuent, les mauvais principes, que les publicistes attaquent, disparaissent. Dans ces conditions, les écrivains arriveront à ne plus donner aucune prise à la répression.

Quelle amélioration y aurait-il à introduire dans la République des lettres?

Les journalistes manquent d'un foyer de lumière, d'un centre de ralliement. Ils devraient former dans chaque grande ville une société, au siége de laquelle il y aurait bibliothèque, archives, salles de travail et de réunion, où tous les membres pourraient faire connaissance, échanger leurs idées, traiter toutes les questions, recevoir et contrôler toutes les nouvelles, où les aspirants pourraient profiter des discours et des conversations des maitres. La société exercerait une autorité salutaire sur tous ses membres, conseillerait, concilierait, modérerait, préviendrait les erreurs, les abus, les aigreurs, enfin tout ce qui pourrait nuire à la considération du corps. La société n'admettrait au noviciat qu'après s'être renseignée sur l'honorabilité de l'aspirant et sur ses études préalables; elle ne prononcerait l'admission qu'après un stage assez long et des épreuves et des examens multiples et sérieux. Il est bien entendu qu'il n'y aurait aucune contrainte, que chacun resterait libre de se présenter à la société. Il suffira qu'elle existe, qu'elle fonctionne, à titre officieux, sans ostentation, pour que peu à peu elle fasse autorité et que les journaux de premier ordre exigent son diplôme de tous les nouveaux, de tous les inconnus. Cette organisation n'est superflue à aucun point de vue; elle existe dans d'autres corps tout aussi savants que le journalisme et dont l'action n'est pas aussi vive, aussi soudaine, Tout progresse, le Journalisme dont l'influence grandit toujours, doit également s'épurer, s'élever, viser à la perfection.

La Presse est-elle arrivée à son plus grand développement?

Il s'en faut. Jusqu'à présent un grand nombre de citoyens ne lisent que peu, ne comprennent que vaguement ce qu'ils lisent et n'attachent pas à la lecture toute l'importance qu'elle mérite. Au fur et à mesure il y aura des lecteurs plus instruits, plus attentifs, se rendant mieux compte de tout. D'autre part, les livres et les journaux pénétreront dans les localités, nombreuses dans beaucoup de pays, où ils ne sont jamais arrivés ni les uns ni les autres, où le monde ne sait rien de ce qui se passe, excepté par ouï-dire, travesti, falsifié. Il y a pourtant du progrès et avec le temps livres et journaux seront partout, dans toutes les mains, comme articles de première nécessité. Ils ont vaincu tant de difficultés, surmonté tant d'obstacles, produit des résultats si grands et si féconds, qu'on peut dorénavant être tranquille sur leur sort. La presse, libre de toutes entraves, appuyée et favorisée par l'école, appuyant et favorisant celle-ci à son tour, entre dans une ère de prospérité aussi brillante que l'ère de l'adversité a été sombre.

LE DROIT DE RÉUNION

Les citoyens ont-ils le droit de se réunir pour discuter les questions qui les intéressent?

C'est tout à fait clair et évident. Mais ce qui ne l'est pas moins, c'est que ces réunions ne doivent pas dégénérer en tumultes, en manifestations, ni en tentatives d'imposer leur manière de voir à qui que ce soit. Le mode d'expression unique de la volonté générale étant le bulletin de vote, déposé à des époques fixes, il serait intolérable, qu'une fraction quelconque de citoyens eût la prétention de troubler l'ordre ou la marche des affaires.

L'exercice de ce droit ne présente-t-il pas plus d'inconvénients que d'avantages?

Il ne présente aucun inconvénient, si les citoyens sont résolus à ne pas sortir du plus grand calme, de la plus sévère dignité, et à décontenancer toute velléité d'action directe. Il faut pour cela que les réunions deviennent une chose ordinaire, habituelle, qu'elles aient lieu en tout temps, et non pas seulement dans les moments de surexcitation, de trouble, quand il y a des questions brûlantes à la clef. — Les avantages sont très-grands. Les citoyens peuvent acquérir dans ces réunions des connaissances politiques, sociales et autres qui manquent à beaucoup d'entre eux, ils peuvent élargir et consolider celles qu'ils possèdent déjà, ils peuvent apprendre à raisonner, à comparer, à juger, en écoutant tour à tour les discours de toute sorte, bons et mauvais, ils peuvent contrôler leurs propres réflexions, les produire, les entendre approuver ou réfuter, ils peuvent s'aguerrir contre les entraînements, les émotions. Toutes ces choses sont essentielles, mais on ne les obtient que par la pratique et à la longue. Par conséquent les citoyens de tous les pays où cet usage n'existe pas encore, devraient l'introduire sans délai, le faire entrer dans les mœurs et le suivre sans cesse, quand même ce ne serait de la part de beaucoup d'entre eux que pour donner à la réunion, par leur présence, et le poids de leur autorité morale, le sérieux voulu et pour empêcher les écarts, les irrégularités, les désordres.

Est-ce que chacun peut parler utilement en public ?

Sans doute, mais il est bon de s'assurer d'abord, qu'on a quelque chose de nouveau et d'instructif à dire ; il faut aussi connaître à peu près le niveau intellectuel de l'assemblée à laquelle on parle, pour pouvoir employer le langage qu'elle comprend. Chaque citoyen devrait savoir parler quelque peu en public ; cela n'est pas aussi facile qu'on pourrait le croire, même quand on ne vise pas à l'effet. Le savoir, l'expérience de beaucoup de citoyens sont perdus pour la communauté, à laquelle ils n'ont aucun moyen de les transmettre, manquant de la pratique et de l'occasion de parler en public, et n'ayant pas le loisir, ni la vocation de faire des livres ou d'écrire dans les journaux. Bien entendu les réunions ne doivent pas se borner forcément aux questions politiques et sociales : on peut traiter celles-ci, donner lecture des débats de l'Assemblée Nationale ou Communale, et des actes officiels, les commenter, les expliquer, mais on peut y cultiver toutes les connaissances en général qui intéressent le genre humain.

Ne serait-ce pas un inconvénient, si ces réunions détournaient les citoyens de leurs affaires, de leurs travaux et de la vie de famille ?

On peut s'arranger à bien employer sa journée et à être libre le soir ; cette situation existe déjà, mais on ne sait pas en profiter. Pour beaucoup d'hommes ces réunions instructives seraient un véritable bienfait : ils ont des occupations monotones, énervantes ou absorbantes, qui les rapetissent, les isolent, les écœurent pendant la journée. Si le soir ils se livrent à l'oisiveté, aux plaisirs malsains ou frivoles, ou s'ils restent tout ce temps chez eux dans un cercle si étroit et dans lequel ils n'apportent que leur ennui et lassitude, leur esprit s'engourdira, se rétrécira tout à fait. Il faut au contraire qu'ils se ravivent, qu'ils se rafraîchissent par le contact avec le monde extérieur, dans un ordre d'idées élevées, générales. Ils ne pourront faire cela d'une manière plus économique, plus intéressante et plus convenable qu'en assistant souvent à ces réunions. Il y a d'ailleurs beaucoup de soirées dans une semaine, ce qui permet de tout concilier.

Où tiendrait-on ces réunions?

Il y a bien la place publique, mais elle ne ferait pas l'affaire, surtout dans les grandes villes. Comme ces réunions se tiendront plutôt le soir, l'obscurité aurait plus d'un inconvénient; de plus on gêne la circulation, il y a le bruit, le mauvais temps, on ne peut pas commodément suivre les discours. Toutes ces considérations engagent à ne pas se servir de la place publique et à donner la préférence à des emplacements clos et couverts.

Qui paiera la location, l'éclairage, les faux frais?

Ils pourront être couverts, par cotisation, par un prix d'entrée. Peut-être l'État, la Commune ou des particuliers pourront-ils fournir des locaux non employés pendant la soirée.

Le gouvernement a-t-il quelque chose à faire avec ces réunions?

Quand une fois elles se tiendront en tout temps, sans aucun empêchement, il y régnera le plus grand calme. Si dans l'une ou l'autre il se produisait des troubles, le gouvernement, qui est chargé avant tout de maintenir la tranquillité, doit toujours être en mesure de rétablir l'ordre, mais il ne devra pas recourir au moyen infiniment trop commode de supprimer le droit de réunion, qui est tout aussi respectable que tout autre droit.

Où faudra-t-il surtout tenir de ces réunions?

Dans les petites villes, dans les campagnes, où elles sont bien plus nécessaires que dans les grands centres. En effet, dans les grands centres il y aura toujours beaucoup de lumières, de frottement d'idées, tandis que tout cela manque dans les provinces et dans les campagnes et qu'on vit là dans un engourdissement, une monotonie qui ne peuvent engendrer que l'ennui, l'indifférence et l'inertie. Un certain nombre de ceux qui ont le loisir, les dispositions et les talents qu'il faut pour travailler à l'amélioration de l'espèce humaine, devraient aller dans les campagnes répandre et vulgariser les connaissances utiles de tout genre.

Qui paierait les frais de voyage et autres?

Au fur et à mesure que l'utilité de leurs travaux serait reconnue, ils en recueilleraient les fruits, tout comme ceux qui vont d'endroit en endroit pour trafiquer ou pour amuser. En attendant on pourrait leur venir en aide par des souscriptions, des cotisations volontaires.

Ne risqueraient-ils pas d'être mal reçus ?

Dans les commencements il y aura sans doute des préjugés, des difficultés à vaincre, des influences hostiles à combattre, mais ces tribulations seront toujours bien moindres que les fatigues, les peines et les dangers bravés *autrefois* par les champions de toutes les causes.

Les femmes pourront-elles assister aux réunions publiques?

Sans doute. Aussi bien qu'elles vont à l'église, aux concerts, théâtres, soirées, bals, veillées, elles peuvent assister à des réunions qui ont pour but d'éclairer, d'instruire. Rien ne doit être négligé pour former le jugement des femmes, pour leur montrer la différence entre l'ancien et le nouveau système, pour faire connaître aux femmes leurs droits et leurs devoirs de citoyennes. Les réunions publiques sont un des bons moyens d'arriver à ce résultat. Si la routine y fait obstacle, il faut rompre avec elle quand même. Tous les efforts civiques et patriotiques des citoyens resteraient stériles, s'ils n'étaient pas secondés par des citoyennes capables de les comprendre.

Les membres de la société moderne ne devraient-ils pas s'intituler Citoyens et citoyennes?

Ces termes sont les seuls qu'on doive employer dans le style officiel et le style soutenu, ainsi que dans les réunions publiques. Pour les relations particulières, pour les conversations de tous les jours, il y en a une foule d'autres. — Le Philanthrope se sert de l'expression : Frères et Amis; le Prêtre appelle ses ouailles : Chers Frères, Chères Sœurs. Dans plusieurs langues il y a des appellations qui signifient : Chef, Maître, Supérieur. Dans d'autres pays on dit : Mon Sieur, Mon Seigneur, Votre Seigneurie, termes qui signifient en principe : Mon Vieux, Mon Ancien, Ma Vieille. Tout cela n'a pas grande importance ; chacun est ce qu'il est, les mots n'y changent rien.

Paris-Vaugirard. — Typ. N. Blanpain, 7, rue Jeanne.

CHEZ LE MÊME ÉDITEUR

Guide-programme du Volontaire d'un an, par M. A. Bonnefonds, 6e édition (1874), 1 volume in-18 jésus. 1 »

Guide du tirage au sort, par M. A. Bonnefonds, 5e édition, 1874, 1 volume in-18 jésus. 1 25

Guide de la révision, par M. A. Bonnefonds, 3e édition, 1874, 1 volume in-18 jésus. 1 50

La guerre franco-allemande de 1870-1871, rédigé par la section historique du grand état-major prussien sous la direction du feld-maréchal comte de Moltke, traduction par le capitaine E. Costa de Serda, de l'état-major français. L'ouvrage formera environ 20 livraisons, en vente livraisons 1 à 10. . . . . 70 »

Travaux d'investissement exécutés par les armées allemandes autour de Paris, relevés par un ancien élève d'une école spéciale. L'ouvrage formera huit parties publiées en huit livraisons, composées chacune d'un volume grand in-8° et d'un atlas demi-jésus, la liv. 5 »

Procès du maréchal Bazaine, accompagné d'une carte des environs de Metz, exécutée au dépôt de la guerre, d'après les levés des officiers du corps d'état-major pour servir à l'intelligence du *procès du maréchal Bazaine* indiquant les positions des armées françaises et allemandes pendant le siége de Metz, 2e édition, un fort volume grand in-8°. . . . . 6 »

La vie en casque, *Carnet intime d'un officier*, par Ernest Billaudel, 4e édition, 1 volume in-18 jésus. 3 50

Les Haltes, par André Chanet. 1 vol. in-12. . . . . 3 50

Les Chants du matin, par Albert Chateau, 1 volume in-12. . . . . 2 50

Le Roman d'un Exilé en Sibérie, par Louis Colas, 2e édition, 1 volume in-18 jésus. . . . . 3 »

La Conspiration de Salcède, par Ernest Billaudel, 1 volume in-18 jésus. 3 »

Ma femme et moi, par Mme Beecher-Stowe. 1 beau vol. in-18 jésus. 3 50

www.ingramcontent.com/pod-product-compliance
Lightning Source LLC
Chambersburg PA
CBHW070741270326
41927CB00010B/2062

* 9 7 8 2 0 1 2 1 6 5 2 2 9 *